应用型高校本科专业
产教融合型课程体系改革与实践
工商管理专业

董艳蕊 叶亚丽 王 凡 编著

清华大学出版社

北 京

内 容 简 介

本书以黄河科技学院工商管理专业的"2+1+1"（基础＋实践＋应用）产教融合型课程体系的改革与实践为主线，以学生的高质量就业为核心，旨在打造更加适应市场需求的教育模式。工商管理专业"2+1+1"产教融合型课程体系改革围绕工商管理类岗位任务设置项目化教学课程，并根据项目化教学课程的需要重塑工商管理专业基础课程，不仅涉及课程内容的更新，还包括教学方法、实践环节和与企业合作等多方面的改革。本书围绕应用型高校本科工商管理专业产教融合型课程体系的改革与实践展开，内容分为 4 章：第 1 章是工商管理专业概况；第 2 章是工商管理专业课程体系构建；第 3 章是工商管理专业课程知识建模；第 4 章是基于 OBE 理念的教学设计，包括以项目化教学为核心的教学设计思路、项目化教学课程教学设计和专业基础课程教学设计。

本书为工商管理专业的改革与实践提供了理论支持和实践指导，适合相关专业教育者和学习者阅读参考。

图书在版编目（CIP）数据

应用型高校本科专业产教融合型课程体系改革与实践 .
工商管理专业 / 董艳蕊，叶亚丽，王凡编著 . -- 北京：
清华大学出版社 , 2025. 5. -- ISBN 978-7-302-69106-8

Ⅰ. G649.21

中国国家版本馆 CIP 数据核字第 20258DC950 号

责任编辑：陈凌云
封面设计：常雪影
责任校对：刘　静
责任印制：宋　林

出版发行：清华大学出版社
　　　　网　　　址：https://www.tup.com.cn，https://www.wqxuetang.com
　　　　地　　　址：北京清华大学学研大厦 A 座　　　　邮　　编：100084
　　　　社 总 机：010-83470000　　　　邮　　购：010-62786544
　　　　投稿与读者服务：010-62776969，c-service@tup.tsinghua.edu.cn
　　　　质 量 反 馈：010-62772015，zhiliang@tup.tsinghua.edu.cn
印 装 者：涿州汇美亿浓印刷有限公司
经　　销：全国新华书店
开　　本：185mm×260mm　　　印　　张：16　　　字　　数：310 千字
版　　次：2025 年 7 月第 1 版　　　印　　次：2025 年 7 月第 1 次印刷
定　　价：59.00 元

产品编号：109540-01

　　课程是教育教学活动的基本依据,是实现教育目标的基本保证,是学校一切活动的中介。课程教学是师生共存的精神生活过程,自我发现和探索真理的过程,生命活动和自我实现的方式。具体而言,课程的重要性体现在4个结合点:第一,课程是学生和学校的结合点,学校提供课程,学生学习课程;第二,课程是学校和社会的结合点,社会对人才(学生)的不同要求通过课程结构和内容的改变来实现;第三,课程是教学和科研的结合点,科研促进教学,载体是课程;第四,课程是学生个体文化和社会文化的结合点,是学生社会化的重要渠道。课程是学校最重要的事,同时也是最容易被忽视的事。学校领导往往认为,课程教学是教师们的事;教师容易将自己的研究、关注点放在学术上,忽视对课程的研究。实则,课程是一个开放体系,与政治、文化、经济、民族、语言、性别、制度、学科等紧密相连;课程教学是一项合作的事业,需要政府、社会、大学、领导、教师、学生、职员广泛参与。

　　黄河科技学院是一所高度重视课程建设的大学。我与该校董事长胡大白先生、执行董事兼校长杨保成教授有过多次交流。2024年10月,我和我们院校研究团队师生到该校进行了为期两天的考察学习。同年11月,我指导的一位博士生又到该校进行了为期一周的调研学习。黄河科技学院的课程建设给我留下了极为深刻的印象。

　　黄河科技学院遵从党中央"全面提高人才自主培养质量"的要求,从"让每个学生都享有公平而有质量的教育,使具有不同禀赋和潜能的每一个人都得到充分发展"出发,积极开展课程改革。在课程改革中,学校立足为地方和产业发展培育应用型人才的人才培养目标,开展大样本、全覆盖的专业岗位需求调研。通过调研,抓住在应用型人才培养中存在的"产教融合不够深入、师资实践应用能力不够、课程体系与市场需求无法紧密衔接"等问题,探索能够满足中国式现代化发展需求,以提升学生的岗位胜任力、就业适应力和职业发展力为目标的应用型本科教育模式。在这一课程改革过程中,影响深远、成效显著的当属创造性地提出并推进项目化教学体系改革。

　　项目化教学以能力目标为导向,以企业岗位任务为课程载体,通过真实的项目来促进学生主动学习。项目化教学具有真实性、实践性、探究性和创新性。实施项目化教学有利于增强学生知识整合和应用能力,有利于提升学生综合能力,有利于培养学生职业能力。从我们的考察中了解到,黄河科技学院从 2018 年开始推动项目化教学体系改革。在改革的过程中,学校做了大量工作。

（1）营造课程建设和改革的制度环境。学校积极营造有利于课程建设和改革的制度环境,出台相关支持政策。首先,开展覆盖全校的课程立项工作,制定各类课程建设标准,每门课给予相应的立项经费支持,累计投入了 3000 多万元支持全校 1300 多门课程的建设和改革。其次,实行优课优酬的制度,根据课程评估结果,给予教师们最高五倍课酬的课时费。再次,给予学校教师横向项目 20% 的配套经费,支持教师们将科研成果、横向项目转化落地、公司化、市场化,落地后给予 10 万～15 万元的经费支持,并鼓励教师们将这些成果积极转化,反哺到课程教学中。

（2）构建课程建设和改革的组织机构。大学产教融合课程体系的改革需要联合各个教学单位、职能管理部门和一线教师进行互动合作,逐步构建一个有利于产教融合型课程体系建设的组织机制。首先,学校进行了体制机制改革,在学校职能部门层面进行"大部制"改革,将原来的 13 个处级单位整合成教师中心、教育教学中心、学生中心三大中心,以及思政工作部、科技发展部、资源保障部等五个大部,实现了职能部门的扁平化管理,大大提高了职能部门服务课程建设和改革的效率。在教学单位进行"学部制"改革,将 12 个学院整合成工学部、艺体学部、商学部、医学部四个学部,打通了院系壁垒,整合了学科、专业、师资和平台等各类资源,为课程改革提供了有力支持。其次,学校创建了上下协同的组织机制。自上而下,主管校领导、教育教学中心组织项目化和产教融合型课程体系建设研讨会,激发和启蒙教师对于课程建设的热情和想法,鼓励教师投入课程改革实践,并通过咨询和课程指导推进课程改革的进行和完善。首批试点课程建设完成后,引导优秀教师利用教学学术思维进行研讨、反思和改进,并作为导师培训其他教师开展课程改革,起到了自下而上的效果。上下协同,推进产教融合型课程体系建设的良好发展。

（3）提供课程建设和改革的资源条件。资源条件包括软件条件和硬件条件。其中,软件条件是指利于课程建设和改革的"人"的资源,主要关注产教融合课程教学团队师资建设。聘请国家教育行政学院刘亚荣教授牵头的专家团队,主管校长亲自带队,通过多种方式对学校管理人员和教师进行培训,制定各类课程评估标准,掌握课程知识建模方法;定期组织课程改革交流工作坊,供教师们学习、研讨和互动;鼓励和动员教师到企业挂职锻炼,提高教师们的实践能力,更好地服务产教融合课程改革。硬件条件是指利于课程建设和改革的基础资源,主要包括项目实践场所、项目设计和实施物资以及产业和企业资源的支持。学校主动协调联系校内资源和企业资源,创办大学科技园、创客工厂、众创空间、各类工程实训中心等场所,并保证各类工具和物资的供应,为课程设计和实施提供条件。学校层面和学部层面都设有产教融合办公室,积极联系和对接企业,进行沟通合作,帮助教师们开拓更广泛的企业资源,保证课程根植于产业并最终走向社会。此外,学校还自主研发了集智能管理、智慧教学和数智评价于一体的数字化课程建设平台,为课程建设和改革提供了优质高效的数字化资源保障。

在实施项目化教学的同时,学校倒推整个课程体系的调整和改革,最终构建了"2+1+1"(基础＋实践＋应用)的产教融合型课程体系。在学校构建的产教融合型课程体系中,前两年的基础课阶段聚焦学生基本能力的养成,设置基础性课程,通过一些综合性项目,让学生"见过"和"做过";大三的实践阶段,通过项目化教学课程对接企业实践工作岗位的真实项目,培养学生实践创新能力,让学生能够"做成";大四的应用阶段,设置应用型课程,教师直接带领学生进入企业生产一线,通过企业委托项目,让学生能够"做好"。

黄河科技学院课程体系改革已经取得了丰硕成果,产生了广泛的社会影响。学校在教育教学改革后的师生满意度调查中,总体满意度高于98%。在改革的过程中,全校师生积极参与,共同创造,凝聚改革共识,产教融合走向深入,教师、学生能力显著提升,人才培养与行业企业岗位需求的对接越发紧密,课程教学质量有了明显提升。改革成果受到省内外高校和社会的广泛关注,130多所高校、240多家企事业单位到校交流;课程改革总体设计者、负责人杨保成教授,应邀在国内各类教育学术研讨会及多所高校介绍改革的做法和经验。

现在,学校以"应用型高校本科专业产教融合型课程体系改革与实践"为题,在清华大学出版社结集出版系列图书,十分有意义。一方面,为应用型高校深化教育教学改革、创新人才培养模式、优化课堂教学方式方法、开展常态化课程评价、全面提升育人水平提供了参考。另一方面,为专业负责人、任课教师如何改革课程结构、改进教学方法,特别是在项目化教学中如何将企业的真实任务或者项目与专业课知识真正融合,以构建一门与人才培养目标相匹配、内容适度的课程等提供了借鉴。综上,我十分高兴地向高校同人们推荐系列图书。

黄河科技学院的"应用型高校本科专业产教融合型课程体系改革与实践"属于规范的院校研究。他们立足于本校课程体系改革的院校研究,体现出了热心教育、关爱学生的奉献精神;学习教育理论、探索教育规律的科学精神;"勇立潮头,敢于破局",在突破难点、痛点中不断奋进的坚韧不拔的精神,值得我们学习。期望高校同人们像黄河科技学院那样开展院校研究,通过院校研究推进学校的建设和发展。

是为序。

华中科技大学原党委副书记
中国高等教育学会院校研究分会创会会长

刘献君

2024 年 12 月 8 日

党的二十大报告明确提出了"全面提高人才自主培养质量"的要求,党的二十届三中全会在此基础上审议通过的《中共中央关于进一步全面深化改革　推进中国式现代化的决定》进一步提出了"分类推进高校改革"的要求。为构建高质量的人才自主培养体系,教育部提出了具体的技术路径,包括编制学科专业知识图谱、能力图谱,推动项目式、情景式和研究式教学等深度探索,实现从"知识中心"到"能力中心"的转变。河南省教育厅出台的《河南省本科高等学校深化产教融合促进高质量发展行动计划》,紧密结合本省传统产业提质发展、新兴产业培育壮大、未来产业谋篇布局,全力推动人才培养供给侧和产业需求侧结构要素全方位融合,为加快构建河南现代产业体系,确保高质量建设现代化河南、确保高水平实现现代化河南提供强有力的人才和智力支撑。

作为高等教育体系的重要组成部分,应用型本科高校是形成产教良性互动、校企优势互补的产教深度融合发展格局的高等教育主要生力军,为全面建设社会主义现代化国家提供强大的人力资源支撑,在推进中国式现代化进程中扮演着至关重要的角色。然而,当前应用型本科人才培养体系改革存在很多堵点、痛点和难点,其中以下三个方面尤为关键。

其一,产教融合不够深入。高校与企业合作存在合作浅层化、利益差异化、供需不对接等问题,高校难以准确把握产业需求和企业的实际需求,服务产业发展和行业企业技术升级的能力不够,企业参与高校人才培养过程的积极性、主动性不够。

其二,师资实践应用能力不足。大部分教师毕业后直接到高校授课,理论知识丰富扎实,但缺乏行业经验和企业实践经验,难以紧跟行业最新发展趋势,在解决企业实际问题方面的实践应用能力不足。

其三,课程体系与市场需求无法紧密衔接。现有课程体系没有从市场导向出发进行系统设计,与市场需求衔接不紧密,课程教学目标、内容、测试方法不能有效促进应用型人才培养目标的实现,导致课程体系对人才培养目标的支撑力不够,学生能力与企业岗位任务要求出现脱节。

习近平总书记在 2024 年 9 月召开的全国教育大会上的重要讲话,向全党全社会发出了"建成教育强国"的动员令,系统部署了全面推进教育强国建设的战略任务和重大举措。习近平总书记指出,建设教育强国是一项复杂的系统工程。中共教育部党组在《人民日报》发表文章强调,面对新一轮科技革命和产业变革对全球秩序和发展格局带来的深远影响,能不能建成教育强国、为加快实现高水平科技自立自强提供支撑,能不能培养出世界一流人才和经济社会发展所需的大批高素质建设者,是摆在我们面前的重大课题。如何让每个学生都享有公平而有质量的教育,使具有不同禀赋和潜能的每一个人都能得到充分发展,是每一个教育工作者长期努力、不断改革的方向。

黄河科技学院作为全国第一所民办普通本科高校,肩负着为地方和产业发展培育应用型人才的使命。在新时代全面推进教育强国建设的背景下,学校清醒地认识到,要想真正实现面向未来培养人才,必须勇立潮头,敢于破局,重新规划未来学校发展定位,重构全新的产教融合人才培养体系,并且在专业层面、课程层面、课堂教学层面层层深入、彻底落实。教学改革改到深处是课程,改到痛处是教师。办学理念再好,体系设计再先进,没有教师的落地实施,人才培养成效是无法见真章的。为此,黄河科技学院从 2018 年开始,以英语课程和体育课程为破局起点,通过创新探索,让教师们初试初尝"以学生学习成长为中心"的课程和教学模式改革小成功的喜悦和红利;继而通过体制机制重构,全面触发和激励更深层次的人才培养体系创新和方法论创新;通过构建思想引路、问题导向、自我学习探索以及专家咨询等一系列行动学习式的有组织学习,推动全校所有专业所有教师,共同构建和实施了全新的人才培养体系。

人才培养是一个系统复杂的工程,体现在目的—目标体系的多层次和复杂性。具体而言,宏观层面必须以党和国家的意志和要求为根本遵循,即落实立德树人根本任务,培养德智体美劳全面发展的社会主义建设者和接班人;中观层面要体现区域需要,即精准对接国家战略和河南省"7+28+N"产业链群,深度聚焦发展新质生产力要求;微观层面,学校明确提出,要以学生的成长发展,提升学生的岗位胜任力、就业适应力和职业发展力为目标。

为实现上述目的—目标体系,学校以支撑目标实现的课程体系改革为突破口,构建了以能力逐级进阶提升为导向的"2+1+1"(基础 + 实践 + 应用)产教融合型课程体系(见图 1)。其中,立德树人的课程思政点作为每一门课的育人目标,纳入教学设计要求。课程体系中的"2"代表本科阶段的大一、大二聚焦学生"基本能力"养成,设置基础性课程。学生通过基础性课程学习专业基础知识和技能,实现"见过"和"部分做过",为后续学习与实践筑牢坚实的理论基础和技能基础。中间的"1"代表大三基于企业真实项目和市场评价标准,创设基于培养实践和创新能力的项目化教学课程,设置就业、创业、应用型研究三个方向,实施分类培养。学生可根据职业发展方向自由选择,实现个性化发展。学生在参与项目化教学课程的学习与实践中,将理论知识与实际项目紧密结合,有效提高实践能力和创新能力,实现"做成"。最后一个"1"代表大四开设应用型课程,教师带领学生直接进入企业生产一线,直接参与工作实践,在获取工作报酬的同时接受职业应用性评价,更深入地了解职业需求,为未来职业发展做好充分准备,进一步提升职业发展力,实现"做好",同时为即将步入职场的学生增强信心与竞争力,铺就应用型人才成长之路。学校创新课程体系的最终目的是实现应用型人才的高质量培养,助力学生实现高质量就业。

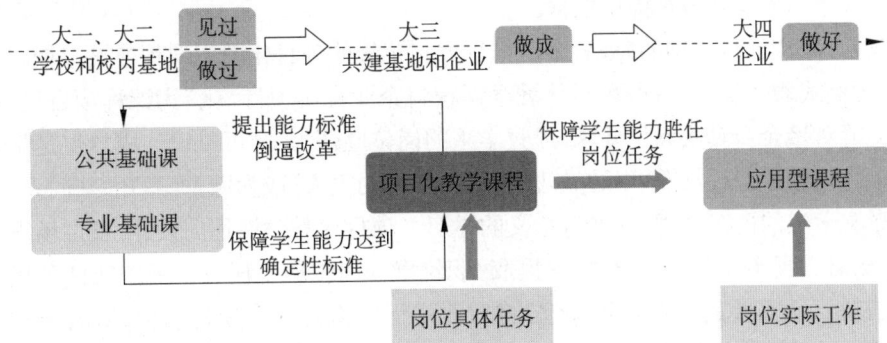

图 1 黄河科技学院"2+1+1"(基础 + 实践 + 应用)产教融合型课程体系

之所以进行这样的课程体系设计,是基于学校在多年产教融合的探索实践中发现,教师按照基于学习产出的教育(outcomes-based education, OBE)理念构建课程和课程模块,将能力作为课程目标,其背后的假设是"课程直接可以支撑能力目标",实际上在操作层面较难实现;而把行业企业的真实岗位任务或工程项目、技术研发项目转化为项目化的课程,其背后的假设是"能力内含在操作真实任务的过程中"。因此,将项目化教学课程作为能力培养的真实载体,教师更容易操作。教师可将自己做过的项目转化为课程,用任务承载真实能力训练,学生完成任务即受能力训练,且培养的能力可在任务结果中体现并进行评价。当然,其难点在于如何将企业的真实任务或者项目与专业基础课程知识真正融合,以构建一门与人才培养目标相匹配、内容适度的课程。在此实践逻辑基础上,学校以此类课程为起点,倒推整个课程体系的改革、调整和融合。产教融合型课程体系构建涉及学校及教职工的办学理念层面、工作系统方法层面、落实行为层面和办学效果评价反馈等,是一个复杂的系统工程。为构建这套全新的产教融合型课程体系,学校做了以下基础性改革工作。

一、抓住关键环节,重构人才培养体系

其一,大样本、全覆盖的专业岗位需求调研。由学校商学部人力资源专业团队牵头,专业设计调研方案,培训所有参与调研的专业负责人和教师。学校所有的专业负责人组队深入学生就业的主要用人单位,开展产业、企业、岗位调研,利用调研数据进行工作分析,最终建立就业数据库:产业—行业—企业分类标准、产业链人才需求标准、专业人才培养质量标准。学校编制了人才需求能力标签,构建了职位标签等,以便更精准地匹配人才与市场需求。学校紧跟产业需求,将这些标签全部纳入自主研发的数字化平台,形成产业、行业、用人单位就业信息数据库。这些标签都是企业人力资源部门熟悉

的用人标签,用人单位后续能够在平台上更新和组合自己的就业数据标签,进而发布就业信息。开放的就业信息数据库能够吸引越来越多的用人单位入驻,逐步覆盖所有本科专业对应的岗位。各专业以此为基础,倒推形成自己的人才综合素质能力评价模型,为后续人才培养模式改革提供依据。

其二,采取课程立项的办法,全面推行大三年级的项目化教学课程建设工程。与项目式、案例式教学课程不同,项目化教学课程将企业真实项目"化"为课程项目任务,既可以无缝对接企业真实岗位要求,提升学生的岗位胜任力;又可以设计成学生是学习主体的项目化教学课程,让学生边做边学,成为学习的主人,成为课堂学习的共同设计者,充分激发学生的内在动力,开展有意义的学习。项目化教学课程的设计,以市场需求为导向,从岗位真实任务要求出发,先提取"职位群—岗位典型任务—工作项目",然后优化这些项目所需要的专业知识图谱,将专业知识图谱与工作项目融合,形成一种新型的项目化教学课程的知识图谱。在此基础上,确定课程教学目标、项目任务、教学内容、课上课下学习任务等。学校制定了项目化教学课程的建设标准:一是强调项目"真实性",必须是来源于企业的实际项目,可以是即时性项目或延时性项目,按照岗位任务逻辑,将项目任务、项目流程、项目能力、常见错误和解决办法编排成学习任务单元;二是建立对接企业行业的项目资源库,及时更新,确保项目的延续性和内容的有效性;三是制定以成果为导向、市场直接评价或仿真评价的三级评价标准,学生考核合格即能达到课程对应的岗位任务要求,胜任岗位工作。项目化教学课程是"2+1+1"产教融合型课程体系中的核心环节,具有承上启下的关键作用。这个环节不进行改革,其他课程改革都只是理念,无法真正落地实施。因此,学校将大三的项目化教学课程的改革作为整个课程改革的切入点,以分批立项的方式,完成了大三所有的课程改革。

其三,依托数字化学习平台,基于知识建模、课程教学设计的技术方法全面重构课程体系。作为课程改革的突破口,学校在全面实施项目化教学课程后,开始倒逼前修专业基础课程改革,支撑大四的应用型课程建设。前修基础课程需在目标制定、内容选择、教学模式和评价考核等方面提供有力支撑,以确保知识的系统性和连贯性。同时,项目化教学课程也为大四学生直接参与用人单位的真实项目和工作,提供更具技术性和实用性的知识,以及解决实际问题能力和创新能力的基础。为此,学校邀请国家教育行政学院刘亚荣专家团队,以课程知识建模为基础,全面重构公共基础课程和专业基础课程。一是绘制所有课程的知识建模图。本科专业的全部课程绘制知识建模图为新型人才培养体系搭建坚实的知识体系基础。二是重构基础课程。从支撑项目化教学课程或后续专业基础课程的需要入手,倒推专业基础课和公共基础课的知识容量和结构,全面梳理项目化教学课程所需的知识、能力和素质,将知识点进行详细分解、重新组合,重塑现有的知识体系,对前修专业基础课程的知识、能力、素质主模块进行组合,形成新的专业基础课和公共基础课。三是明确课程建设标准,推动新版教学设计和课程大纲的制定。基于课程知识建模图,重新制定1206门本科课程的教学设计和课程大纲,每门课的教学设计都重新设计和匹配了"以学生学习为中心"的各种教学、学习资源,包括线上课程、作业练习、各种学习评价工具等。四是建设数字化学习平台系统。所有课程的教学、学习资源都实现了线上师生共享,有效满足了教师教学和学生学习对各种学习资源和工具即时性、便利性的需求;解决了公共基础课学生基数大、师生互动难等问题;也解决了教考分离、多维评价、客观证据翔实的教学和学习评价真实难题;真正实现了学生随时可学,不受限于学期和专业,学完即可结业的泛在学习理念。

其四,基于市场真实评价的应用型课程建设。作为学校"2+1+1"产教融合型课程体系的最后环节,应用型课程是对应用型人才培养效果的有效检验和直接体现。学校指导各本科专业开展高质量充分就业调研分析,通过定性与定量相结合,从知识能力素质要求、工作岗位经验、职业资格证书考取等维度对毕业生高质量充分就业的本质属性进行画像,提出高质量充分就业标准,并落实到应用型课程目标中。应用型课程的设计基于实际的产业发展和市场需求,由教师承接研发创新类等高质量真实市场项目,通过相应的教学设计(如学分、教学安排、课程考核等)赋予其课程要素,从而转换为课程。教师带领学生承接真实的市场项目,接受市场评价,产生经济与社会效益。在此过程中,教师的实践教学能力得以显著提高,逐步向"双师型"教师队伍转型。学生通过岗位任务从合格的入职者变成优秀的入职者,实现从"做成"到"做好",直接实现高质量充分就业。

其五,建立优秀本科生荣誉体系。为引领学生积极进取、全面发展,持续提升学生德智体美劳综合素养,进而激励学生追求卓越、奋发向上,营造"逢一必争,逢金必夺"的优良校园氛围,学校以德智体美劳全面发展为导向重构本科生荣誉体系,促进学生成长成才。一方面,学校表彰在学习、创新创业等方面表现突出的学生。他们或项目成果获企业采纳,实现高质量充分就业目标;或创新创业能力强,勇启创业征程;或勤奋好学,有一定学术成果。学校为他们颁发"全能英才奖""创新创业奖""学业卓越奖",激发学生的内在潜能和创新精神,促进学生更加积极主动地投入到学习和实践中,不断挑战自我,追求更高的目标。另一方面,学校表彰积极参与学校产教融合工作并做出努力和贡献的优秀毕业生。他们或积极牵线搭桥,为学校与企业搭建合作桥梁,不断拓展合作渠道;或参与学校课程设计,将企业实际需求与行业最新动态有机融入教学内容,助力学校构建贴合市场需求的人才培养模式;或为在校生创造大量实习与实践机会,促使学生在实践中茁壮成长。学校为他们颁发"杰出校友奖",对其做出的贡献和取得的成就给予充分肯定。同时,学校激励在校学生努力提升自己,力争成长为创新引领型人才。

黄河科技学院"2+1+1"产教融合型课程体系不同于传统学科逻辑下的本科人才培养体系,也不同于当前很多应用型大学倡导的校企合作的本科人才培养体系。三种人才培养体系对比分析见图2。传统高校人才培养体系根植于学科逻辑,偏重知识传授,为学生筑牢坚实的理论基础。然而,在对接企业实际工作所需的应用技能培养方面却极为薄弱,使得传统本科教育的毕业生大多呈现出"眼高手低"的特点,必须经过培训期后才能适应岗位任务要求。在知识匮乏、缺乏信息技术传播知识的时代,这种培养方式是大学的不二选择。但在信息技术时代,知识可以泛在获取,这种人才培养体系已经不能再作为任何大学人才培养的基本方式。

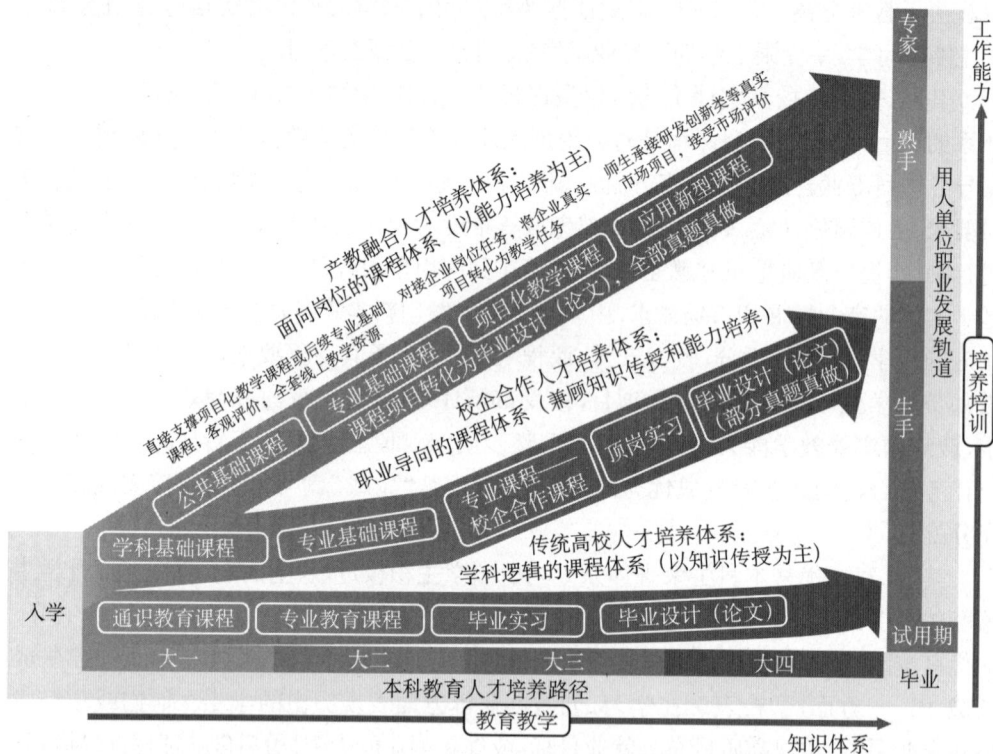

图2　三种人才培养体系对比分析

校企合作人才培养体系以职业为导向,设置校企合作课程、顶岗实习及毕业论文真题真做等实践类课程和环节,既注重知识传授,又兼顾能力培养,尤其强调实践与应用,对提高学生实践能力和职业技能有较大帮助。但是也存在四方面的主要问题:一是课程体系内容衔接度不够。校企合作课程与前端的基础课程以及与企业真实岗位要求之间都缺乏有效衔接,导致课程体系连贯性欠佳,人才培养与市场需求不匹配。二是师资队伍实践应用能力不足。教师因缺乏行业经验与企业实践经验,难以有效解决企业实际问题。三是校企合作课程个性化程度不高。课程多由企业研发,雷同性强,与学校办学特色联系不紧密,无法满足学生的个性化发展需要和市场的多样化需求。四是校企合作课程覆盖领域不广泛。合作项目往往依托"订单式"人才培养开设,局限于企业所需的特定岗位,未能全面覆盖专业面向的所有岗位。

我校的产教融合人才培养体系,从锚定岗位需求出发,重新梳理了人才培养的学习逻辑。在未来的人才培养中,一旦产业中的工程师和学校的教师都具备课程领导力,便能够突破产业和学校的界限,随时将岗位的需求转化为培养的课程。届时,学校将成为任何产业人才随时获取学习机会的场所,也将成为产业孕育未来科技产品的场所。

二、强化支持保障,全面推进综合改革

人才培养体系改革是牵一发而动全身的系统工程,外部需要全社会方方面面的配合与支持,内部也涉及体制机制、数字化平台、课程建设、教学质量评价与持续改进等全要素多维度的支撑和保障。为此,学校主要从以下几方面进行了衔接配套改革。

其一,自主研发数字化平台,实现评价与建设全流程智能化。搭建集智能管理、智慧教学、数智评价于一体的课程建设数字化平台,统筹全校课程资源,对外实现各高校课程资源共建共享,对内实现课程数据与教师数据、学生数据互联互通,协同推进课程建设与评价、学生服务和师资培养;构建基于质量标准、全量化采集、大模型分析的智能化课程评价支持体系,通过统一规划、统一建设、统一管理、统一评价,优化课程结构、明确课程规格、分析课程目标达成度、智能化提供课程画像、过程性规范课程准入与退出,保障一流应用型课程的优质、高效、充足供给。

其二,评价牵引,推进课程高质量建设。学校与国家教育行政学院共同研创课程评价指标体系。分类研创教学设计、教学实施、教学产出评价标准,重点关注课程知识建模的完整性、教学活动目标与任务的一致性、师生交互过程的有效性、教学评价的客观性。聚焦教学设计、教学实施、教学产出三个关键环节,实现课程评估精准化。一是聚焦教学设计。考察 OBE 理念在每个任务和活动设计中的体现,强调选取活动的目标、交互、成果及评价标准的一致性,课程知识建模的完整性等。二是聚焦教学实施。评价教学过程与教学设计的一致性,重点考查学生是否进行高阶思考、是否积极参与各项学习活动、知识能力是否达到预期目标。三是聚焦教学产出。将课程考核评价标准、企业评价标准、企业采纳证明等纳入课程成果重点考察,将教师教学能力提升、课改论文发表等作为教师成果进行评价,将学生考核结果、学生作品、创作等作为学生成果重点考察评价。学校充分利用大数据技术,将日常教学动态数据与专家评估相结合,建立线上线下相互支持,专业、学部、学校三级进阶式评价机制,实现常态化全覆盖"课程 + 教师团队"评价。通过线上审阅课程资源和评审材料、深入课堂随机听课、组织课程答辩汇报、强化反馈改进四步骤,构建评价闭环,促进课程评价"反哺"课堂教学,推动全部课程锻优提质。评价结果打破职称定课酬惯例,实行优课优酬,最高给予 5 倍工作量奖励。

其三,深化体制机制改革,推动教学改革落地生根。学校充分利用体制机制灵活、行动决策迅速等优势,深入开展"大部制""学部制"体制机制改革,推动高校与产业、行业、企业资源共享、深度融合、协同发力、共同育人。在职能部门推行"大部制"改革,通过整合 13 个处级单位,成立教师中心、教育教学中心、学生中心三大中心,以及思政工

作部、科技发展部、资源保障部等五个大部,提高职能部门服务教育教学工作的效能度和协同性。在教学单位积极推动"学部制"改革,打破原有的"校—院—系—教研室"多层级结构,将12个学院整合为工学部、艺体学部、商学部、医学部四个学部,依据专业集群下设科教中心,赋予其资源配置的自主权力。通过体制机制改革,充分汇聚学科、专业、师资、平台等各类优势资源,实现了以下三方面的提升。一是教师中心的成立,为教师提供了更专业的发展平台。鼓励教师深入企业实践,提升实践教学能力与专业素养,提供更多职业发展机会和激励机制,打造高素质、专业化、创新型教师队伍。二是教育教学中心的成立,有利于整合教育教学资源,推动产教深度融合。通过搭建教学平台,教师与企业专家共同设计与实施课程、共同制定并修订人才培养方案,促使专业设置紧密贴合产业需求,大幅提升专业与市场对接的精准度与紧密性。同时,引导教师将行业最新动态和技术及时引入课堂,促进教学方法创新,增强教学的针对性和实效性,为培养具有扎实专业知识和较强实践能力的应用型人才筑牢坚实基础。三是学生中心的成立,为学生提供了更多实践机会和职业发展指导。开展职业规划、职业咨询服务、优秀本科生表彰以及行业专家和成功校友经验分享等丰富多彩的活动,为学生在职业选择和发展中遇到的困惑提供个性化指导和建议,进而提升学生的就业竞争力和职业适应能力。

三、发挥改革效能,凸显人才培养成效

学校始终秉持"办一所对学生最负责任的大学"的办学愿景,全心全意为教师服务,全心全意为学生服务,人才培养新体系改革得到广大师生的高度认可和肯定。

学校采用调查问卷、访谈等多种形式开展了教育教学改革后的师生满意度调查。结果显示,总满意度高于98%。教师董菲菲分享村庄规划授课感悟时谈道:"当学生真正成为课堂的主人时,他们便不再是学习的被动承受者,而是积极投身于教学活动,化身为学习的主动探索者与协同合作者。他们的学习热情空前高涨,思维也更加活跃。"教师杨颖分享道:"投身于学校课程改革实践,我深切认识到,卓越的教学绝非因循守旧,而在于大胆创新、勇于实践。身为一线教育工作者,我们不只是知识的传播者,更是变革的推进者。课改给予我宽广的舞台,使我能尝试新教学理念与方法。我将项目化、合作学习等理念融入课堂,激发学生兴趣与创造力,实现师生平等互动、共同发展。"学生崔锴洁分享了自己在服装与品牌设计课程中的体验:"在这门课程里,同学们模拟不同岗位,大家分工协作,展现出极强的团队协作精神和学习热情,我能深切地感受到有一股强大的力量推动着我在交叉创新的道路上不断向前。"学生司双颖谈道:"项目化教学课程风景园林规划与设计具有很强的实践性、应用性和挑战性。在一次次的项目构思与创作过程中,我被激发出全身心投入学习的热情,对这门课程产生了浓厚的兴趣。特别是当自己设计的园林方案被采纳并且最终得以建成的时候,之前所有的辛苦付出都转化为满满的成就感,那种激动和自豪难以用言语来表达,感觉所有的努力都是非常

值得的！"

回顾 6 年的改革历程，学校聚焦人才培养模式改革、课程体系构建、课程开发、课程设计以及课程评价等关键环节，先后召开了主管教学部（院）长、科教中心主任、骨干教师等不同层面人员参与的研讨会 300 余场，投入 3000 余万元用于 1300 多门课程的建设。在此过程中，教师们对于人才培养模式改革理念、思路及步骤等有了更清晰、更深刻的认知。在全体师生的充分认可与深度参与下，全校上下已然凝聚起改革共识，产教融合持续走向深入，教师队伍的能力得到显著提升，人才培养与行业企业岗位需求的对接越发紧密，课程教学质量有了明显提升。改革成果受到省内外高校和社会的广泛关注，130 余所高校、240 余家企事业单位等到校交流；受邀在中国高等教育学会、国家教育行政学院等举办的院校研究高端论坛，郑州大学、成都大学等高校做主题报告 28 次；成果在第 61 届、第 62 届中国高等教育博览会上展出，获得省内外高校教学管理人员和一线教师的高度好评；办学成效被中央电视台《新闻联播》、新华社、《光明日报》《中国教育报》等广泛报道。

斗转星移，岁月如梭，黄河科技学院在时光的长河中稳健前行。2024 年 5 月，学校迎来了辉煌的四十华诞。值此之际，我们集结学校人才培养新体系改革成果，分专业出版"应用型高校本科专业产教融合型课程体系改革与实践"系列图书，为应用型高校深化教育教学改革、创新人才培养模式、优化课堂教学方式方法、开展常态化课程评价、全面提升育人水平提供有效借鉴和参考。这一本本沉甸甸的册子，凝聚着全校教师在课改历程中的智慧与汗水，折射出全体教师的睿智与灵性，更满溢着全体教师"以学生为中心"的教育理想与不懈追求。

此举，一为抚今追昔，以文字铭刻学校波澜壮阔的发展历程，为辉煌历史留存厚重见证；二为激励莘莘学子奋发图强，在知识的海洋中砥砺前行，以拼搏之姿努力成才，为未来铸就璀璨华章；三为鼓舞吾辈同人不忘初心，励精图治，以昂扬斗志勇攀高峰，在教育的新征程上再创佳绩，为国家培养更多栋梁之材，为时代书写更壮丽的教育诗篇。

回顾往昔，那些奋斗的足迹、拼搏的身影，皆是前行的动力源泉。展望未来，我们深感责任重大、使命光荣。我们定会牢记为党育人、为国育才的初心使命，不负重托，与时俱进，努力谱写无愧于前人、无负于时代的璀璨新篇章。

黄河科技学院执行董事、校长

杨保成

2024 年 10 月 16 日

工商管理专业是一个涉猎广泛、应用性强的学科领域。在当下快速变迁的社会和经济环境中,该专业对培养适应市场需求的高素质管理人才提出了更高的要求,工商管理专业的教学改革尤为迫切和重要。

在工商管理专业的教学改革中,我们从调研该专业匹配的岗位(群)及岗位任务出发,聚焦于数字营销和数智人力资源管理两类岗位的项目化教学课程设计,通过倒推专业基础课程、延伸应用型课程,构建"2+1+1"模式的工商管理专业产教融合型课程体系。在推进教学改革的过程中,我们积极借鉴国内外成功的经验和做法,并根据我国实际情况采取具有针对性的改革措施。同时,我们也深入了解市场需求和行业发展趋势,不断更新教学内容,提高教学质量,以进一步增强改革效果。

本书围绕应用型高校本科工商管理专业产教融合型课程体系的改革与实践展开。本书内容共分为4章:第1章是工商管理专业概况,内容包括专业发展历程、专业现状、专业发展趋势和展望;第2章是工商管理专业课程体系构建,内容包括人才需求分析、岗位任务分析、课程体系、工商管理本科专业人才培养方案;第3章是工商管理专业课程知识建模,内容包括项目化教学课程知识建模和专业基础课程知识建模;第4章是基于OBE理念的教学设计,内容包括以项目化教学为核心的教学设计思路、项目化课程教学设计和专业基础课程教学设计。

本书由董艳蕊、叶亚丽、王凡担任主编,董艳蕊负责统稿工作,张莎提供专业指导和帮助。此外,本书中课程资料由工商管理专业课程组教师共同提供。其中,董艳蕊负责组织行为学和员工招聘实务课程资料,陈慧仙负责人力资源管理和员工培训实务课程资料,王凡负责管理学和企业战略管理课程资料,李彦普负责商务写作课程资料,马妍负责电子商务课程资料,叶亚丽负责商业数据分析课程资料,温海啸负责市场营销学课程资料,于善甫负责运营管理课程资料,张继东负责员工关系实务课程资料。

　　我们希望通过本书的出版,引起广大教育工作者和管理人员对教学改革的重视,共同探讨工商管理专业教学改革的路径和方向,为我国工商管理人才的培养作出积极的贡献。愿我们共同努力,推动工商管理专业教学改革取得更大的成就。

　　由于编著者水平有限,书中难免有不足之处,恳请广大读者批评指正。

编著者

2025 年 4 月

目　录

第 1 章

工商管理专业概况

1.1 专业发展历程

黄河科技学院工商管理专业的前身是 20 世纪 90 年代的企业管理专业,该专业于 2000 年招收了第一届本科生。2012 年成为郑州市重点专业;2017 年成为河南省综合改革试点专业;2019 年立项河南省首批一流本科专业建设;2022 年立项郑州市地方高校优秀基层教学组织建设。另外,其教师团队也于 2015 年获河南省优秀教学团队称号。

1.2 专 业 现 状

工商管理专业秉持"宽口径、厚基础、精岗位"的理念,旨在对接区域产业,培养具备扎实理论、创新意识、实践能力、数据分析能力、团队精神、沟通技能,能够胜任数智时代经营管理岗位、营销岗位、人力资源岗位的复合型应用型管理人才。

本专业教师先后承担省部级科研项目 20 余项,承担地厅级科研项目 50 余项,承担各级教研项目 60 余项;发表中文核心期刊论文 50 余篇,出版专著 10 余部。多名教师获河南省教育厅学术技术带头人、河南省优秀教师、河南省高等学校优秀共产党员、河南省师德先进个人、河南省教育系统教学技能竞赛二、三等奖等荣誉称号或奖项。除此之外,他们打造的课程也广受好评,其中,有 1 门入选河南省一流课程,1 门被评为河南省课程思政样板课,1 门被评为河南省线上优质课。

本专业建有电子商务实验室、人力资源实验室、创新创业实训实验室、商务谈判实训室等,与京东物流、黎明重工、顺丰速运等行业龙头企业开展深度校企合作。毕业生深受用人单位欢迎,每年就业率保持在 97% 以上。同时,也有多名学生通过深造,被授予吉林大学、华中师范大学、南京审计大学等学校的硕士学位。

1.3　专业发展趋势和展望

工商管理专业是一个涉及商业管理、市场营销、财务管理、人力资源管理等方面的综合性学科。随着经济全球化和信息化的发展,工商管理专业也在不断发展和演变。以下是工商管理专业的发展趋势。

1. 数字化转型

随着信息技术的发展,企业管理越来越依赖数字化技术。未来,工商管理专业将更加注重数字化转型和信息技术应用,旨在培养具有信息化管理能力的专业人才。

2. 创新创业

创新创业是经济发展的重要动力。未来,工商管理专业将更加注重培养具有创新精神和创业能力的人才,帮助他们在竞争激烈的市场中脱颖而出。

3. 国际化视野

经济全球化已经成为不可逆转的趋势。未来,工商管理专业将更加注重国际化视野的拓展,帮助学生了解全球市场,掌握国际商务知识和技能。

4. 跨学科发展

未来,工商管理专业将与工程、法律、心理学等其他学科开展跨学科合作,致力于培养具有多学科知识和综合能力的专业人才,以适应社会的多元化需求。

5. 可持续发展

注重环境保护和社会责任意识的提升,致力于培养具有可持续发展意识的专业人才,推动企业可持续发展将成为未来工商管理专业发展的重要方向。

总的来说,工商管理专业将在数字化转型、创新创业、国际化视野、跨学科发展和可持续发展等方面不断发展和完善,为社会和企业培养更多具有综合管理能力和创新精神的专业人才。

第 2 章

工商管理专业课程体系构建

2.1 人才需求分析

2.1.1 工商管理人才需求覆盖行业多

工商管理专业人才需求覆盖行业多,如制造业、零售业、金融服务业、IT/互联网行业、咨询服务业等。

制造业:在制造业中,工商管理人才可以协助企业制订生产计划,优化供应链流程,提高生产效率和品质管理水平。

零售业:在零售业中,工商管理人才可以从事市场调研、品牌推广、销售策略制定,以及店面管理、仓储物流等运营管理工作。

金融服务业:工商管理人才可以在银行、证券、保险等金融机构从事风险管理、投资管理、客户服务、市场营销等工作。

IT/互联网行业:在IT/互联网行业,工商管理人才可以从事产品管理、项目管理、市场营销、业务发展等工作。

咨询服务业:在咨询服务业中,工商管理人才可以从事人力资源管理、财务管理等工作,为企业提供战略规划和业务咨询,以及承担组织设计和人才培养等工作。

除了上述行业,工商管理人才还可以在教育、医疗、公共管理等各个领域发挥作用。

2.1.2 工商管理人才需求覆盖企业类型和岗位多

无论是国有企业、外资企业,还是民营企业,无论是大型企业还是中小型企业,都需要具备一定管理能力和商业素养的人才来协助企业运营和发展。这些企业需要工商管理人才来进行市场营销、人力资源管理、财务管理、战略规划等方面的工作,从而帮助企业提高效率、降低成本、扩大市场份额。

2.1.3　中小型企业对工商管理人才的综合要求高

中小型企业对工商管理人才的要求呈现出注重多功能性、数智化能力、创新思维和创业精神、商业意识和经营能力、实践能力及团队合作和沟通能力等特点。中小型企业往往更注重员工的实践能力，要求毕业生在校期间积极参加实习项目或者与企业合作的项目，以积累相关实践经验。

2.2　岗位任务分析

2.2.1　主要就业岗位

2021年8月至2021年12月，我们采用大范围集中调研的方式，对2004年至2020年毕业的工商管理、市场营销、人力资源管理专业的1500余名学生展开调研，其中有效调研人数为1200余名。调研方法是由辅导员、毕业论文指导教师和任课教师通过访谈、问卷调查调研毕业生毕业1~2年内的工作单位及性质、所在部门、工作岗位名称、岗位职责、岗位任务等。同时，调研人员联系了30多家合作企业的人力资源主管，调研工商管理类学生毕业1~2年内的工作岗位名称、岗位职责、岗位任务等。通过以上调研，结合学校实际情况，总结提炼出工商管理专业主要就业岗位集中在营销类和人力资源管理类，分别为电子商务运营岗、零售策划岗、数字营销岗、销售推广岗、员工招聘岗、员工培训岗、绩效薪酬岗、员工关系岗。

2.2.2　主要岗位任务

1. 电子商务运营岗位主要岗位任务

电子商务运营岗位主要负责电子商务平台的日常运营和管理工作，主要任务包括以下几个方面。

电商平台运营管理：负责电子商务平台的日常运营管理，监控和分析销售数据、交易信息与用户行为，制定运营策略和方案，以优化平台的用户体验和运营效果。

商品管理：负责商品的上架、下架和管理工作，包括商品信息录入、图片处理、价格调整等，确保商品信息准确完整，并根据市场需求合理调整商品组合和库存。

促销活动策划与执行：策划和执行各类促销活动，包括打折、满减、团购、秒杀等，旨在提升销售额和客户转化率。同时，推动与供应商的合作，争取优惠价格和资源支持。

用户管理与服务：负责优化和改进用户注册、购物流程、订单管理等环节，及时回复用户咨询、投诉和售后问题，解决用户的疑问和需求，提高用户体验和用户满意度。

数据分析与报告：通过对销售数据、用户行为和市场趋势的分析，提供经营决策的依据，包括制订市场推广策略、商品采购计划等，并根据需求生成相关的报告和分析结果。

平台推广与合作：负责电子商务平台的推广和品牌建设工作，包括搜索引擎优化、社交媒体推广、线上线下活动策划等。同时，积极寻求与其他平台、供应商、物流公司等的合作机会，拓展业务渠道和资源。

竞争对手分析与市场监测：持续跟踪竞争对手的动态和市场变化，分析市场趋势和消费者需求变化，及时调整运营策略和产品布局，保持竞争优势。

物流和仓储管理：协调物流和仓储部门，确保订单的准时发货和配送，保证良好的物流服务质量，解决物流和售后服务问题。

综上所述，电子商务运营岗位的主要任务包括平台运营管理、商品管理、促销活动策划与执行、用户管理与服务、数据分析与报告、平台推广与合作、竞争对手分析与市场监测，以及物流和仓储管理等。这些任务的完成将有助于提高销售额、增加用户数量、优化用户体验，并为电子商务平台的长期发展提供支持。

2. 零售管理岗位主要岗位任务

零售管理岗位是负责零售业务的规划和执行的职位，主要任务包括以下几个方面。

市场研究和分析：负责对市场进行深入调研和分析，了解消费者需求、竞争对手情况、市场趋势等信息，为制定零售策略提供依据。

零售业务规划：根据市场需求和企业战略，制定零售业务的长期和短期规划，包括店面选址、产品组合、价格策略、促销活动等，以实现销售目标和利润最大化。

店面布局与陈列：负责店面布局设计和产品陈列方式的规划，增强店面和产品的吸引力，激发消费者购买欲望，同时保持良好的空间利用和商品展示效果。

采购与供应链管理：负责与供应商洽谈采购事宜，确保商品的品质和供应的稳定性。同时，负责建立健全供应链管理系统，确保商品的及时配送，并合理控制库存。

促销活动策划与执行：策划和组织各类促销活动，如打折、满减、赠品等，吸引消费者，提升销售额。同时，制订促销方案，监测促销效果，并及时调整策略以达到销售目标。

客户关系管理：建立并维护与消费者的良好关系，通过各种渠道与客户互动，了解客户的需求和反馈，从而提供更好的产品和服务，增强客户忠诚度。

数据分析与业绩评估：收集并分析销售数据、库存数据和市场反馈等信息，评估业绩和效益，为制定下一阶段的零售策略提供参考和决策支持。

培训与团队管理：负责培训零售团队成员，提升其专业能力和销售技巧。同时，管理和协调团队工作,确保零售业务的顺利进行。

以上是零售管理岗位的主要任务。通过市场研究、业务规划、布局陈列、采购管理、活动策划执行、客户关系管理和数据分析等工作,零售管理岗位能够有效地推动零售业务的发展,提升企业的竞争力和市场份额。

3. 数字营销岗位主要岗位任务

数字营销岗位是负责利用数字技术和渠道进行市场推广和品牌传播的职位,主要任务包括以下几个方面。

网络广告管理:负责制订并执行网络广告计划,选择适合的广告平台和媒体,投放广告以提高品牌知名度,推广产品或服务。

搜索引擎优化(SEO):通过优化网站内容、关键词策略和外部链接等手段,提高网站在搜索引擎中的排名,增加精准流量和曝光度。

社交媒体管理:负责管理和运营企业在各种社交媒体平台上的账号,发布相关内容,与用户互动,提升品牌形象和用户参与度。

内容营销策划:制定并执行内容营销策略,以撰写文章、制作视频、设计图文等方式,为用户提供有价值的信息和娱乐内容,吸引目标受众并建立品牌认知度。

电子邮件营销:通过精心设计的电子邮件活动,向潜在客户和现有客户发送个性化的信息和促销内容,提高客户转化率和忠诚度。

数据分析与报告:收集和分析数字营销活动的数据,通过工具和统计报告评估市场反应和投资回报率(ROI),为策略优化提供决策依据。

网站和移动应用管理:负责网站和移动应用的设计、更新和维护,确保用户体验良好,提供信息和服务。

合作关系管理:与合作伙伴、广告代理商和媒体进行沟通和协商,建立并维护良好的业务合作关系,推动数字营销活动的开展。

市场调研和竞争分析:定期进行市场调研和竞争对手分析,了解市场趋势、竞争态势和潜在机会,为制定数字营销策略提供参考。

跟踪和学习新技术和趋势:持续跟踪和学习数字营销领域的最新技术、趋势和工具,不断提升自身的专业知识和技能水平。

通过以上任务,数字营销岗位能够有效推广企业品牌,扩大市场影响力,提高目标受众的转化率和忠诚度。同时,数字营销岗位也需要不断学习和适应变化,以应对快速发展的数字营销行业。

4. 销售推广岗位主要岗位任务

销售推广岗位是负责销售产品或服务,并推广企业品牌的职位,主要任务包括以下几个方面。

销售目标达成：制定销售目标并制订相应的销售计划，通过有效的销售策略和技巧，完成销售指标，并与销售团队一起努力达成公司设定的销售目标。

客户开发和关系维护：寻找潜在客户、进行市场调研，建立客户数据库，通过电话、会议、拜访等形式与客户进行联系和沟通，了解客户需求，促成合作，同时维护好现有客户的关系，提升客户满意度。

销售演示和产品介绍：准备和展示产品演示文稿、资料或样品，向潜在客户呈现产品特点、优势和解决方案，激发客户对产品或服务的兴趣，并解答客户的问题。

销售谈判和成交：根据客户需求和公司政策，与客户进行价格、合同条款和交付条件等方面的商务谈判，争取最佳销售条件，促成销售成交。

销售数据和报告分析：记录销售活动、客户信息和市场情况，定期分析销售数据和趋势，做好销售报告，评估销售绩效和市场反应，为制定下一阶段的销售策略提供参考。

市场竞争分析：跟踪竞争对手的动态和市场趋势，收集竞争信息，分析竞争优势和劣势，为销售策略的调整和优化提供决策依据。

团队协作和合作：与内部团队，如市场部门、生产部门和售后服务团队紧密合作，共同推动销售工作的顺利进行，提高客户满意度和整体销售效益。

销售培训和自我提升：不断学习和提升销售技能和产品知识，参加公司组织的销售培训和行业研讨会，不断完善个人销售能力，提高销售业绩。

通过以上任务，销售推广岗位能够有效推动产品销售，扩大市场份额，提升企业品牌知名度。同时，销售推广岗位需要具备良好的沟通能力、谈判技巧和市场洞察力，能够理解和满足客户需求，为公司完成销售目标作出贡献。

5.员工招聘岗位的主要岗位任务

员工招聘岗位是负责组织和执行企业的招聘活动的职位，主要任务包括以下几个方面。

招聘需求分析：与各部门和管理层沟通，了解公司的人力资源需求，明确招聘职位和招聘数量，制订招聘计划并确定相关人才标准和条件。

岗位描述和招聘广告发布：准确描述招聘职位的工作职责、任职要求和薪酬福利等信息，撰写招聘广告，并通过适当的渠道（如招聘网站、社交媒体、校园招聘等）发布广告，吸引合适的人才。

筛选简历和面试：对收到的应聘简历进行筛选，筛选出符合要求的候选人。然后安排面试，与候选人进行深入的面试评估，包括技能和经验的考查，以及文化匹配和团队适应性的评估。

背景调查和参考核实：对于通过面试的候选人，进行背景调查和参考核实，确认其提供的个人信息和工作经历的真实性和准确性。这包括对教育背景、工作经验、技能和资格证书等进行核实。

录用决策和薪酬谈判：根据面试情况和核实的结果，结合岗位需求和公司政策，做出录用决策。然后与候选人进行薪酬谈判，确定录用条件和合同细节，确保双方达成一致。

入职安排和新员工接待：为新员工安排入职手续，制订培训计划，确保他们顺利入职并尽快适应工作环境。同时，安排新员工的导师或培训辅导员，以提供必要的指导和支持。

招聘数据统计和报告：及时记录、整理和分析招聘活动的数据，包括招聘渠道效果、应聘者来源、招聘周期等，并生成相关的招聘报告，为公司的招聘策略和决策提供参考依据。

6. 员工培训岗位的主要岗位任务

员工培训岗位是负责组织和实施公司内部培训活动的职位，主要任务包括以下几个方面。

培训需求分析：与各部门和管理层沟通，了解公司的培训需求和目标，确定培训的重点领域。同时，通过员工绩效评估、调查反馈等方式，获取员工的培训需求信息。

培训计划制订：根据需求分析结果，制订全面的培训计划，明确培训内容、培训形式、培训时间和培训目标等，确保培训计划与组织战略和业务目标保持一致。

培训课程设计和开发：根据培训需求和计划，设计和开发相应的培训课程，包括教学大纲、教材或培训资料的编写和整理，以及教学方法和评估手段的确定。

培训资源管理：负责管理和整合培训资源，包括培训师资、培训场地、培训设备和培训预算等，确保培训顺利进行。

培训活动的组织和实施：组织和安排培训活动的日常运作，包括培训日程安排、培训材料准备、培训场地布置等工作。同时，主持或参与培训课程的授课，提供高质量的培训服务。

培训效果评估：对培训活动进行评估和反馈，收集培训后的学习成果和员工反馈意见，通过评估结果了解培训的有效性和改进点，并及时调整和改进培训计划和方法。

培训记录和报告：及时记录和整理培训活动的数据，包括培训人数、培训时间、培训费用等，并生成相关的培训报告和统计分析，为公司的培训决策和战略提供参考依据。

总体而言，员工培训岗位的主要任务是根据公司的需求和目标，设计和实施系统的、有针对性的培训计划，以提高员工的专业知识、技能和能力，促进员工的个人发展和职业成长。该岗位通过有效的培训管理，能够帮助员工提升工作表现，提高组织的绩效和竞争力,建立学习型组织。同时,该岗位通过培训活动的评估和反馈,也能够不断改进培训策略和方法,提供持续的培训支持,确保员工的持续学习和发展。

7. 绩效薪酬岗位的主要岗位任务

绩效薪酬岗位是负责组织和实施公司绩效与薪酬管理的职位,主要任务包括以下几个方面。

绩效计划:通过制定目标、指标,明确预期的结果和行为标准,帮助员工了解工作职责和期望,并提供激励和反馈机制。

绩效执行:通过组织员工实际履行绩效目标并达到预期结果的过程,最终实现组织整体绩效的提升。

绩效评价:通过多种评价方法衡量员工在完成工作任务和达成目标方面的表现,并提供有关个人或团队绩效的反馈和改进建议。

绩效反馈:将绩效评价的结果和观察意见及时准确地向员工传达,使员工能够认识到自己的绩效水平,明确工作目标和期望,并采取措施改善和提升个人绩效。

薪酬水平调研:通过薪酬调查和市场分析,了解同行业内的薪酬水平和趋势。根据市场信息,为公司提供薪酬调整和改进建议,确保薪酬体系的市场竞争力和合理性。

薪酬体系设计:通过职位评估、薪酬等级划分、薪酬差异化和晋升制度等,确保薪酬体系的公平性、灵活性和可持续性,提高员工的工作动力和满意度。

薪酬结构设计:根据员工的工作内容、职责和绩效表现,合理划分不同级别和职位的薪酬水平,并确定各项薪酬要素的比例和权重,以达到激励员工、吸引人才和提高组织绩效的目标。

8. 员工关系岗位的主要岗位任务

员工关系岗位是负责管理和维护企业与员工之间良好关系的职位,主要任务包括以下几个方面。

员工沟通与咨询:作为员工关系岗位,主要负责与员工进行有效的沟通和交流,解答员工提出的问题,提供相关咨询和指导。例如,回答员工关于薪酬福利、职业发展、劳动法规等方面的问题。

政策和流程宣导:负责向员工传达和宣导企业的政策、规章制度和流程,确保员工对企业制度的理解和遵守。同时,及时反馈员工的意见和建议,以便企业改进和优化相关政策和流程。

冲突解决与调解:处理员工之间或员工与管理层之间的冲突和纠纷,采取恰当的调解措施,维护企业的稳定和谐。员工关系岗位需要具备良好的沟通、协商和解决问题的能力,促进各方之间的有效沟通和和解。

绩效管理与激励:负责参与或协助绩效评估和绩效管理工作,确保绩效评估的公正性和准确性。此外,根据企业的激励政策,及时反馈员工的表现,并提供激励措施,激发员工的积极性和工作动力。

员工活动和福利管理:组织和策划员工活动,增强员工之间的凝聚力和团队合作精神。管理员工福利待遇,包括健康保险、员工福利计划、节日慰问等,以提高员工的满意度和忠诚度。

培训与发展支持:为员工提供培训和发展支持,帮助他们提升技能和能力,实现个人职业发展目标。员工关系岗位可以协调和组织内外部培训资源,制订培训计划,并与员工共同规划职业路径。

总体而言,员工关系岗位的主要任务是维护良好的员工关系,提高员工的参与度和满意度,提高组织的整体绩效和竞争力。通过沟通、协商和解决问题的能力,员工关系岗位在企业中发挥着重要的作用。

2.2.3 岗位能力分析

1. 电子商务运营岗岗位能力

电子商务运营岗位需要具备以下能力。

熟悉电子商务平台:熟悉常见的电子商务平台,如淘宝、京东、天猫等,了解其操作流程和功能。

产品运营能力:能够根据市场需求和竞争情况,制定产品的定位、推广策略和促销活动,并进行产品的上架、下架、价格调整等操作。

数据分析能力:能够利用数据分析工具,对电商平台的流量、转化率、订单量等数据进行分析和解读,以优化运营策略。

营销推广能力:熟悉各种电商平台的营销推广方式,如搜索引擎优化、搜索引擎营销(SEM)、社交媒体营销等,且能够制订相应的推广计划,并监控和调整推广效果。

客户服务能力:能够处理客户的咨询、投诉和退换货等问题,提供及时、准确的解决方案,维护良好的客户关系。

运营策略能力:能够根据市场环境和竞争情况,制定电商平台的运营策略,包括促销活动、价格调整、产品上新等,以提升销售业绩和用户体验。

2. 零售管理岗岗位能力

零售管理岗位需要具备以下能力。

市场调研能力:能够进行市场调研,了解目标消费者的需求、喜好和购买习惯,为零售策划提供数据和依据。

商品策划能力:能够根据市场需求和竞争情况,制订商品策划方案,包括选择合适的产品线、定价策略、促销活动等。

促销活动策划能力：能够制订各种促销活动方案，包括季节性促销、折扣销售、赠品活动等，以提升销售额和客户满意度。

店铺陈列能力：能够根据产品特点和目标消费者的喜好，制订合理的店铺陈列方案，提高商品的吸引力和销售效果。

营销广告策划能力：能够制订广告宣传方案，包括线上线下广告、媒体合作、社交媒体推广等，提升品牌知名度和销售额。

数据分析能力：能够对销售数据、市场数据进行分析和解读，发现问题和机会，并提出有效的改进措施。

对市场趋势的敏感度：能够及时关注市场的变化和趋势，灵活调整策略，以适应市场的需求和竞争。

3. 数字营销岗岗位能力

数字营销岗位需要具备以下能力。

熟悉数字营销渠道与工具：熟悉并能熟练运用数字营销渠道和工具，包括搜索引擎优化、搜索引擎营销、社交媒体营销、电子邮件营销、内容营销等。

数据分析与洞察能力：数字营销离不开数据分析，岗位人员需要具备良好的数据分析能力，能够通过数据分析和洞察，了解用户需求和行为，优化营销策略。

创意与内容营销能力：需要具备一定的创意和内容营销能力，能够制订创意的营销方案并撰写吸引人的内容，吸引用户参与和购买。

市场推广与品牌传播能力：需要具备市场推广和品牌传播的能力，能够制订有效的推广策略和传播方案，提升品牌知名度和影响力。

团队协作与沟通能力：数字营销岗通常需要与其他部门或团队合作，如市场部门、设计部门等，岗位人员需要具备良好的团队协作与沟通能力，能够有效地与他人合作完成任务。

4. 销售推广岗岗位能力

销售推广岗位需要具备以下能力。

销售技巧：具备良好的销售技巧，包括与客户沟通、洞察客户需求、谈判和闭合销售等方面的能力。

市场分析能力：能够分析市场趋势和竞争对手，了解目标客户的需求和购买行为，为制订销售策略和推广活动方案提供有效的指导。

品牌推广能力：能够制订品牌推广计划，并通过不同的渠道和媒体进行品牌宣传，提升品牌知名度和形象。

社交能力：具备良好的人际交往能力，善于与客户建立和维护良好的关系，能够有效地与团队成员合作，实现销售目标。

数据分析能力：能够收集和分析销售数据，了解销售业绩和市场情况，并根据数据进行销售策略的调整和优化。

项目管理能力:能够制订和执行销售推广项目的计划,包括目标设定、资源调配、时间管理等,确保项目能够按时、高质量地完成。

抗压能力:销售推广需要面对市场竞争和销售目标的压力,岗位人员需要能够承受工作压力,并且具备应对挑战和解决问题的能力。

沟通能力:具备良好的口头和书面沟通能力,能够清晰地传达销售信息和推广活动内容,与客户和团队进行有效沟通和协调。

创新能力:具备创新思维和创意能力,能够提出独特的销售推广策略和活动,提高市场竞争力。

目标导向能力:具备明确的销售目标和推广目标,并能够制订相应的计划和措施,持续追求目标的达成。

5. 员工招聘岗岗位能力

员工招聘岗位是负责组织和执行公司招聘流程的职位。该岗位需要具备以下能力。

人才需求分析能力:能够与相关部门合作,了解组织的人才需求和招聘目标,并通过需求分析,确定招聘岗位的要求和条件,确保招聘计划与组织战略一致。

招聘渠道和方法掌握:能够根据不同职位和人才需求,选择和应用适当的招聘渠道和方法,包括在线招聘平台、招聘网站、社交媒体招聘等吸引优秀的候选人。

简历筛选和面试技巧:具备简历筛选和面试技巧,能够快速准确地评估候选人的能力和适应性,并通过有效的简历筛选和面试过程,筛选出符合职位要求的候选人。

候选人评估和背景调查能力:能够设计和使用面试评估工具和方法,对候选人进行全面的评估和背景调查,确保候选人的能力和背景与职位要求匹配。

沟通和谈判能力:能够清晰地传达职位信息和组织文化,与候选人进行薪资谈判和福利协商。

数据分析和报告撰写能力:能够运用数据分析技巧,分析招聘活动的效果和质量,并编写招聘报告,提出改进建议和优化措施,提高招聘流程的效率和成功率。

法律法规和道德规范意识:了解劳动法律法规和招聘道德规范,遵循招聘的合法性和公平性原则,确保招聘过程中不违反相关法律法规,保护候选人的权益。

综上所述,员工招聘岗位需要具备人才需求分析能力、候选人评估和背景调查能力、沟通和谈判能力、数据分析和报告撰写能力,以及法律法规和道德规范意识等,还需要掌握招聘渠道、方法和简历筛选与面试的技巧,以有效地组织和执行公司的招聘流程,吸引和选择到适合岗位的优秀人才。

6. 员工培训岗岗位能力

员工培训岗位是负责设计、实施和评估公司员工培训计划的职位。该岗位需要具备以下能力。

培训需求分析能力:能够与管理层和部门沟通,了解并分析组织的培训需求和目标,确定员工需要的培训内容和形式,确保培训计划与组织战略一致。

培训课程设计能力:具备课程设计和开发的知识和技能,能够根据培训需求和目标制定培训大纲、教材和教学计划,设计培训课程内容和形式,并结合不同学习风格和学员特点,提供有效的培训体验。

培训方法和技巧掌握能力:了解多种培训方法和技巧,包括面对面培训、在线培训、团队培训、实践培训等,并根据不同的培训需求和学员群体,选择和应用适当的培训方法,增强培训效果。

培训评估和反馈能力:能够设计和使用评估工具和方法,对培训效果进行评估和反馈,及时调整和改进培训计划,确保培训目标的实现。

沟通和演讲能力:能够清晰地传达培训内容和目标,与学员建立有效的互动和反馈机制,促进学习和知识的交流。

组织和协调能力:能够组织和安排培训活动,包括场地预订、材料准备、讲师邀请等。同时,需要与其他部门和培训供应商进行协调,确保培训计划的顺利执行。

学习和创新能力:不断学习和更新培训领域的知识和技能,关注行业最新发展和创新趋势。能够使用新的培训方法和工具,优化现有的培训计划,提升培训的效果和质量。

综上所述,员工培训岗位需要具备培训需求分析能力、培训课程设计能力、培训方法和技巧掌握能力、培训评估和反馈能力、沟通和演讲能力、组织和协调能力,以及学习和创新能力等,以有效地设计和实施员工培训计划,提升员工的综合素质和能力。

7. 绩效薪酬岗岗位能力

绩效薪酬岗位是负责制定和管理公司薪酬体系,以及进行绩效管理的职位。该岗位需要具备以下能力。

薪酬管理能力:了解薪酬管理的理论和实践知识,包括薪酬结构设计、薪资调查分析、绩效考核和激励方案等。同时,掌握相关法律法规和行业标准,能够制订符合公司要求的薪酬政策和方案。

绩效管理能力:熟悉绩效管理原理和方法,包括目标设定、绩效评估、绩效反馈和绩效改进等。能够设计和推动绩效管理流程,确保绩效与薪酬之间的有效关联,提高员工绩效和组织绩效。

数据分析能力:具备较强的数据分析和统计能力,能够收集、整理和分析薪酬与绩效管理相关的数据,包括员工薪资数据、绩效评估数据和市场薪酬数据等,并通过数据分析,提供决策支持和管理建议。

沟通和协调能力:能够与各部门、管理层和员工进行有效的沟通,了解他们的需求和意见,并与相关方达成一致。同时,能够协调各方利益,解决薪酬和绩效管理过程中的冲突和问题。

市场洞察能力:了解行业薪酬和绩效管理的最新趋势和标准,具备敏锐的市场洞察力。能够根据市场情况和竞争对手的情报,及时调整和优化薪酬和绩效管理策略,确保公司的薪酬福利具有吸引力和竞争力。

保密和合规能力:绩效薪酬岗位需要处理涉及员工薪酬信息的敏感数据,因此需要具备保密意识和合规意识。该岗位需要遵循公司的政策和法律法规,妥善处理与薪酬和绩效管理相关的信息,确保数据的安全性和保密性。

学习和创新能力:积极学习并不断更新薪酬和绩效管理的知识和技能,关注行业最新发展和创新趋势。同时,能够提出新的想法和建议,改善现有的薪酬和绩效管理方案,不断推动岗位的改进和创新。

综上所述,绩效薪酬岗位需要具备薪酬管理、绩效管理、数据分析、沟通协调、市场洞察、保密合规和学习创新等多方面的能力,以此有效地管理公司的薪酬体系并提升员工绩效。

8. 员工关系岗岗位能力

员工关系岗位是负责管理和维护员工关系的职位。该岗位需要具备以下能力。

了解法律法规和政策:熟悉劳动法律法规和相关政策,了解员工权益、劳动合同、工时制度等规定,确保公司的人力资源管理符合法律法规要求。

纠纷处理和调解能力:具备有效的纠纷处理和调解技巧,能够通过耐心倾听、公正客观地评估情况,采取适当的解决方案,妥善处理员工之间或员工与公司之间的纠纷和冲突。

人际关系和沟通能力:善于与员工进行有效的沟通和交流,建立良好的人际关系。能够倾听员工的意见和关注,解答他们的问题,并及时反馈和回应员工的需求和反馈。

员工福利和福利管理:了解员工福利制度并进行管理,包括社会保险、薪酬福利、员工活动等。能够根据公司政策和预算,设计和实施福利计划,提高员工满意度和福利保障水平。

员工培训和发展:能够根据公司需求和员工发展计划,设计培训计划和活动,评估培训效果,提升员工的技能和能力,促进个人和组织的发展。

组织能力和协调能力:能够有效地安排和管理各项工作任务。协调不同部门之间的合作,确保员工关系管理工作的顺利进行。

保密意识和职业道德:具备保密意识和职业道德,能够妥善保护和处理员工的个人信息和敏感信息。遵守职业道德规范,保持公正、诚信和保密的态度和行为。

综上所述,员工关系岗位需要了解法律法规和政策,具备纠纷处理和调解能力、人际关系和沟通能力、组织能力和协调能力,以及保密意识和职业道德等。另外,还需要能够熟悉员工福利制度并进行管理,且能通过培训促进员工和公司的发展,以维护良好的员工关系,增强员工满意度和组织凝聚力。

2.3　工商管理专业课程体系

2.3.1　工商管理专业课程体系结构图

工商管理专业课程体系结构图如图 2-1 所示。

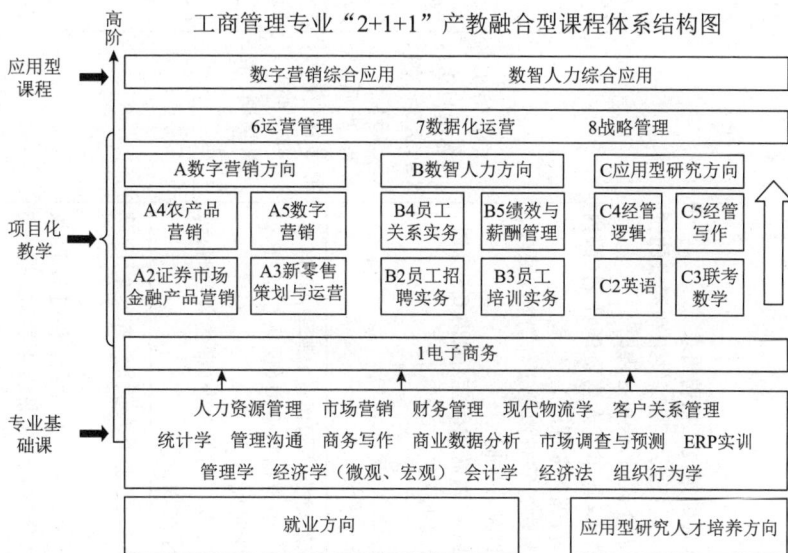

图 2-1　工商管理专业课程体系结构图

2.3.2　工商管理专业课程知识结构体系

根据市场人才需求分析,工商管理专业的职位群主要包括人力资源类、营销电商类、运营战略类,对应的就业岗位分别是招聘专员、培训专员、绩效薪酬专员、员工关系专员、电子商务运营专员等,每个岗位对应的岗位任务、项目化任务、专业基础课程如表 2-1 所示。

表 2-1　工商管理专业课程知识结构体系

职位群	岗位名称	岗位任务	项目化任务	项目化教学课程	专业基础课程主模块	专业基础课程
人力资源类	招聘专员	确定招聘需求	项目 X1：确定员工招聘需求 任务一：进行人力资源供给和需求的预测（课内 3 课时，课外 8 课时） 任务二：编制年度人力资源计划（课内 0.5 课时，课外 4 课时） 任务三：进行需求岗位工作分析（课内 3 课时，课外 6 课时） 任务四：招聘需求确定（课内 0.5 课时，课外 2 课时）	员工招聘实务 X1、X2、X3、X4、X5、X6（包含项目 X1、X2、X3、X4、X5、X6） 课程性质：限定选修（学分：3；学时：48） 开课学期：第 5 学期	Z1 人力资源战略规划（4 学时） Z2 职位分析（6 学时） Z3 统计分析 SPSS（8 学时） Z4 统计调查（4 学时） Z5 统计数据整理与显示（4 学时） Z6 相关与回归分析（6 学时） Z7 需求含义（5 学时） Z8 供给含义（5 学时） Z9 价格含义（4 学时） Z10 组织设计（8 学时） Z12 组织沟通（4 学时）	1. 人力资源管理 （包含模块 Z1、Z2、Z40、Z13） 课程性质：必修 （学分：3；学时：48） 开课学期：第 4 学期 2. 市场营销学 （包含模块 Z52、Z54、Z69、Z70、Z71、Z73、Z80） 课程性质：必修 （学分：3；学时：48） 开课学期：第 3 学期 3. 客户关系管理 （包含模块 Z44、Z45、Z64、Z65、Z66、Z67） 课程性质：选修 （学分：3；学时：48） 开课学期：第 4 学期 4. 商业数据分析 （包含模块 Z25、Z26、Z29、Z42、Z56、Z68） 课程性质：必修 （学分：3；学时：48） 开课学期：第 4 学期
		选择招聘渠道	项目 X2：确定招聘渠道，撰写招聘启事 任务一：确定招聘渠道（课内 2 课时，课外 14 学时以上） 任务二：设计招聘广告（课内 4 学时，课外 10 学时以上）		Z13 员工招募与甄选（8 学时） Z14 行政公务文书（16 学时）	
		设计个人简历	项目 X3：投递个人简历，并进行应聘面试 任务一：制作个人简历（课内 4 学时，课外 8 学时） 任务二：投递简历（课内 1 学时，课外 6 学时）		Z13 员工招募与甄选（8 学时）	

续表

职位群	岗位名称	岗位任务	项目化任务	项目化教学课程	专业基础课程主模块	专业基础课程
		设计个人简历	任务三：筛选简历和应聘申请表（课内4学时）任务四：应聘面试（课内3学时，课外20学时）		Z16 聚类分析（4学时）	5. 市场调查与预测（包含模块 Z24、Z41、Z89）课程性质：必修（学分：3；学时：48）开课学期：第4学期
		员工甄选	项目X4：根据不同岗位，设计合适的选拔方法任务一：选择甄选方法（课内6学时，课外12学时）任务二：准备实施面试（课内2学时，课外10学时）任务三：人才测评（课内4学时，课外13学时）	员工招聘实务（包含项目 X1、X2、X3、X4、X5、X6）课程性质（学分）：定选修3；学时：48开课学期：第5学期	Z13 员工招募与甄选（8学时）Z17 如何知人善用——个体心理与行为（13学时）Z18 面谈（4学时）Z19 倾听（4学时）Z20 非语言沟通（4学时）	6. 统计学（包含模块 Z3、Z4、Z5、Z6、Z16、Z28、Z32、Z81）课程性质：必修（学分：3；学时：48）开课学期：第3学期 7. 管理沟通（包含模块 Z11、Z12、Z15、Z18、Z19、Z20、Z31、Z34、Z37、Z48、Z50、Z51）课程性质：选修（学分：3；学时：48）开课学期：第2学期
人力资源类	招聘专员	员工录用	项目 X5：员工录用任务一：员工背景调查（课内2学时，课外6学时）任务二：确定新员工薪酬（课内2学时，课外6学时）任务三：拟定录用与辞谢通知（课内2学时，课外4学时）任务四：入职与签订劳动合同（课内2学时，课外9学时）任务五：试用期管理与转正（课内2学时，课外6学时）		Z13 员工招募与甄选（8学时）Z21 契约类文书（4学时）	8. 商务写作（包含模块 Z14、Z21、Z22、Z55、Z85）课程性质：选修（学分：3；学时：48）开课学期：第5学期

续表

职位群	岗位名称	岗位任务	项目化任务	项目化教学课程	专业基础主模块课程	专业基础课程
人力资源类	招聘专员	招聘评估	项目X6:招聘评估 任务一:招聘评估报告的撰写(课内4学时,课外8+学时)		Z13员工招募与甄选(8学时)	9.ERP实训 (包含模块Z53、Z93、Z96、Z101) 课程性质:选修 (学分:2;学时:32) 开课学期:第6学期
					Z22事务文书(8学时)	
		识别岗位职责	项目X7:识别培训与开发 任务一:识别培训,理解培训岗位职责(课内4学时,课外10学时)		Z23员工培训(8学时)	10.组织行为学 (包含模块Z17、Z33、Z36、Z38、Z39、Z84) 课程性质:必修 (学分:3;学时:48) 开课学期:第2学期
					Z15书面沟通(4学时)	
	培训专员	员工培训需求分析	项目X8:培训需求分析 任务一:开展培训需求分析(课内4学时,课外10学时) 任务二:完成培训需求分析报告(课内6学时,课外10学时)	员工培训实务 (包含项目X7,X8,X9,X10,X11,X12,X13,X14) 课程性质(学分):限定选修(学分:3;学时:48) 开课学期:第5学期	Z1人力资源战略规划(4学时)	
					Z2职位分析(6学时)	
					Z23员工培训(8学时)	11.财务管理 (包含模块Z75、Z83、Z88、Z95) 课程性质:必修 (学分:3;学时:48) 开课学期:第3学期
					Z24行业市场调查报告(11学时)	
					Z25商业数据处理(9学时)	
					Z26商业数据分析(9学时)	12.现代物流学 (包含模块Z72、Z94) 课程性质:选修 (学分:3;学时:48) 开课学期:第5学期
					Z27要素市场需求与供给分析(6学时)	
					Z4统计调查(4学时)	
					Z5统计数据整理与显示(4学时)	
					Z28统计数据的静态分析(8学时)	

续表

职位群	岗位名称	岗位任务	项目化任务	项目化教学课程	专业基础课程主模块	专业基础课程
人力资源类	培训专员	培训项目设计	项目 X9:培训计划与项目设计 任务一:培训计划制订（课内 8 学时，课外 20 学时） 任务二:完成企业培训项目的设计方案（课内 4 学时，课外 10 学时）	员工培训实务（包含项目 X7、X8、X9、X10、X11、X12、X13、X14） 课程性质（学分）限定选修:3;学时:48;开课学期:第 5 学期	Z23 员工培训（8 学时） Z29 商业数据采集（9 学时） Z22 事务文书（8 学时） Z30 决策（11 学时）	13. 管理学 （包含模块 Z10、Z30、Z46、Z49、Z63、Z79） 课程性质:必修 （学分:3;学时:48） 开课学期:第 1 学期 14. 微观经济学 （包含模块 Z7、Z8、Z9、Z27、Z74、Z86、Z87、Z97、Z99） 课程性质:必修 （学分:3;学时:48） 开课学期:第 2 学期
		培训项目实施管理	项目 X10:培训实施管理 任务一:开展员工培训实施管理（课内 6 学时，课外 8 学时） 任务二:制定合作企业的员工培训组织实施方案（课内 2 学时，课外 8 学时）		Z23 员工培训（8 学时） Z11 管理沟通（4 学时） Z19 倾听（4 学时） Z20 非语言沟通（4 学时） Z31 演讲（4 学时）	15. 宏观经济学 （包含模块 Z76、Z77、Z90、Z91、Z92） 课程性质:必修 （学分:2;学时:32） 开课学期:第 3 学期
		培训效果评估	项目 X11:培训效果评估 任务一:制定培训效果评估方案（课内 4 学时，课外 10 学时） 任务二:撰写培训效果评估报告（课内 2 学时，课外 6 学时）		Z23 员工培训（8 学时） Z32 抽样推断（6 学时）	16. 会计学 （包含模块 Z57、Z58、Z59、Z60、Z61、Z62） 课程性质:必修 （学分:3;学时:48） 开课学期:第 1 学期
		培训外包管理	项目 X12:培训外包管理 任务一:培训外包的运营管理（课内 2 学时，课外 8 学时）		Z22 事务文书（8 学时） Z23 员工培训（8 学时）	

续表

职位群	岗位名称	岗位任务	项目化任务	项目化教学课程	专业基础课程主模块	专业基础课程
人力资源类	培训专员	员工职业生涯规划管理	项目 X13:职业生涯管理 任务一:认识职业生涯管理(课内2学时,课外6学时) 任务二:开展员工职业生涯管理(课内2学时,课外8学时)	员工培训实务 X7(包含项目 X7、X8、X9、X10、X11、X12、X13、X14)课程性质:限定选修(学分:3;学时:48)开课学期:第5学期	Z23 员工培训(8学时) Z29 商业数据采集(9学时) Z25 商业数据处理(9学时) Z26 商业数据分析(9学时) Z3 统计分析 SPSS(8学时) Z4 统计调查(4学时) Z5 统计数据整理与显示(4学时) Z33 如何有效进行压力管理——个体心理健康(6学时) Z18 面谈(4学时) Z34 自我沟通(4学时) Z15 书面沟通(4学时)	17. 经济法 (包含模块 Z47、Z78、Z82、Z98、Z100、Z102)课程性质:选修(学分:3;学时:48)开课学期:第5学期
		胜任岗位	项目 X14:完成培训助教岗位 任务一:完成培训助教岗位职责(课内4学时,课外40学时以上)		Z23 员工培训(8学时)	

续表

职位群	岗位名称	岗位任务	项目化任务	项目化教学课程	专业基础课程主模块	专业基础课程
人力资源类	绩效薪酬专员	绩效计划	项目X15：制订计划书 任务一：绘制合作单位绩效管理流程图（课内4学时，课外14学时） 任务二：撰写合作单位绩效计划书（课内4学时，课外16学时）		Z35 绩效管理（8学时） Z36 如何有效激励员工——激励理论（7学时） Z29 商业数据采集（9学时）	
		绩效执行	项目X16：绩效指标与绩效标准的设计 任务一：设计合作单位绩效指标（课内2学时，课外8学时） 任务二：设计合作单位绩效标准（课内2学时，课外8学时） 任务三：设计合作单位绩效指标体系（课内4学时，课外16学时）	绩效与薪酬管理（包含项目X15、X16、X17、X18、X19、X20、X21） 课程性质（学分）：限定选修：4；学时：64 开课学期：第6学期	Z35 绩效管理（8学时） Z4 统计调查（4学时） Z5 统计数据整理与显示（4学时） Z28 统计数据的静态分析（8学时） Z37 会议沟通（4学时） Z18 面谈（4学时）	
		绩效评价	项目X17：实施绩效评价 任务一：根据合作单位情况，设计合适的绩效考核方法，实施绩效评价（课内8学时，课外32学时以上）		Z35 绩效管理（8学时） Z38 如何打造高绩效团队——团队建设（7学时） Z39 如何有效管理群体行为（7学时）	
		绩效反馈	项目X18：完成绩效反馈 任务一：设计合作单位的设计绩效反馈提纲（课内4学时，课外10学时） 任务二：设计合作单位综合绩效改革方案（课内4学时，课外12学时）		Z35 绩效管理（8学时） Z18 面谈（4学时）	

续表

职位群	岗位名称	岗位任务	项目化任务	项目化教学课程	专业基础课程主模块	专业基础课程
人力资源类	绩效薪酬专员	薪酬水平调研	项目X19：调研薪酬水平 任务一：设计合作单位相关岗位薪酬水平调研方案（课内4学时，课外16学时） 任务二：形成薪酬水平调研报告（课内6学时，课外20学时）	绩效与薪酬管理（包含项目X15、X16、X17、X18、X19、X20、X21） 课程性质（学分）：定选修（学分：4；学时：64） 开课学期：第6学期	Z40 薪酬福利管理（8学时） Z41 市场薪酬数据来源调查（22学时） Z25 商业数据处理（9学时） Z26 商业数据分析（9学时） Z42 商业数据展示（9学时） Z28 统计数据的静态分析（8学时） Z32 抽样推断（6学时） Z36 如何有效激励员工——激励理论（7学时） Z15 书面沟通（4学时）	
		薪酬体系设计	项目X20：设计薪酬体系 任务一：根据合作单位岗位特征，设计合适的薪酬体系（课内10学时，课外35学时）		Z40 薪酬福利管理（8学时） Z36 如何有效激励员工——激励理论（7学时） Z37 会议沟通（4学时）	
		薪酬结构设计	项目X21：设计薪酬结构 任务一：搜集内外部薪酬数据（课内4学时，课外8学时） 任务二：设计合作单位改进后的薪酬结构（课内8学时，课外32学时）		Z40 薪酬福利管理（8学时） Z29 商业数据采集（9学时） Z4 统计调查（4学时） Z5 统计数据整理与显示（4学时） Z32 抽样推断（6学时） Z36 如何有效激励员工——激励理论（7学时） Z10 组织设计（8学时）	

续表

职位群	岗位名称	岗位任务	项目化任务	项目化教学课程	专业基础课程主模块	专业基础课程
人力资源类	员工关系专员	思想动员，转变观念	项目 X22：转变观念，把员工当合作伙伴 任务一：了解员工关系管理的内外部环境；员工关系管理的目的、任用、实质；员工关系管理的理念（课内 4 学时，课外 18 学时） 任务二：了解企业的用工形式及特点；员工关系理论集体协商管理员工关系（课内 4 学时，课外 22 学时）		Z43 员工关系管理（6 学时） Z44 评估和开发客户（8 学时） Z45 建立有效的客户沟通渠道（12 学时） Z46 管理的本质（4 学时）	
		入职审核，合同签订	项目 X23：入职管理 任务一：入职审核（课内 6 学时，课外 8 学时） 任务二：签订劳动合同（课内 6 学时，课外 12 学时）	员工关系实务（包含项目 X22、X23、X24、X25）课程性质：限定选修（学分：3；学时：48）开课学期：第 6 学期	Z43 员工关系管理（6 学时） Z47 劳动合同法（5 学时） Z21 契约类文书（4 学时） Z18 面谈（4 学时）	
		培养合格员工，构建心灵契约，塑造合作伙伴	项目 X24：在职管理 任务一：纪律管理、申诉处理（课内 2 学时，课外 10 学时） 任务二：公平就业、薪酬管理（课内 2 学时，课外 12 学时） 任务三：安全生产、健康保护（课内 2 学时，课外 10 学时）		Z43 员工关系管理（6 学时） Z14 行政公务文书（16 学时） Z39 如何有效管理群体行为（7 学时） Z33 如何进行压力管理——一个体心理健康（6 学时） Z18 面谈（4 学时）	

续表

职位群	岗位名称	岗位任务	项目化任务	项目化教学课程	专业基础课程主模块	专业基础课程
人力资源类	员工关系专员	培养合格员工,构建心灵契约,塑造合作伙伴	任务四:构建和谐员工关系、员工满意度管理、员工援助计划(课内4学时,课外14学时) 任务五:企业民主管理(课内4学时,课外10学时)		Z34 自我沟通(4学时) Z19 倾听(4学时) Z48 压力沟通(4学时) Z49 领导(11学时)	
		欢送员工开始新工作	项目X25:员工离职管理 任务一:正常离职管理(课内2学时,课外2学时) 任务二:解除劳动合同(课内2学时,课外4学时) 任务三:劳动合同终止(课内2学时,课外4学时) 任务四:劳动争议管理(课内6学时,课外10学时) 任务五:善后处理(课内2学时,课外10学时)	员工关系实务 X22,(包含项目 X22、X23、X24、X25) 课程性质:限定选修(学分:3;学时:48) 开课学期:第6学期	Z43 员工关系管理(6学时) Z18 面谈(4学时) Z50 危机沟通(4学时) Z51 人际冲突处理(4学时)	

续表

职位群	岗位名称	岗位任务	项目化任务	项目化教学课程	专业基础课程主模块	专业基础课程
营销电商类	电子商务运营岗	电子商务发展规划	项目 X26：制订电商平台整体运营战略规划 任务一：了解电子商务运营模式（课内2学时，课外2学时） 任务二：确定项目（课内2学时，课外4学时） 任务三：规划渠道（课内2学时，课外4学时）	电子商务（包含 X26、X27、X28、X29）课程性质：必修（学分：3；学时：48）开课学期：第5学期	Z52 渠道策略（4学时） Z1 人力资源战略规划（4学时） Z53 预算管理与融资管理应用（6学时） Z30 决策（11学时）	
		电子商务平台运营	项目 X27：在各平台开展运营和管理 任务一：建立自媒体矩阵（课内4学时，课外10学时） 任务二：根据矩阵建设，任多个自媒体平台开展日常运营（课内22学时，课外80学时） 任务三：策划日常各平台活动（课内4学时，课外16学时）		Z54 促销策略（7学时） Z55 宣传类文案（12学时）	
		数据分析	项目 X28：各平台运营数据分析 任务一：监控、整理和分析各平台运营数据（课内2学时，课外8学时） 任务二：撰写数据分析报告（课内2学时，课外6学时） 任务三：根据数据报告，提出改进建议并执行（课内2学时，课外8学时）		Z29 商业数据采集（9学时） Z25 商业数据处理（9学时） Z26 商业数据分析（9学时） Z42 商业数据展示（9学时） Z56 商业数据分析报告（6学时） Z16 聚类分析（4学时） Z28 统计数据的静态分析（8学时） Z57 会计学总论（6学时）	

续表

职位群	岗位名称	岗位任务	项目化任务	项目化教学课程	专业基础课程主模块	专业基础课程
营销电商类	电子商务运营岗	数据分析			Z58 会计要素与复式记账（9 学时） Z59 借贷记账法的应用（12 学时） Z60 会计基本技能（15 学时） Z61 会计法规（2 学时） Z62 基础会计综合实训（4 学时） Z63 控制（7 学时）	
		客户关系管理	项目 X29：客户沟通及客户关系管理 任务一：对客户进行合理分类（课内 2 学时，课外 4 学时） 任务二：客户服务和沟通（课内 2 学时，课外 8 学时） 任务三：客户资料整理和留档（课内 2 学时，课外 4 学时）	电子商务（包含项目 X26、X27、X28、X29）课程性质：必修（学分：3；学时：48）开课学期：第 5 学期	Z44 评估和开发客户（8 学时） Z45 建立有效的客户沟通渠道（12 学时） Z64 如何提升客户满意度（8 学时） Z65 客户忠诚度管理（8 学时） Z66 客户关系的日常维护（4 学时） Z67 客户流失与挽留（8 学时） Z68 客户分析（6 学时） Z16 聚类分析（4 学时） Z50 危机沟通（4 学时） Z18 面谈（4 学时） Z51 人际冲突处理（4 学时） Z19 倾听（4 学时）	

续表

职位群	岗位名称	岗位任务	项目化任务	项目化教学课程	专业基础课程主模块	专业基础课程
营销电商类	市场策划（开发）、品牌维护（管理）、零售运营（管理）	零售战略管理	项目 X30：分析零售组织内外部环境，构建零售战略地图 任务一：战略环境分析（课内 4 学时，课外 15 学时） 任务二：零售战略制定（课内 4 学时，课外 12 学时） 任务三：复杂环境下的零售战略调整（课内 4 学时，课外 13 学时）	新零售策划与运营（包含项目 X30、X31、X32、X33、X34） 课程性质：限定选修（学分：4；学时：64） 开课学期：第 5 学期	Z30 决策（11 学时）	
	零售商品策划（管理）	零售商品策划	项目 X31：通过市场调研，对零售商品进行策划与管理 任务一：商品类别策划（课内 4 学时，课外 10 学时） 任务二：商品品牌策划（课内 4 学时，课外 10 学时） 任务三：商品价格、渠道和推广策划（课内 6 学时，课外 20 学时）		Z69 品牌策略（8 学时） Z70 产品与服务策略（7 学时） Z71 定价策略（8 学时） Z52 渠道策略（4 学时） Z54 促销策略（7 学时） Z24 行业市场调查报告（11 学时） Z12 组织沟通（4 学时） Z15 书面沟通（4 学时）	

续表

职位群	岗位名称	岗位任务	项目化任务	项目化教学课程	专业基础课程主模块	专业基础课程
营销电商类	市场策划(开发、品牌维护(管理)、零售运营(管理)	零售商圈选址和商店设计	项目 X32:零售商圈选址和商店环境设计 任务一:确认商圈覆盖范围和商店选址位置(课内 4 学时,课外 18 学时) 任务二:线下商店设计(课内 5 学时,课外 12 学时) 任务三:网店氛围设计(课内 5 学时,课外 15 学时)		Z24 行业市场调查报告(11 学时)	
		零售服务运营(管理)	项目 X33:零售服务设计与管理 任务一:零售服务类型和流程设计(课内 4 学时,课外 14 学时) 任务二:零售服务补救与顾客赢回(课内 4 学时,课外 6 学时) 任务三:零售顾客关系管理(课内 4 学时,课外 8 学时)	新零售策划与运营(包含项目 X30、X31、X32、X33、X34) 课程性质:限选修 限定学分:学分:4;学时:64 开课学期:第 5 学期	Z68 客户分析(6 学时) Z50 危机沟通(4 学时) Z18 面谈(4 学时) Z51 人际冲突处理(4 学时) Z19 倾听(4 学时)	
		零售物流与全渠道运营管理	项目 X34:认识零售物流和供应链系统,实施全渠道零售 任务一:零售物流和供应链管理(课内 6 学时,课外 15 学时) 任务二:全渠道零售管理(课内 6 学时,课外 15 学时)		Z72 物流和供应链基础(34 学时)	

续表

职位群	岗位名称	岗位任务	项目化任务	项目化教学课程	专业基础课程主模块	专业基础课程
营销电商类	证券市场金融产品营销岗位	证券类企业中能够熟练掌握金融产品的营销策划岗位	项目X35：证券市场金融产品营销策划（课内6学时，课外8学时） 任务一：金融产品的营销选择（课内8学时，课外28学时） 任务二：确定细分市场及目标客户（课内8学时，课外28学时） 项目X36：证券市场金融产品营销推广 任务一：营销创意视频推广，营销海报推广等（课内8学时，课外30学时） 任务二：营销策划及方案推广（课内10学时，课外40学时）	证券市场金融产品营销（包含项目X35、X36）课程性质：限定选修（学分：2；学时：32）开课学期：第5学期	Z73 市场竞争与定位（7学时） Z71 定价策略（8学时） Z74 消费者行为理论（6学时） Z75 筹资管理（12学时） Z76 产品与货币市场的共同均衡（4学时） Z77 宏观经济政策（6学时） Z54 促销策略（7学时） Z78 证券法（4学时） Z15 书面沟通（4学时） Z30 决策（11学时）	
	数字营销岗	品牌与产品定位岗位	项目X37：行业启动：项目定位与品牌，阶段周期及任务解读（课内1学时，课外1学时） 任务一：项目启动——介绍项目价值与品牌（课内1学时，课外1学时） 任务二：探究化妆品行业市场（课内2学时，课外5学时） 任务三：解读产品品牌文化，品牌发展战略（课内2学时，课外6学时） 任务四：解读产品主要产品线分布（课内2学时，课外5学时） 任务五：以产品为案例，解读快消及零售行业的供应链模式（课内3学时，课外10学时）	数字营销（包含项目X37、X38、X39、X40、X41、X42、X43）课程性质：限定选修（学分：48学时）开课学期：第6学期	Z69 品牌策略（8学时） Z29 商业数据采集（9学时） Z25 商业数据处理（9学时） Z26 商业数据分析（9学时） Z37 会议沟通（4学时）	

续表

职位群	岗位名称	岗位任务	项目化任务	项目化教学课程	专业基础课程主模块课程	专业基础课程
		数字化营销实践	项目 X38:品牌数字化营销实践 任务一:数字营销实践(课内 2 学时,课外 5 学时) 任务二:线上销售实践(课内 2 学时,课外 4 学时) 任务三:营销工具使用(课内 2 学时,课外 7 学时)		Z79 创新(7 学时)	
营销电商类	数字营销岗	消费者洞察	项目 X39:消费者调研规划 任务一:基础调研(课内 1 学时,课外 4 学时) 任务二:市场细分(课内 1 学时,课外 5 学时) 任务三:消费者洞察(课内 2 学时,课外 4 学时) 任务四:用户画像提取(课内 2 学时,课外 5 学时) 任务五:数据分析(课内 2 学时,课外 5 学时) 任务六:学习几种常用的数据分析模型(课内 4 学时,课外 11 学时)	数字营销(包含项目 X37、X38、X39、X40、X41、X42、X43) 课程性质(学分):限定选修(学分:3;学时:48) 开课学期:第 6 学期	Z80 市场购买行为分析(7 学时) Z41 用户特征市场数据来源调查(22 学时) Z28 统计数据的静态分析(8 学时) Z6 相关与回归分析(6 学时) Z81 时间序列分析和预测(8 学时) Z82 竞争法律制度(8 学时) Z44 评估和开发客户(8 学时) Z15 书面沟通(4 学时)	
		画像提取	项目 X40:撰写消费者调研报告与目标人群画像提取 任务一:用户调研实践(课内 2 学时,课外 5 学时) 任务二:撰写消费者洞察报告(课内 2 学时,课外 14 学时)			

续表

职位群	岗位名称	岗位任务	项目化任务	项目化教学课程	专业基础课程主模块	专业基础课程
营销电商类	数字营销岗	销售模式分析	项目 X41：产品销售技能培训 任务一：了解产品线上与线下的销售模式（课内 1 学时，课外 5 学时） 任务二：销售技能培训（课内 3 学时，课外 8 学时）	数字营销（包含项目 X37、X38、X39、X40、X41、X42、X43） 课程性质：限定选修（学分：3；学时：48） 开课学期：第 6 学期	Z54 促销策略（7 学时）	
		产品销售	项目 X42：产品销售实战 任务一：产品销售实战（课内 2 学时，课外 5 学时） 任务二：掌握项目复盘方法（课内 2 学时，课外 5 学时） 任务三：对产品销售实践进行总结分析与复盘（课内 4 学时，课外 11 学时）		Z31 演讲（4 学时） Z52 渠道策略（4 学时） Z54 促销策略（7 学时）	
		用户分析	项目 X43：职场通识培训与项目总结汇报 任务一：分析报告撰写（课内 2 学时，课外 10 学时） 任务二：学习职场通识与技能（课内 2 学时，课外 16 学时）		Z70 产品与服务策略（7 学时）	
	营销推广专员	种子产品的周边特性系统学习、产品分析	项目 X44：种子产品的周边特性学习及产品分析 任务一：联系系批发商、农户，了解市场上不同类型种子销售情况（课内 2 学时，课外 4 学时） 任务二：了解大米产品的产地特征和产品要素；周边特征后及售前服务（课内 2 学时，课外 4 学时）	农产品营销（包含项目 X44、X45、X46、X47、X48、X49） 课程性质：限定选修（学分：3；学时：48） 开课学期：第 6 学期	Z70 产品与服务策略（7 学时） Z44 评估和开发客户（8 学时）	

续表

职位群	岗位名称	岗位任务	项目化任务	项目化教学课程	专业基础课程主模块	专业基础课程
营销电商类	营销推广专员	地区推广的病虫草害的行情调研	项目X45：地区推广的病虫草害的行情调研 任务一：联系农户，跟随售后团队，了解市场行情和周边的病虫草害动态（课内2学时，课外4学时） 任务二：提炼企业种子的卖点（课内2学时，课外6学时）		Z70 产品与服务策略（7学时） Z30 决策（11学时） Z45 建立有效的客户沟通渠道（12学时） Z29 商业数据采集（9学时） Z25 商业数据处理（9学时） Z26 商业数据分析（9学时） Z12 组织沟通（4学时） Z18 面谈（4学时） Z19 倾听（4学时） Z52 渠道策略（4学时） Z54 促销策略（7学时）	
		联系乡镇片区代理商	项目X46：联系乡镇片区代理商 任务一：对乡镇代理商、批发商进行分配划片回访（课内1学时，课外6学时） 任务二：针对批发商的销售情况进行分析（课内3学时，课外9学时） 任务三：对销售数据进行数据复盘（课内2学时，课外7学时）	农产品营销（包含项目X44、X45、X46、X47、X48、X49） 课程性质（学分）：限定选修：3；学时：48 开课学期：第6学期		
		独立组织预定推介会并完成推广，形成定金交付	项目X47：独立组织预定推介会并完成推广，形成定金交付 任务一：帮助代理商开拓市场，拉动销量，进行活动推广（课内4学时，课外10学时） 任务二：结合自己负责的片区代理商，独立进行预定策划和农户推广，并完成预定额（课内6学时，课外20学时）			

续表

职位群	岗位名称	岗位任务	项目化任务	项目化教学课程	专业基础课程主模块	专业基础课程
营销电商类	营销推广专员	独立组织兑现推介会，形成最终订单	项目X48：独立组织兑现推介会，并完成转化客户，形成最终订单（课内6学时，课外16学时）任务一：跟随企业老师参与兑现推介会（课内6学时）任务二：组织自己片区内的兑现推介会，独立完成尾款转化、新订单拉新和兑现订单转化率（课内6学时，课外16学时）		Z52 渠道策略（4学时）	
		为促成订单交付，对大米产品电商新媒体平台进行管理和维护	项目X49：为促成订单交付，对大米产品电商新媒体平台进行推广，并对客户微信群进行管理和维护任务一：跟随企业老师参与五常大米的线上推广运营，包括淘宝平台和抖音平台推广工作；了解企业官方账号的日常运营的脚本、创意、拍摄、推送及投流（课内6学时，课外16学时）任务二：完成直播间主播或者控场的学习任务（课内4学时，课外10学时）任务三：完成微信群的客户转化工作，每天在群内活跃出现，发布话题，提升续单及拉新、维护良好的客户关系，解决各类客户问题（课内2学时，课外14学时）	农产品营销（包含项目X44、X45、X46、X47、X48、X49）课程性质：限定选修（学分：3；学时：48）开课学期：第6学期	Z54 促销策略（7学时） Z64 如何提升客户满意度（8学时） Z65 客户忠诚度管理（8学时） Z66 客户关系的日常维护（4学时） Z55 宣传类文案（12学时）	

续表

职位群	岗位名称	岗位任务	项目化任务	项目化教学课程	专业基础课程主模块	专业基础课程
营销电商类	数据化运营岗	行业分析	项目 X50:行业分析 任务一:市场分析(课内 9 学时,课外 26 学时) 任务二:竞店分析(课内 7 学时,课外 24 学时) 任务三:竞品分析(课内 4 学时,课外 13 学时) 任务四:舆情分析(课内 2 学时,课外 6 学时) 任务五:关键词分析(课内 3 学时,课外 10 学时) 任务六:选品分析(课内 4 学时,课外 13 学时) 任务七:撰写行业研究报告(课内 3 学时,课外 12 学时)	数据化运营 X50、X51(包含项目 X50、X51)课程性质:选修(学分:3;学时:48)开课学期:第 6 学期	Z24 行业市场调查报告(11 学时) Z29 商业数据采集(9 学时) Z25 商业数据处理(9 学时) Z26 商业数据分析(9 学时) Z42 商业数据展示(9 学时) Z56 商业数据分析报告(6 学时) Z4 统计调查(4 学时) Z5 统计数据整理与显示(4 学时) Z28 统计数据的静态分析(8 学时) Z83 投资管理(财务管理)(9 学时) Z15 书面沟通(4 学时) Z30 决策(11 学时)	
		店铺诊断	项目 X51:店铺诊断分析 任务一:关键指标分析(课内 4 学时,课外 12 学时) 任务二:产品分析(课内 4 学时,课外 12 学时) 任务三:客户分析(课内 4 学时,课外 12 学时) 任务四:推广分析(课内 4 学时,课外 12 学时)		Z64 如何提升客户满意度(8 学时) Z65 客户忠诚度管理(8 学时) Z29 商业数据采集(9 学时) Z25 商业数据处理(9 学时) Z26 商业数据分析(9 学时) Z42 商业数据展示(9 学时) Z56 商业数据分析报告(6 学时) Z68 客户分析(6 学时)	

续表

职位群	岗位名称	岗位任务	项目化任务	项目化教学课程	专业基础课程主模块	专业基础课程
运营战略类	生产运营主管、车间主任、项目主管等	企业运营策略制定	项目 X52：战略目标与企业运营策略 任务一：认识运营管理范畴（课内 4 学时，课外 12 学时） 任务二：了解企业战略，运营策略及区域发展规划方法（课内 2 学时，课外 7 学时） 任务三：学习产品与服务开发设计（课内 2 学时，课外 7 学时）	运营管理（包含项目 X52、X53、X54、X55、X56、X57）课程性质：必修（学分：3；学时：48）开课学期：第 6 学期	Z1 人力资源战略规划（4 学时） Z77 宏观经济政策（6 学时） Z84 如何进行组织优化——组织文化和组织发展（8 学时） Z85 调研类文书（8 学时） Z86 生产论（6 学时） Z87 成本论（4 学时） Z88 财务管理基本原理（13 学时） Z89 市场需求预测（15 学时） Z81 时间序列分析和预测（8 学时） Z90 宏观经济指标（宏观经济学）（9 学时） Z91 宏观总需求与总供给理论（9 学时） Z92 经济增长与经济周期（4 学时） Z93 运营管理应用（16 学时）	
		需求预测	项目 X53：新发展格局下如何更好地为顾客创造价值 任务一：需求预测（课内 2 学时，课外 7 学时） 任务二：了解价值、流程和时间（课内 2 学时，课外 7 学时）			
		选址与平面布局	项目 X54：选址与生产要素布局 任务一：生产和服务设施选址（课内 4 学时，课外 13 学时） 任务二：生产和服务设施布置（课内 4 学时，课外 13 学时） 任务三：工作设计与工作量测量（课内 2 学时，课外 7 学时）			

续表

职位群	岗位名称	岗位任务	项目化任务	项目化教学课程	专业基础课程主模块	专业基础课程
运营战略类	生产运营主管、车间主任、项目主管等	库存及综合生产计划	项目 X55：综合生产计划编制与库存管理 任务一：编制综合生产计划（课内 4 学时，课外 14 学时） 任务二：库存管理（课内 2 学时，课外 7 学时）	运营管理（包含项目 X52、X53、X54、X55、X56、X57） 课程性质：必修（学分：3；学时：48） 开课学期：第 6 学期	Z30 决策（11 学时） Z63 控制（7 学时） Z94 库存管理（14 学时） Z93 运营管理应用（16 学时）	
		ERP 系统、物资设备管理、项目管理、质量管理、供应链管理	项目 X56：销售运营项目（河南助衣馆、哈密助衣馆供应链运营、质量管理、项目管理及供应链选择等） 任务一：学习 ERP 系统（课内 4 学时，课外 14 学时） 任务二：学习供应链管理（课内 4 学时，课外 14 学时） 任务三：学习物资设备管理（课内 2 学时，课外 6 学时） 任务四：学习项目管理（课内 2 学时，课外 6 学时） 任务五：学习质量管理（课内 2 学时，课外 6 学时）			

续表

职位群	岗位名称	岗位任务	项目化任务	项目化教学课程	专业基础课程主模块	专业基础课程
	生产运营主管、车间主任、项目主管等	先进运营管理方法	项目 X57:掌握先进运营管理方法 任务一:约束管理(课内 2 学时,课外 6 学时) 任务二:准时生产(JIT)(课内 1 学时,课外 3 学时) 任务三:CIMS 与 BPR(课内 1 学时,课外 3 学时) 任务四:敏捷制造(AM)(课内 1 学时,课外 2 学时) 任务五:单元生产(CM)、中国制造 2025(课内 1 学时,课外 2 学时)	运营管理(包含项目 X52、X53、X54、X55、X56、X57) 课程性质:必修(学分:3;学时:48) 开课学期:第 6 学期	Z95 营运与分配管理(14 学时) Z93 运营管理应用(16 学时)	
运营战略类	企业战略助理	企业战略分析	项目 X58:企业战略分析 任务一:识别企业愿景与使命(课内 2 学时,课外 3.5 学时) 任务二:进行外部环境分析,发现机会和威胁(课内 7 学时,课外 28.5 学时) 任务三:进行内部环境分析,识别企业优势和劣势(课内 7 学时,课外 29.5 学时)	企业战略管理(包含项目 X58、X59、X60) 课程性质:选修(学分:2;学时:32) 开课学期:第 6 学期	Z96 竞争战略应用(4 学时) Z30 决策(11 学时) Z89 市场需求预测(15 学时) Z1 人力资源战略规划(4 学时) Z84 如何进行组织优化——组织文化和组织发展(8 学时) Z97 完全竞争市场分析(6 学时) Z98 公司法制度(16 学时)	

续表

职位群	岗位名称	岗位任务	项目化任务	项目化教学课程	专业基础课程主模块	专业基础课程
运营战略类	企业战略助理	企业战略选择	项目 X59：企业战略选择 任务一：协助领导选择企业总体战略（课内 3 学时，课外 11.5 学时） 任务二：协助领导制定企业竞争战略（课内 5 学时，课外 10 学时） 任务三：协助领导选择企业发展战略（课内 6 学时，课外 21 学时）	企业战略管理（包含项目 X58、X59、X60） 课程性质：选修（学分：2；学时：32） 开课学期：第 6 学期	Z99 不完全竞争市场分析（6 学时） Z30 决策（11 学时） Z85 调研类文书（8 学时） Z100 个人独资企业和合伙企业法（6 学时） Z12 组织沟通（4 学时） Z37 会议沟通（4 学时） Z63 控制（7 学时） Z101 业绩评价（6 学时） Z102 破产法律制度（9 学时）	
		战略实施与控制	项目 X60：战略实施与控制 任务一：企业战略实施（课内 10 学时，课外 25 学时） 任务二：企业战略控制（课内 8 学时，课外 19 学时）			

附录　工商管理本科专业人才培养方案

一、专业基本信息

专业名称：工商管理　　　　　　　　专业代码（国标）：120201K

专业开办年度：2000　　　　　　　　学科门类：管理学

标准学制：四年　　　　　　　　　　授予学位：管理学学士

二、培养目标

工商管理专业秉持"宽口径、厚基础、精岗位"的理念，对接区域产业，培养具备扎实理论、创新意识、实践能力、数据分析能力、团队精神、沟通技能，能够胜任数智时代经营管理岗位、精通营销岗位、人力资源岗位的复合型应用型管理人才。

学生毕业五年后能够达到的目标如下。

培养目标 1：锤炼坚实的思想政治素质，恪守高尚的职业道德准则，深入理解并综合运用与工商管理相关的国家政策、法律法规，培养强烈的社会责任感和卓越的服务社会能力。

培养目标 2：针对工商管理及其相关领域的实际问题，结合实践经验与理论知识，具备识别、分析、判断和解决较复杂或部分非常规管理问题的能力。

培养目标 3：通过实践的积累，能够洞察本专业及相关领域的最新发展动态和趋势，拥有广阔的国际视野和强烈的创新意识；能够持续探索理论与实践的创新，独立承担商务数据分析、人力资源管理、服务运营管理等关键领域的工作，并成为单位中的管理核心力量。

培养目标 4：经过系统的历练，全面提升计划、组织、沟通、语言与文字表达、团队协作等核心能力与素质。同时，注重强健体魄和稳定心理素质的培养，能够适应岗位要求。

培养目标 5：终身学习与自主学习的能力不断提高，能够根据行业和社会发展的需要，制订并有效实施自身的职业发展规划，能够跟踪工商管理领域前沿问题与组织发展动态，善于学习和吸收他人知识，并构建自己的知识体系，与时俱进，具备较强的适应能力和可持续发展能力。

三、毕业要求

根据人才培养目标，要求学生达到以下毕业要求。

毕业要求 1：思想品德。热爱祖国，具有坚定正确的政治方向和坚定的理想信念，拥护中国共产党的领导，坚持四项基本原则，具有良好的思想品质、人文素养、道德修养,以及健全的人格和健康的体魄;具备职业伦理、职业认同和良好的职业素养;良好的社会责任感、积极向上的人生理想、符合社会进步要求的价值观和爱国主义的崇高情怀。

毕业要求2:学科知识。掌握系统的现代经济管理基本理论;掌握管理学、经济学、统计学、数字技术等基础知识;具备运营管理、数据管理、管理沟通、创新创业等方面的专业知识和专业技能;能熟练运用文献检索、资料查询等常用的定性、定量研究方法;了解学科发展和前沿动态,了解企业运营相关政策法规。

毕业要求3:应用能力。具有运用专业知识与工具,发现、分析并处理管理实际问题的能力,能运用各种社会研究方法和统计分析工具组织和开展调查研究,能够提出相应对策或方案,并对对策和方案的政策依据、社会环境和可能的社会影响进行分析。

毕业要求4:创新能力。具有逻辑思维能力、反思意识和批判精神,能发现、辨析、总结、评价本专业及相关领域的现象和问题,形成个人判断、见解或对策,具有较强的创新创业能力。

毕业要求5:信息能力。具有信息素养和信息技术应用能力,能够运用大数据分析技术和工具获取和分析相关信息,能够熟练使用办公软件、专业软件,能够使用商业数据对管理问题进行分析和判断。

毕业要求6:沟通表达。逻辑清晰地表达个人观点,能够与同行和社会公众进行有效沟通,具有较强的沟通表达能力,能够使用准确规范的语言文字,具有一定的宣传和推广能力。

毕业要求7:团队合作。注重团队协作,具有较强的组织、协调和管理能力,与团队成员和谐相处,协作完成复杂性任务。

毕业要求8:国际视野。具有一定的国际视野和战略眼光,了解企业国际管理的基本动态,关注全球性问题,理解和尊重世界不同文化的差异性和多样性。

毕业要求9:学习发展。具有自我规划、自我管理、自主学习和终身学习能力,主动提升自己,适应社会和个人高层次可持续发展的需要。

毕业要求指标点分解如表2-2所示。

表2-2 毕业要求指标点分解

毕 业 要 求	指 标 点
毕业要求1:思想品德。热爱祖国,具有坚定正确的政治方向和坚定的理想信念,拥护中国共产党的领导,坚持四项基本原则,具有良好的思想品质、人文素养、道德修养,以及健全的人格和健康的体魄;具备职业伦理、职业认同和良好的职业素养;良好的社会责任感、积极向上的人生理想、符合社会进步要求的价值观和崇高的爱国主义情怀	1-1 学生应了解国史、国情、道德和法律的基本知识,掌握马克思主义的基本理论与方法,并具备基本的军事技能与军事理论;能够运用马克思主义的基本理论和方法分析和解决实际问题;在习近平新时代中国特色社会主义思想的指导下,树立正确的世界观、人生观和价值观,具备良好的思想政治素质、道德品质和法治观念,同时具备较强的国防观念和国家安全意识

毕 业 要 求	指 标 点
	1-2　学生应树立积极向上的人生观,形成符合社会进步要求的价值观和崇高的爱国主义情怀,坚定"四个自信";具备自觉的国家意识、民族意识和责任意识,拥有强烈的社会责任感、职业道德感和荣誉感;在工作中,态度踏实认真,严格遵守职业道德和规范,履行职业责任与社会责任
毕业要求 2:学科知识。掌握系统的现代经济管理基本理论;掌握管理学、经济学、统计学、数字技术等基础知识;具备运营管理、数据管理、管理沟通、创新创业等方面的专业知识和专业技能;能熟练运用文献检索、资料查询等常用的定性、定量研究方法;了解学科发展和前沿动态,了解企业运营相关政策法规	2-1　掌握系统的现代经济管理的基本理论,掌握管理学、经济学、统计学、心理学、经济法等基础知识;具备运营管理、数据管理、管理沟通、创新创业等方面的专业知识和专业技能 2-2　了解本专业学科发展和前沿动态,了解企业运营相关政策法规
毕业要求 3:应用能力。具有运用专业知识与工具,发现、分析并处理管理实际问题的能力,能运用各种社会研究方法和统计分析工具组织和开展调查研究,能够提出相应对策或方案,并对对策和方案的政策依据、社会环境和可能的社会影响进行分析	3-1　能够运用现代经济管理的基本原理,识别、分析企业项目管理、运营管理、大数据管理等方面的实际问题,并能做出相关的管理决策 3-2　具有系统、完整和准确的推理判断能力,利用归纳演绎等各种方法,理性、全面、分析和判断各类信息;能运用专业知识和各种社会研究方法、统计分析工具组织并开展调查研究,提出针对现实管理问题的相应对策或方案,并能完成相关文案的撰写
毕业要求 4:创新能力。具有逻辑思维能力、反思意识和批判精神,能发现、辨析、总结、评价本专业及相关领域的现象和问题,形成个人判断、见解或对策,具有较强创新创业能力	4-1　具有逻辑思维能力、反思意识和批判精神,不断尝试理论或实践创新 4-2　提升创业意识,发现创业项目,制订创业计划,能够创业展示;通过多平台实践实训,提升创新创业及就业能力
毕业要求 5:信息能力。具有信息素养和信息技术应用能力,能够运用大数据分析技术和工具获取和分析相关信息,能够熟练使用办公软件、专业软件,能够使用商业数据对管理问题进行分析和判断	5-1　具有本专业所必需的计算机基础能力和数据收集、数据统计和分析、数据挖掘等专业能力;能熟练使用办公软件、专业软件等工具对企业管理问题进行基本的商业数据分析及决策 5-2　能熟练运用统计和管理等方面的分析应用工具,对企业管理中的数据信息进行收集、分析和处理,能对经济形势、企业环境等做出正确的判断和决策,形成数据管理思维
毕业要求 6:沟通表达。逻辑清晰地表达个人观点,能够与同行和社会公众进行有效沟通,具有较强的沟通表达能力,能够使用准确规范的语言文字,具有一定的宣传和推广能力	6-1　能够就各类管理问题与业界同行及社会公众进行有效沟通和交流,包括陈述观点、清晰表达、回应指令、撰写报告和设计文稿 6-2　能在涉及跨学科、跨专业或多元文化商务环境中进行有效沟通,具有一定的宣传和推广能力

续表

毕 业 要 求	指 标 点
毕业要求7：团队合作。注重团队协作，具有较强的组织、协调和管理能力，与团队成员和谐相处，协作完成复杂性任务	7-1　具有良好的团队合作意识、自信和宽容的态度、团结与协作精神，能够与团队成员和谐相处，协作共事 7-2　具有一定的团队领导能力，能够精准识别、定位团队角色，在团队活动中发挥积极作用
毕业要求8：国际视野。具有一定的国际视野和战略眼光，了解企业国际管理的基本动态，关注全球性问题，理解和尊重世界不同文化的差异性和多样性	8-1　了解国际市场的国际惯例与规则，了解国内外企业管理的发展趋势 8-2　关注全球性问题，理解和尊重世界不同文化的差异性和多样性
毕业要求9：学习发展。具有自我规划、自我管理、自主学习和终身学习能力，主动提升自己，适应社会和个人高层次、可持续发展的需要	9-1　能够认识到自我探索和终身学习的必要性，养成主动学习习惯并表现出不断探索的成效，能够自我评价同时具备对企业管理现状和发展趋势认识的能力 9-2　能适应社会发展和实现个体发展需要，坚持不断提升自我，坚持与时俱进

毕业要求与培养目标的关联矩阵如表2-3所示。

表2-3　毕业要求与培养目标的关联矩阵

毕 业 要 求	培 养 目 标				
	培养目标1	培养目标2	培养目标3	培养目标4	培养目标5
毕业要求1	√			√	√
毕业要求2		√	√		
毕业要求3		√	√		
毕业要求4			√	√	√
毕业要求5	√		√	√	
毕业要求6			√	√	√
毕业要求7			√	√	√
毕业要求8				√	√
毕业要求9				√	√

注：毕业要求对培养目标有支撑作用的在相应单元格中标记"√"符号。

四、课程与毕业要求对应关系矩阵

课程与毕业要求对应关系矩阵如表2-4所示。

表 2-4　课程与毕业要求对应关系矩阵

课程名称	毕业要求 1		毕业要求 2		毕业要求 3		毕业要求 4		毕业要求 5		毕业要求 6		毕业要求 7		毕业要求 8		毕业要求 9	
	1-1	1-2	2-1	2-2	3-1	3-2	4-1	4-2	5-1	5-2	6-1	6-2	7-1	7-2	8-1	8-2	9-1	9-2
思想道德修养与法治	H	H															M	M
中国近现代史纲要	H	H															M	M
马克思主义基本原理概论	H	H															M	M
毛泽东思想和中国特色社会主义理论体系概论	H	H															M	M
习近平新时代中国特色社会主义思想概论	H	H															M	M
形势与政策 I	H	H													M	M		
形势与政策 II	H	H													M	M		
形势与政策III	H	H													M	M		
形势与政策IV	H	H													M	M		
军事课	H	H																
国家安全	H	H																
大学英语 I											L	L			M	H		
大学英语 II											L	L			M	H		
大学英语III											L	L			M	H		
大学英语IV											L	L			M	H		
大学日语 I											L	L			M	H		
大学日语 II											L	L			M	H		
大学日语III											L	L			M	H		
大学日语IV											L	L			M	H		
高等数学 I（经管类）			H	H	M	M	L	L										
高等数学 II（经管类）			H	H	M	M	L	L										
线性代数			H	H	M	M	L	L										
概率论与数理统计			H	H	M	M	L	L										
体育 I																	M	M
体育 II																	M	M
体育III																	M	M
体育IV																	M	M

课程名称	毕业要求1		毕业要求2		毕业要求3		毕业要求4		毕业要求5		毕业要求6		毕业要求7		毕业要求8		毕业要求9	
	1-1	1-2	2-1	2-2	3-1	3-2	4-1	4-2	5-1	5-2	6-1	6-2	7-1	7-2	8-1	8-2	9-1	9-2
大学生心理健康	H	H											H	H			M	M
大学生职业发展与就业指导Ⅰ	H	H									M	M					M	M
大学生职业发展与就业指导Ⅱ	H	H									M	M					M	M
创新创业概论		H	M	M	M	M	H	H					M	M			L	L
信息技术与人工智能			M	M					H	H								L
劳动教育Ⅰ	M	H															M	M
劳动教育Ⅱ	M	H															M	M
管理学			H	H	H	H	M	M			M	M	M	M			L	
会计学			H	H	M	M											L	
微观经济学			H	H	M	M											L	
宏观经济学			H	H	M	M											L	
统计学			H	H	M	M											L	
财务管理学			H	H	M	M											L	
市场营销学			H	H	M	M					M	M					L	
组织行为学			H	H	M	M							M	M			L	
人力资源管理			M	M	H	H							M	M			L	
商业数据分析			M	M	H	H			H	H								
市场调查与预测			H	H	H	H							M	M				
电子商务			M	M	H	H			M	M								
运营管理			H	H	H	H												
证券市场金融产品营销					H	H	M	M			M	M			L	L		
新零售策划和运营					H	H	M	M										
数字营销					H	H	M	M			M	M			L	L		
农产品营销					H	H	M	M			M	M			L	L		
员工招聘实务					H	H					M	M	M	M			L	L
员工培训实务					H	H					M	M	M	M	M	M	M	M
绩效与薪酬管理					H	H					M	M						
员工关系实务					H	H					M	M			L	L		
企业战略管理					H	H									M	M		
经管逻辑			H	H			L	M	L									

续表

课程名称	毕业要求 1		毕业要求 2		毕业要求 3		毕业要求 4		毕业要求 5		毕业要求 6		毕业要求 7		毕业要求 8		毕业要求 9	
	1-1	1-2	2-1	2-2	3-1	3-2	4-1	4-2	5-1	5-2	6-1	6-2	7-1	7-2	8-1	8-2	9-1	9-2
经管写作			H	H		M	L	L										
认知实习					H	H	M	M			M	M	M	M			M	M
专业实习					H	H	M	M			M	M	M	M			M	M
社会实践					H	H	M	M			M	M	M	M			M	M
毕业实习					H	H	H	H	M	M	M	M	M	M			M	M
毕业论文			H	H	H	H	M		M	M								

注:H 表示高度关联,M 表示中度关联,L 表示低度关联。

五、课程学分结构与毕业条件

课程学分结构与毕业条件如表 2-5 所示。

表 2-5　课程学分结构与毕业条件

课程平台	学 时 统 计					学 分 统 计					
	总学时	必修学时	选修学时	理论教学	实践教学	总学分	必修学分	选修学分	理论学分	实践学分	实践学分占总学分比例 / %
普通教育课程	1076	958	118	818	258	63	55.5	≥ 7.5	49.4	13.6	9.07
专业基础课程	768	528	240	512	256	48	33	≥ 15	32	16	10.67
项目化教学课程	352	96	256	128	224	22	6	≥ 16	8	14	9.33
应用型课程	80	0	80	0	80	2	0	2	0	2	1.33
集中实践课程	340	320	20	0	340	17	16	≥ 1	0	17	11.33
合计	2536	1902	634	1458	1078	150	110.5	≥ 39.5	89.4	60.6	40.40
准予毕业条件	不少于 150 学分										
授予学位条件	符合以上毕业条件,并符合《黄河科技学院学士学位授予工作实施细则》学位授予条件										

六、课程设置与教学计划

1. 普通教育课程

普通教育课程如表 2-6 所示。

表 2-6 普通教育课程

课程平台	课程类别	课程代码	课程名称	课程性质	课程学分			课程学时			考试考查	开课学期
					学分	理论	实践	学时	理论	实践		
普通教育课程	思想政治	2320319001	思想道德与法治	必修	3	2.5	0.5	48	40	8	查	1
		2320319002	中国近现代史纲要	必修	3	2.7	0.3	48	44	4	试	2
		2320319003	马克思主义基本原理	必修	3	2.7	0.3	48	44	4	试	4
		2320319004	毛泽东思想和中国特色社会主义理论体系概论	必修	3	2.5	0.5	48	40	8	试	3
		2320319009	习近平新时代中国特色社会主义思想概论	必修	3	2.5	0.5	48	40	8	试	4
		2320319005	形势与政策Ⅰ	必修	0.5	0.5	0	16	16	0	查	1～2
		2320319006	形势与政策Ⅱ	必修	0.5	0.5	0	16	16	0	查	3～4
		2320319007	形势与政策Ⅲ	必修	0.5	0.5	0	16	16	0	查	5～6
		2320319008	形势与政策Ⅳ	必修	0.5	0.5	0	8	8	0	查	7
		2320559001	军事课	必修	4	2	2	36	36	2周	查	1
		2320559002	国家安全	必修	1	1	0	16	16	0	查	1
	外语	2320329001	大学英语Ⅰ	必修	3	3	0	48	48	0	试	1～4
		2320329002	大学英语Ⅱ	必修	3	3	0	48	48	0	试	1～4
		2320329003	大学英语Ⅲ	必修	3	3	0	48	48	0	试	1～4
		2320329004	大学英语Ⅳ	必修	3	3	0	48	48	0	试	1～4
		2320329005	大学英语Ⅴ	定向选修	2	2	0	32	32	0	试	1～4
	数理基础	2320339004	高等数学Ⅰ（财经类）	必修	4	4	0	64	64	0	试	1
		2320339005	高等数学Ⅱ（财经类）	必修	4	4	0	64	64	0	试	2
		2320339008	线性代数	选修	3	3	0	48	48	0	试	3～6
		2320339009	概率论与数理统计	选修	3	3	0	48	48	0	试	3～6

续表

课程平台	课程类别	课程代码	课程名称	课程性质	课程学分			课程学时			考试考查	开课学期
					学分	理论	实践	学时	理论	实践		
普通教育课程	体育与心理	2320539001	体育Ⅰ	必修	1	0	1	32	0	32	查	1
		2320539002	体育Ⅱ	必修	1	0	1	32	0	32	查	2
		2320539003	体育Ⅲ	必修	1	0	1	32	0	32	查	3
		2320539004	体育Ⅳ	必修	1	0	1	32	0	32	查	4
		2320749001	大学生心理健康	必修	2	1.5	0.5	32	24	8	查	2
	职业发展指导	2320569001	大学生职业发展与就业指导Ⅰ	必修	1.5	1	0.5	20	14	6	查	1～2
		2320569002	大学生职业发展与就业指导Ⅱ	必修	0.5	0.5	0	14	10	4	查	4～6
		2320759001	创新创业概论	必修	2	1.5	0.5	32	24	8	查	4
	信息技术	2320529001	信息技术与人工智能	必修	2	1	1	32	16	16	试	1
	素质拓展	2320239001	劳动教育Ⅰ	必修	0.5	0.5	0	8	8	0	查	1
		2320239002	劳动教育Ⅱ	必修	1	0	1	24	0	24	查	2～6
		2320519002-9	艺术欣赏	限修	2	1	1	32	16	16	查	春/秋
		2320519001	汉语阅读与写作	选修	2	1	1	32	16	16	查	春/秋
		2320589001	文献信息检索	选修	1	1	0	14	14	0	查	春/秋
		2320319011	中华优秀传统文化概论	选修	1	1	0	16	16	0	查	春/秋
		按学校公布	经典阅读	选修	0.3/门						查	春/秋
		按学校公布	新生研讨课	选修	1或1.5/门						查	1～2
		—	实验室安全	选修	0.5	0.5	0	8	8	0	查	1
	创新创业实践	—	创新创业实践	选修	4						查	
必修课小计					55.5	43.9	11.6	958	732	226	—	—

选修课≥7.5 学分(含公选课),公选课以学校公布的为准,创新创业实践学分认定以学校文件为准

2. 专业基础课程

专业基础课程如表 2-7 所示。

表 2-7　专业基础课程

课程类别	课程代码	课程名称	课程性质	课程学分			课程学时			考试考查	开课学期
				学分	理论	实践	学时	理论	实践		
专业基础课程	2323030501	管理学原理	必修	4	3	1	64	48	16	考试	1
	2323030001	会计学	必修	3	2	1	48	32	16	考试	1
	2323031202	微观经济学	必修	3	2	1	48	32	16	考试	2
	2323031203	宏观经济学	必修	2	1	1	32	16	16	考试	3
	2323031204	统计学	必修	3	2	1	48	32	16	考试	3
	2323030101	财务管理学	必修	3	2	1	48	32	16	考试	3
	2323030504	市场营销学	必修	3	2	1	48	32	16	考试	3
	2323030502	组织行为学	必修	3	2	1	48	32	16	考试	2
	2323030505	人力资源管理	必修	3	2	1	48	32	16	考试	4
	2323030506	商业数据分析	必修	3	2	1	48	32	16	考试	4
	2323030507	市场调查与预测	必修	3	2	1	48	32	16	考试	4
必修课小计				33	22	11	528	352	176		
选修课≥15				15							
专业基础课程合计				48							

3. 项目化教学课程

项目化教学课程如表 2-8 所示。

表 2-8　项目化教学课程

课程类别	方向	课程代码	课程名称	课程性质	课程学分			课程学时			考试考查	开课学期
					学分	理论	实践	学时	理论	实践		
项目化教学课程	就业方向课程	2323030510	电子商务	必修	3	1	2	48	16	32	考试	5
		2323030511	运营管理	必修	3	1	2	48	16	32	考试	6
		必修课小计			6	2	4	96	32	64		

课程类别	方向	课程代码	课程名称	课程性质	课程学分			课程学时			考试考查	开课学期
					学分	理论	实践	学时	理论	实践		
项目化教学课程	就业方向课程	2323031421	证券市场金融产品营销	限定选修	3	1	2	48	16	32	考试	5
		2323030514	新零售策划和运营	限定选修	4	2	2	64	32	32	考试	5
		2323030515	数字营销	限定选修	3	1	2	48	16	32	考试	6
		2323030516	农产品营销	限定选修	3	1	2	48	16	32	考试	6
		2323030517	员工招聘实务	限定选修	3	1	2	48	16	32	考试	5
		2323030518	员工培训实务	限定选修	3	1	2	48	16	32	考试	5
		2323030520	绩效与薪酬管理	限定选修	4	2	2	64	32	32	考试	6
		2323030519	员工关系实务	限定选修	3	1	2	48	16	32	考试	6
		2323030512	企业战略管理	选修	3	1	2	48	16	32	考试	6
		选修课小计≥16		—	16	6	10	256	96	160	—	—
		项目化教学课程（就业方向）合计		—	22	8	14	352	128	224	—	—
	应用型研究方向课程	2323030510	电子商务	必修	3	1	2	48	16	32	考试	5
		2323030511	运营管理	必修	3	1	2	48	16	32	考试	6
		必修课小计		—	6	2	4	96	32	64	—	—
		2323030551	经管逻辑	限定选修	3	3	0	48	48	0	考试	6
		2323030552	经管写作	限定选修	3	3	0	48	48	0	考试	7
		2323030553	初等数学	限定选修	3	3	0	48	48	0	考试	6
		2320238009	大学英语阅读精讲教程Ⅱ	限定选修	1	1	0	64	64	0	考试	6
		2320238015	大学英语综合教程Ⅱ	限定选修	1	1	0	52	52	0	考试	7

续表

课程类别	方向	课程代码	课程名称	课程性质	课程学分			课程学时			考试考查	开课学期
					学分	理论	实践	学时	理论	实践		
项目化教学课程	应用型研究方向课程	2320238005	英文阅读与写作Ⅰ	限定选修	1	1	0	48	48	0	考试	5
		2320238006	英文阅读与写作Ⅱ	限定选修	1	1	0	64	64	0	考试	5
		2323030512	企业战略管理	选修	3	1	2	48	16	32	考试	6
		选修课小计≥16			16	14	2	420	388	32		
		项目化教学课程（应用型研究方向）合计			22	16	6	516	420	96		

4. 应用型课程

应用型课程如表 2-9 所示。

表 2-9 应用型课程

课程类别	课程代码	课程名称	课程性质	课程学分			课程学时			考试考查	开课学期
				学分	理论	实践	学时	理论	实践		
应用型课程	2423030530	工商管理综合应用	选修	2	0	2	80	0	80	考查	7
	选修课小计			2	0	2	80	0	80		
	应用型课程合计			2	0	2	80	0	80		

5. 集中实践课程

集中实践课程如表 2-10 所示。

表 2-10 集中实践课程

课程类别	课程代码	课程名称	课程性质	课程学分			课程学时			考试考查	开课学期
				学分	理论	实践	学时	理论	实践		
集中实践课程	2423030525	认知实习	选修	1	0	1	20	0	1周/20	考查	1～2
	2423030526	专业实习	选修	2	0	2	40	0	2周/40	考查	3～6
	2423030527	社会实践	选修	1	0	1	—	—	4周/80	考查	假期
	2423030528	毕业实习	必修	4	0	4	80	0	4周/80	考查	7
	2423030529	毕业论文	必修	12	0	12	240	0	12周/240	考查	8

七、专业基础课程和就业方向项目化选修课程一览表

专业基础课程和就业方向项目化选修课程一览表如表 2-11 所示。

表 2-11　专业基础课程和就业方向项目化选修课程一览表

课程类别	课程名称	课程代码	课程学分			课程学时			开课学期
			学分	理论学分	实践学分	学时	理论学时	实践学时	
专业基础课程	管理沟通	2323030503	3	2	1	48	32	16	春 / 秋
专业基础课程	客户关系管理	2323030508	3	2	1	48	32	16	春 / 秋
专业基础课程	经济法	2323030317	3	2	1	48	32	16	春 / 秋
专业基础课程	现代物流学	2323031101	3	2	1	48	32	16	春 / 秋
专业基础课程	商务写作	2323030509	3	2	1	48	32	16	春 / 秋
专业基础课程	ERP 实训	2323030108	3	2	1	48	32	16	春 / 秋
专业基础课程	工商管理导论	2323030524	1	1	0	16	16	0	春 / 秋
专业基础课程	质量管理学	2323031607	3	2	1	48	32	16	春 / 秋
专业基础课程	金融学	2323031401	3	2	1	48	32	16	春 / 秋
项目化教学课程（就业类）	电子商务数据分析	2323031210	3	1	2	48	16	32	春 / 秋
项目化教学课程（就业类）	企业战略管理	2323030512	3	1	2	48	16	32	春 / 秋
项目化教学课程（就业类）	供应链管理	2323031109	3	1	2	48	16	32	春 / 秋

说明：公共选修课程由学校教育教学中心公布。

第 3 章

工商管理专业课程知识建模

3.1　项目化教学课程知识建模

3.1.1　电子商务课程知识建模图

电子商务课程之网店运营知识建模图如图 3-1 所示。

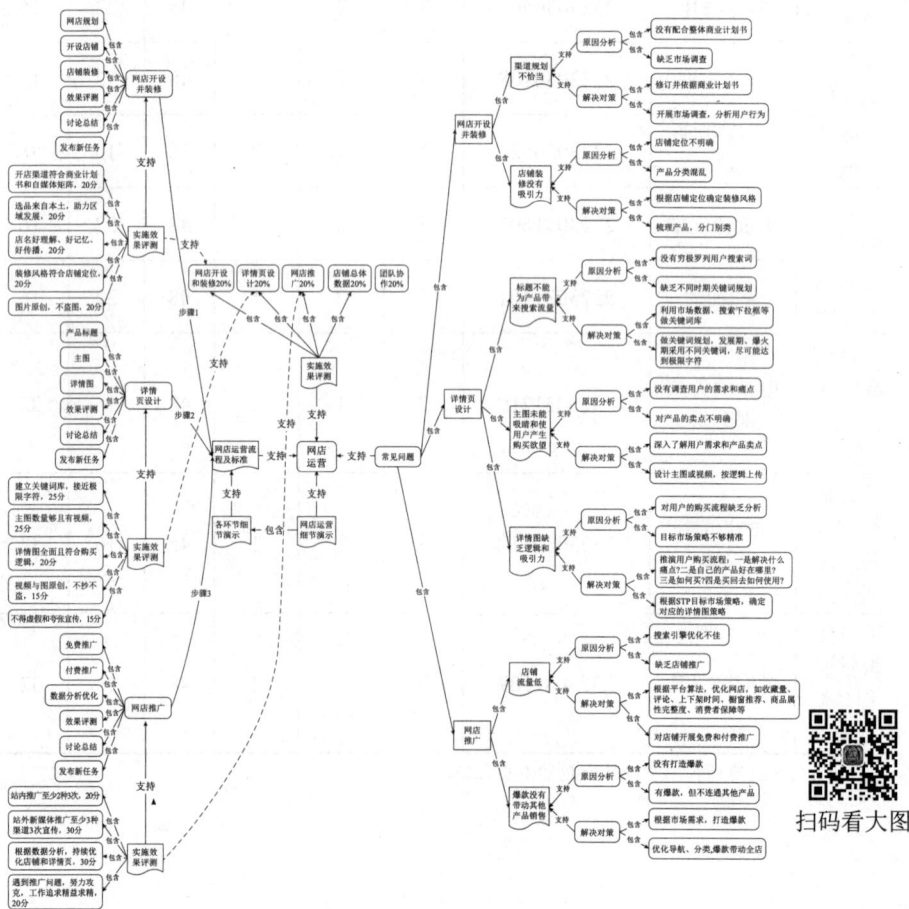

图 3-1　网店运营知识建模图

3.1.2　运营管理课程知识建模图

运营管理课程之项目管理知识建模图如图 3-2 所示。

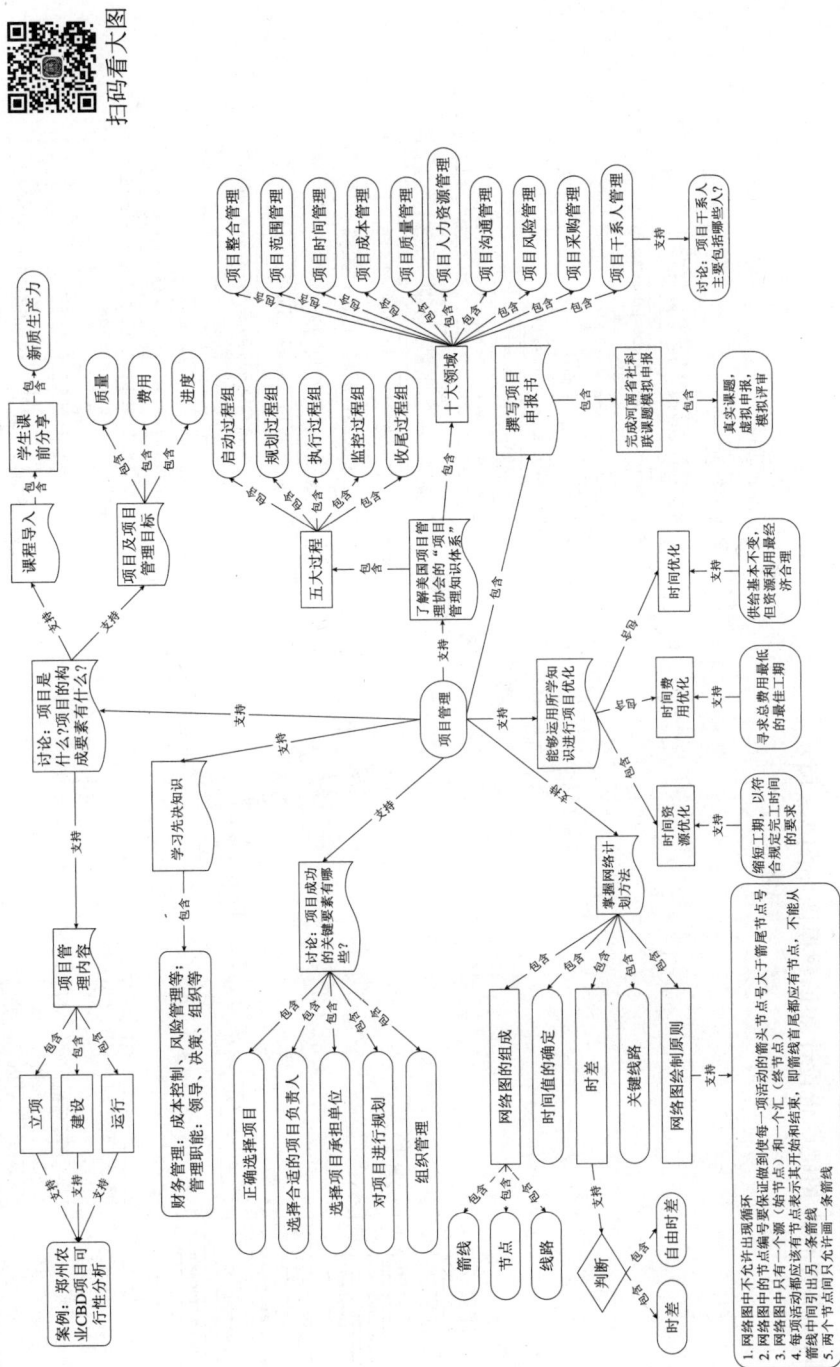

图 3-2　项目管理知识建模图

3.1.3　员工招聘实务课程知识建模图

员工招聘实务课程之招聘广告设计知识建模图如图 3-3 所示。

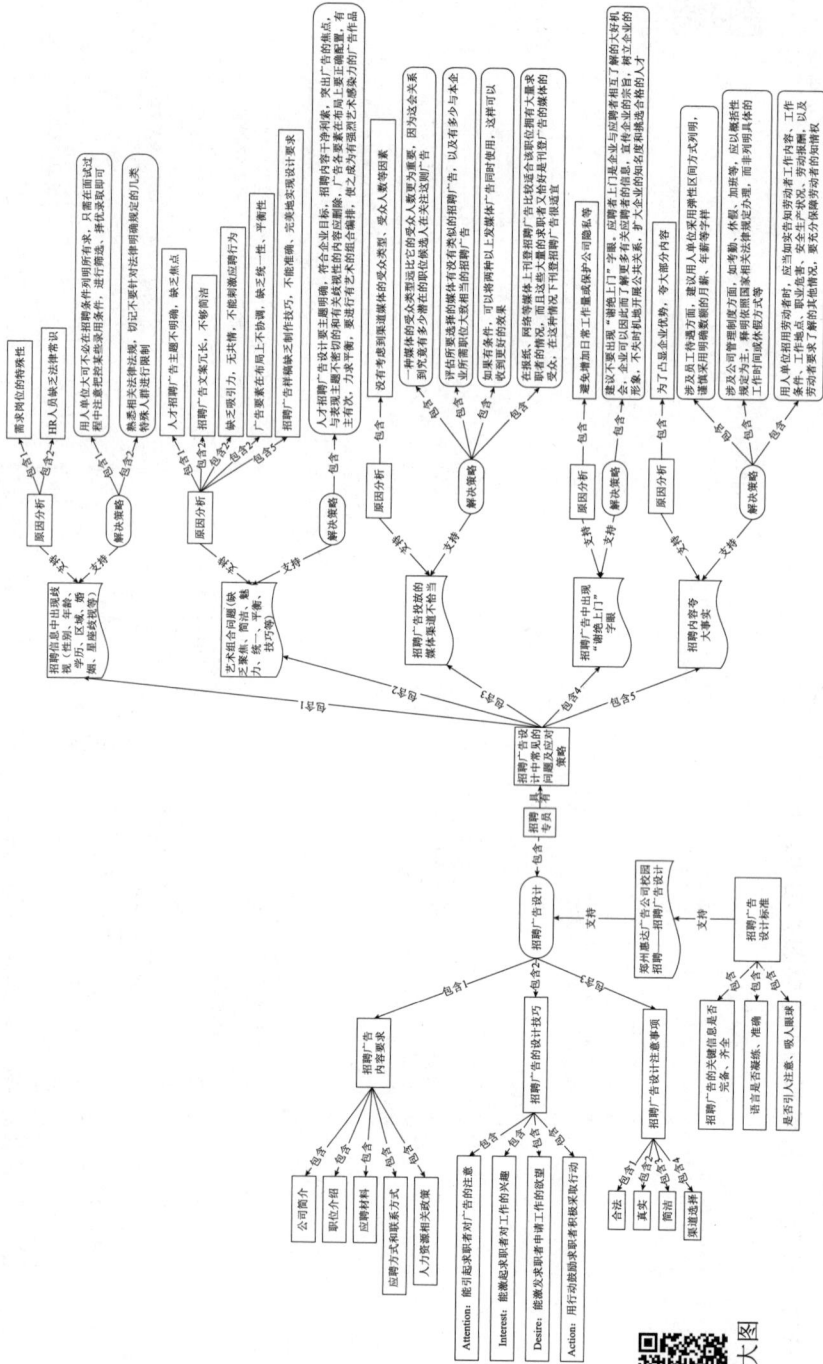

图 3-3　招聘广告设计知识建模图

扫码看大图

3.1.4　新零售策划与运营课程知识建模图

新零售策划与运营课程之零售企业认知知识建模图如图 3-4 所示。

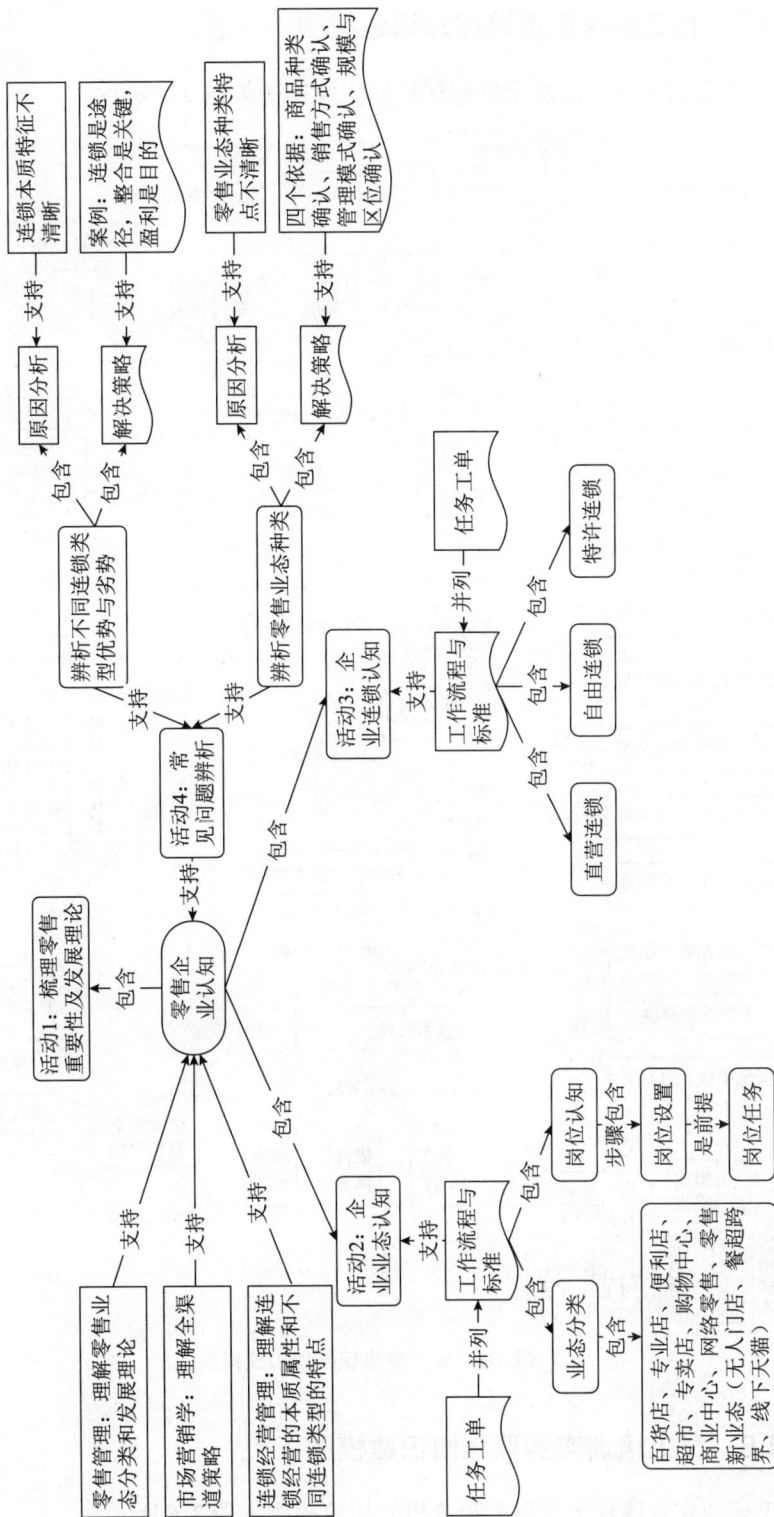

图 3-4　零售企业认知知识建模图

3.1.5　员工关系实务课程知识建模图

员工关系实务课程之安全健康保护知识建模图如图 3-5 所示。

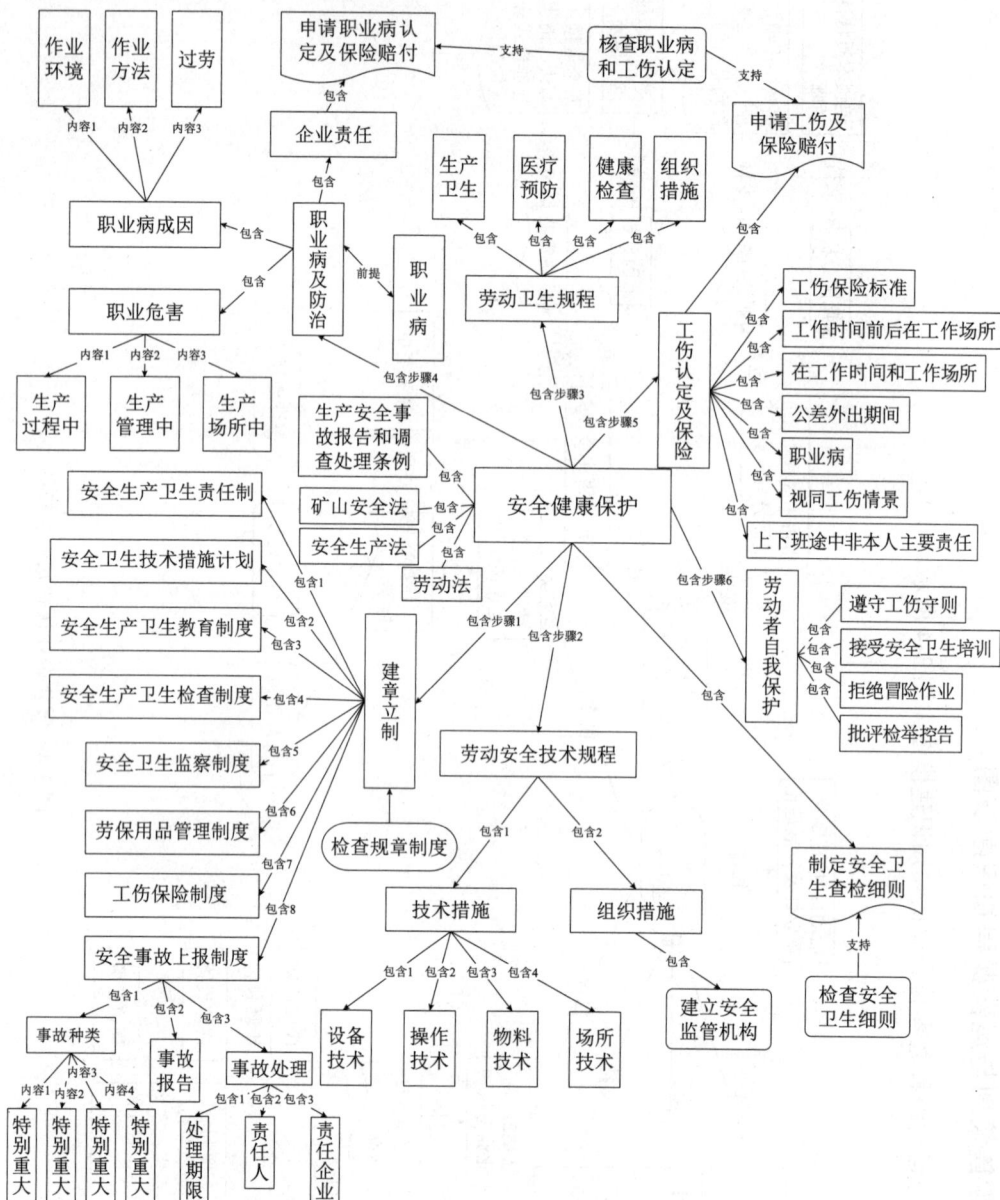

图 3-5　安全健康保护知识建模图

3.1.6　员工培训实务课程知识建模图

员工培训实务课程之培训需求分析知识建模图如图 3-6 所示。

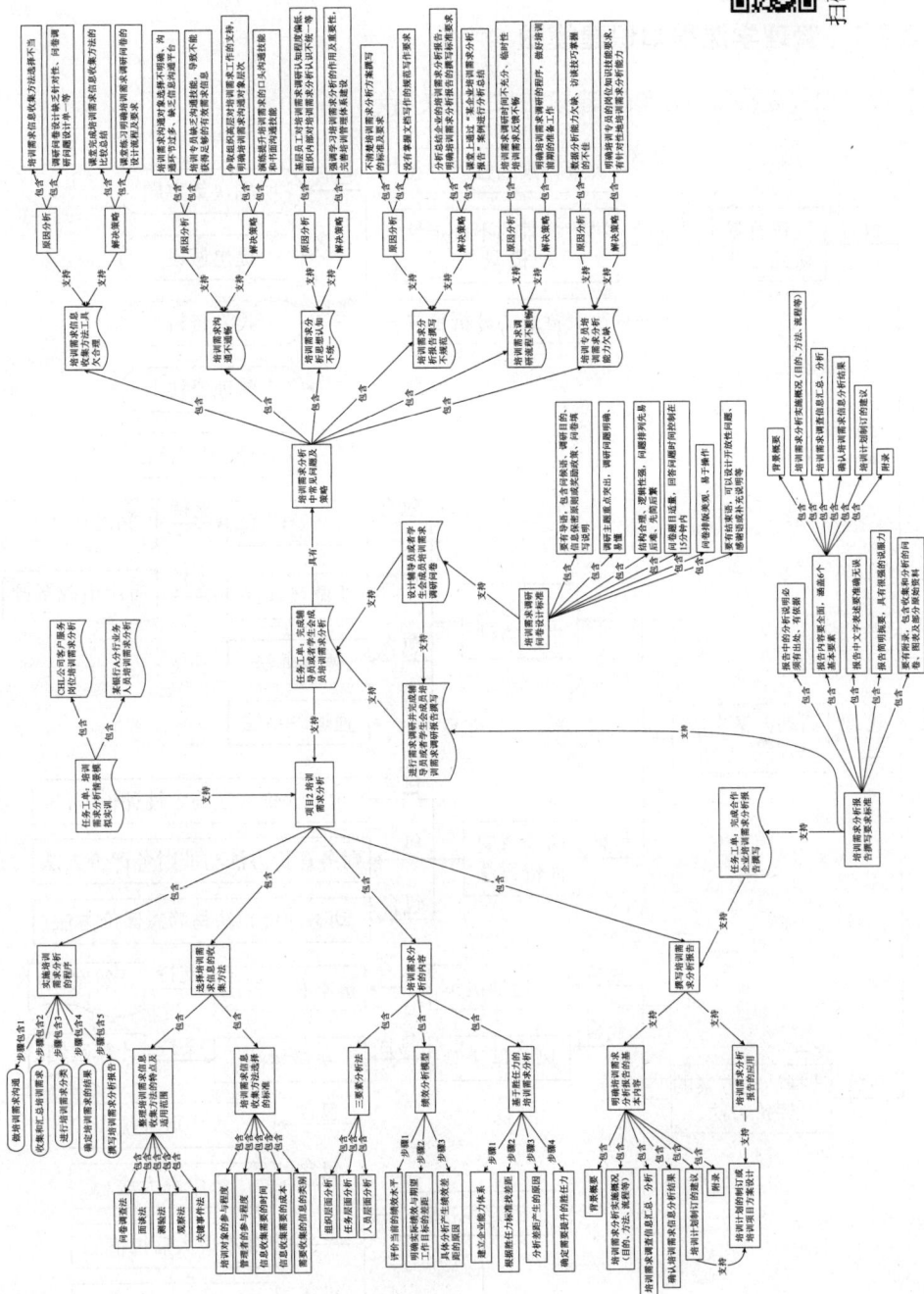

图 3-6　培训需求分析知识建模图

3.2　专业基础课程知识建模

3.2.1　管理学课程知识建模图

管理学课程之决策方法知识建模图如图 3-7 所示。

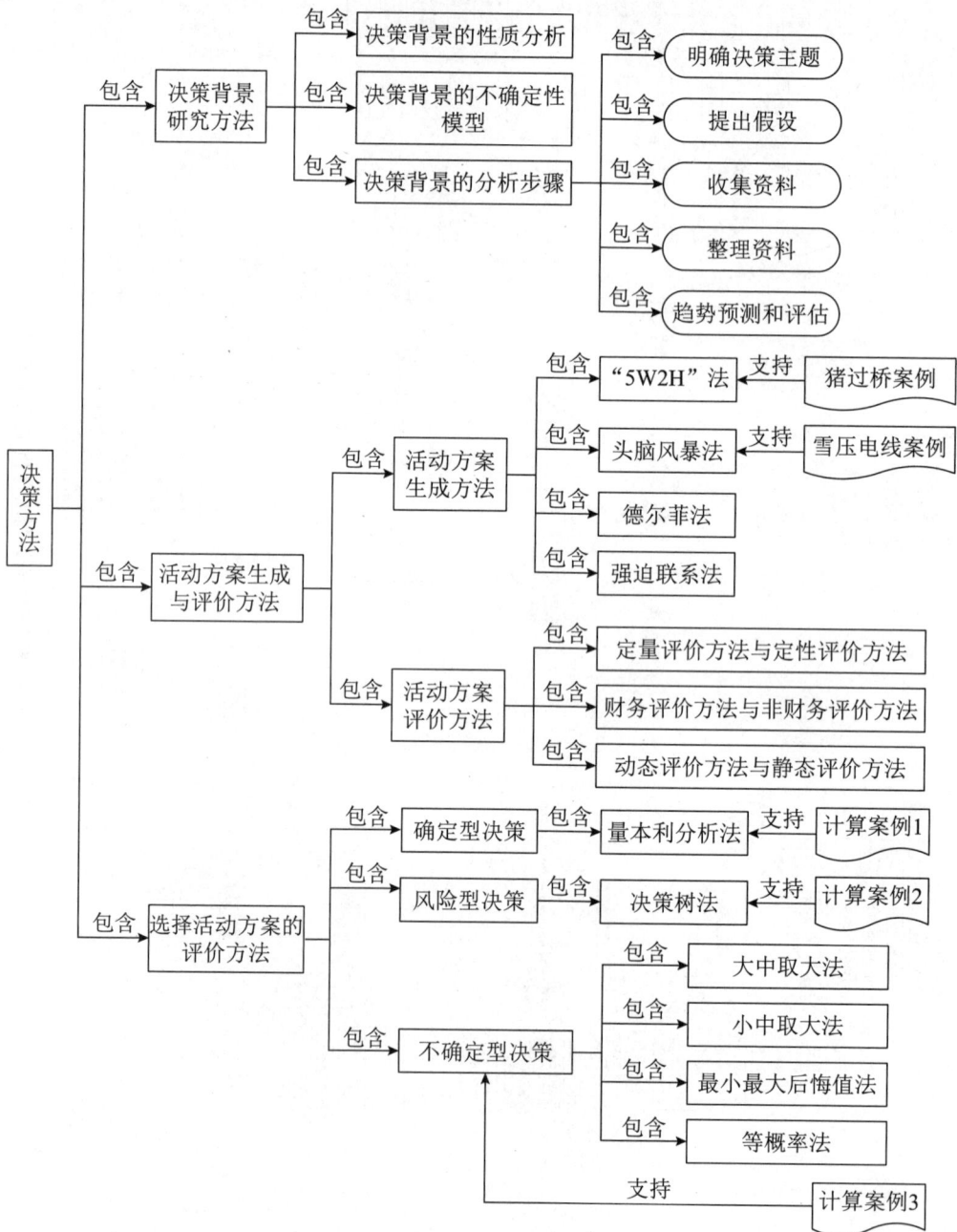

图 3-7　决策方法知识建模图

3.2.2　组织行为学课程知识建模图

组织行为学课程之如何有效改变员工态度知识建模图如图 3-8 所示。

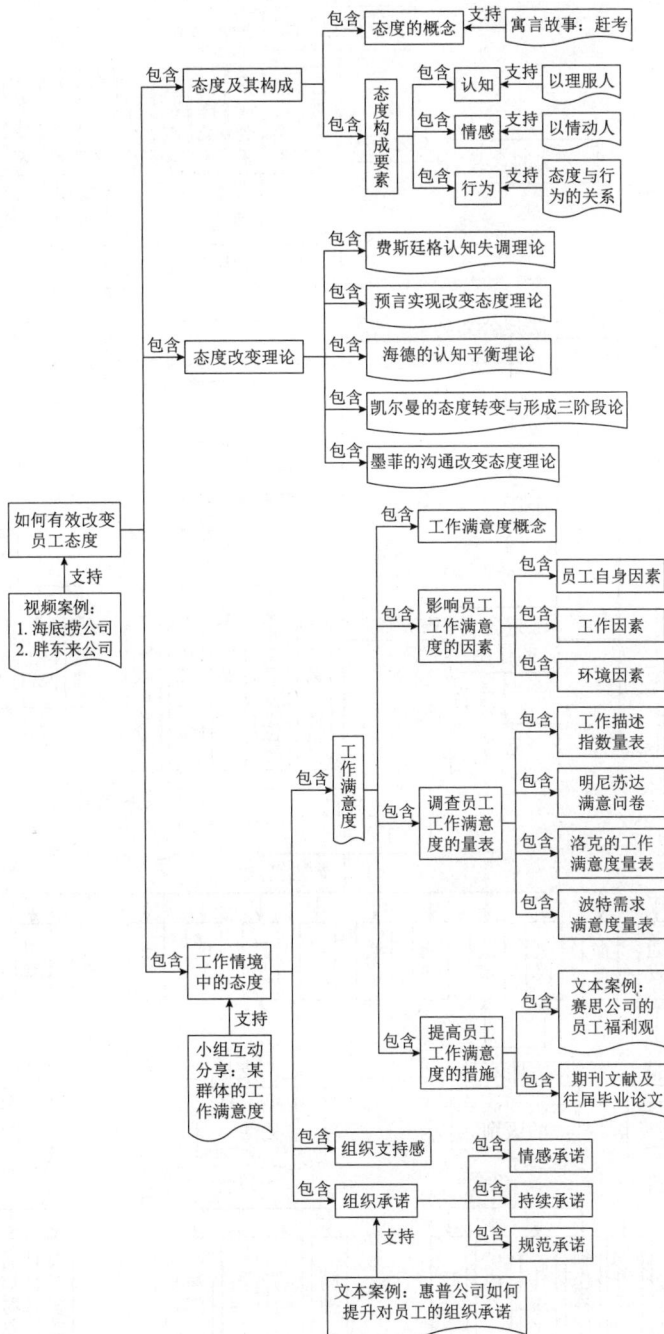

图 3-8　如何有效改变员工态度知识建模图

3.2.3 商务写作课程知识建模图

商务写作课程之党政机关十五种图文知识建模图如图 3-9 所示。

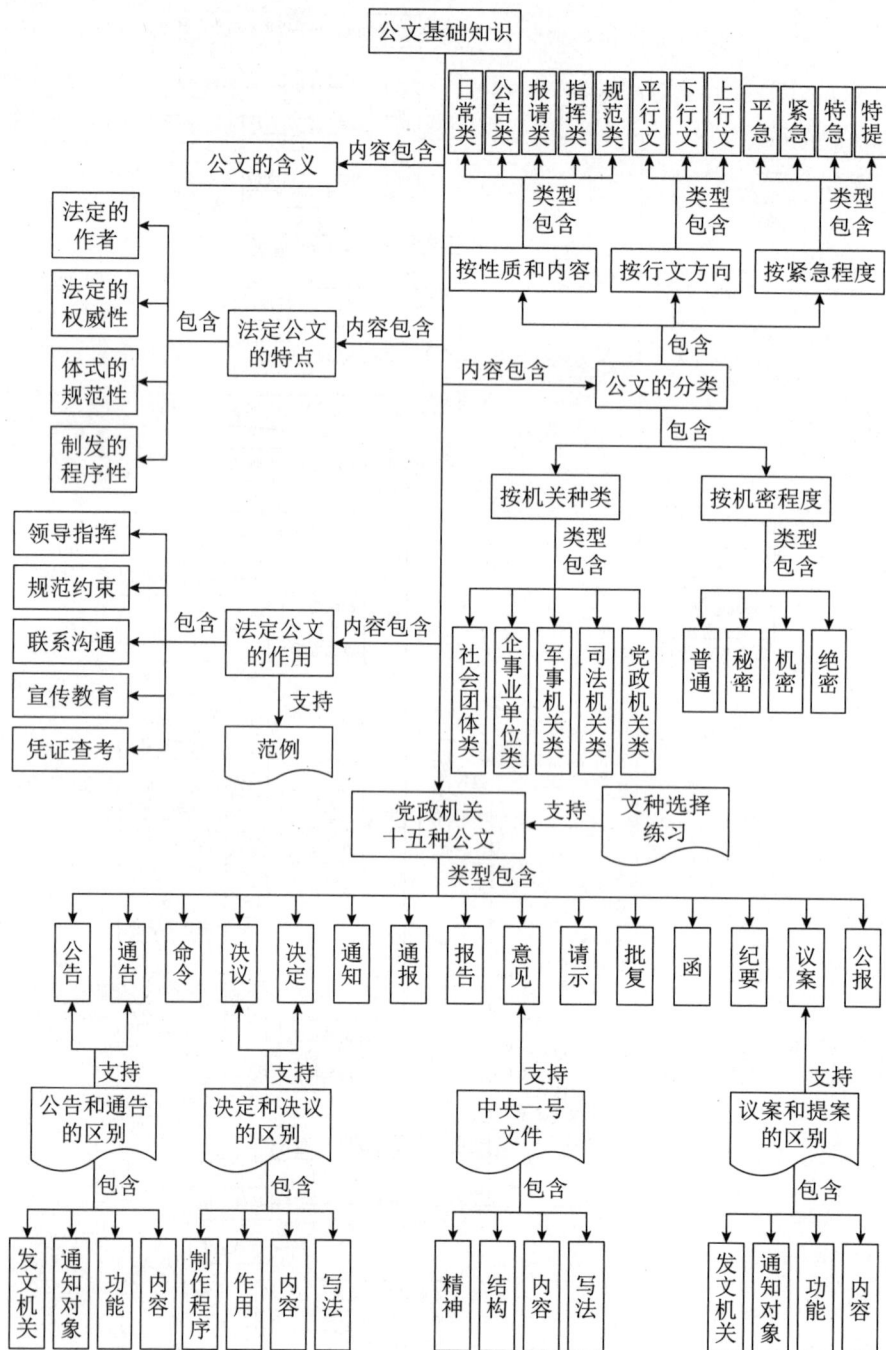

图 3-9 党政机关十五种图文知识建模图

3.2.4 人力资源管理课程知识建模图

人力资源管理课程之职位分析知识建模图如图 3-10 所示。

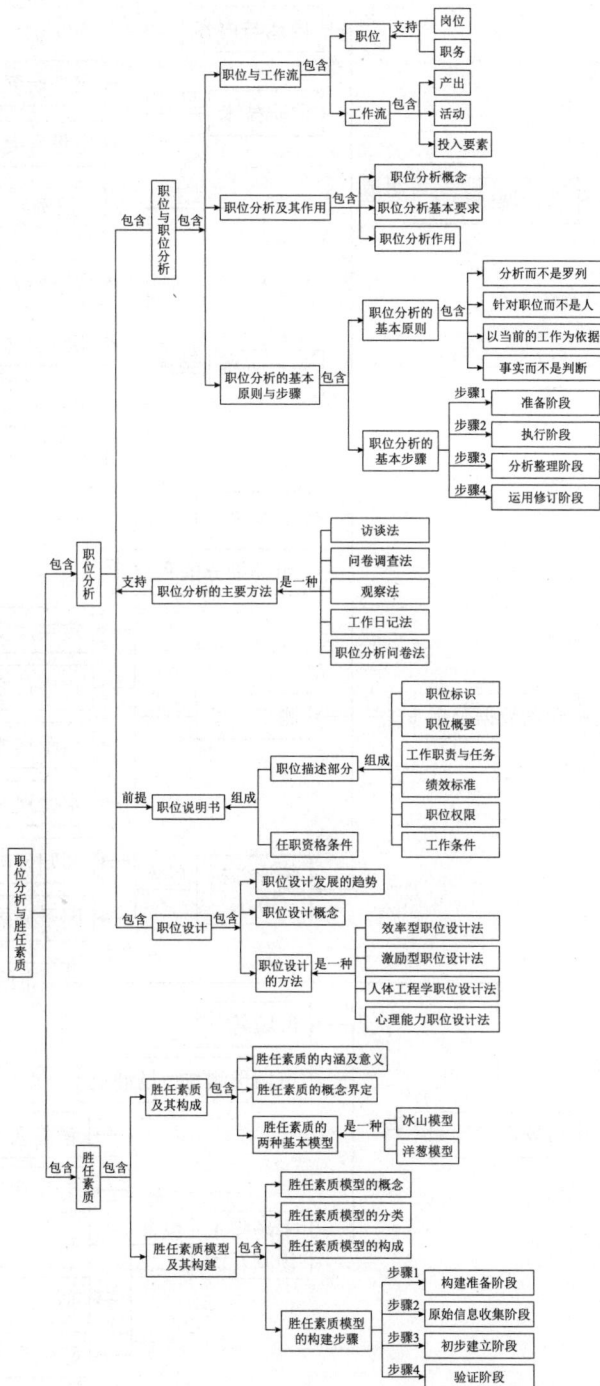

扫码看大图

图 3-10 职位分析知识建模图

3.2.5　市场营销学课程知识建模图

市场营销学课程之营销调研知识建模图如图 3-11 所示。

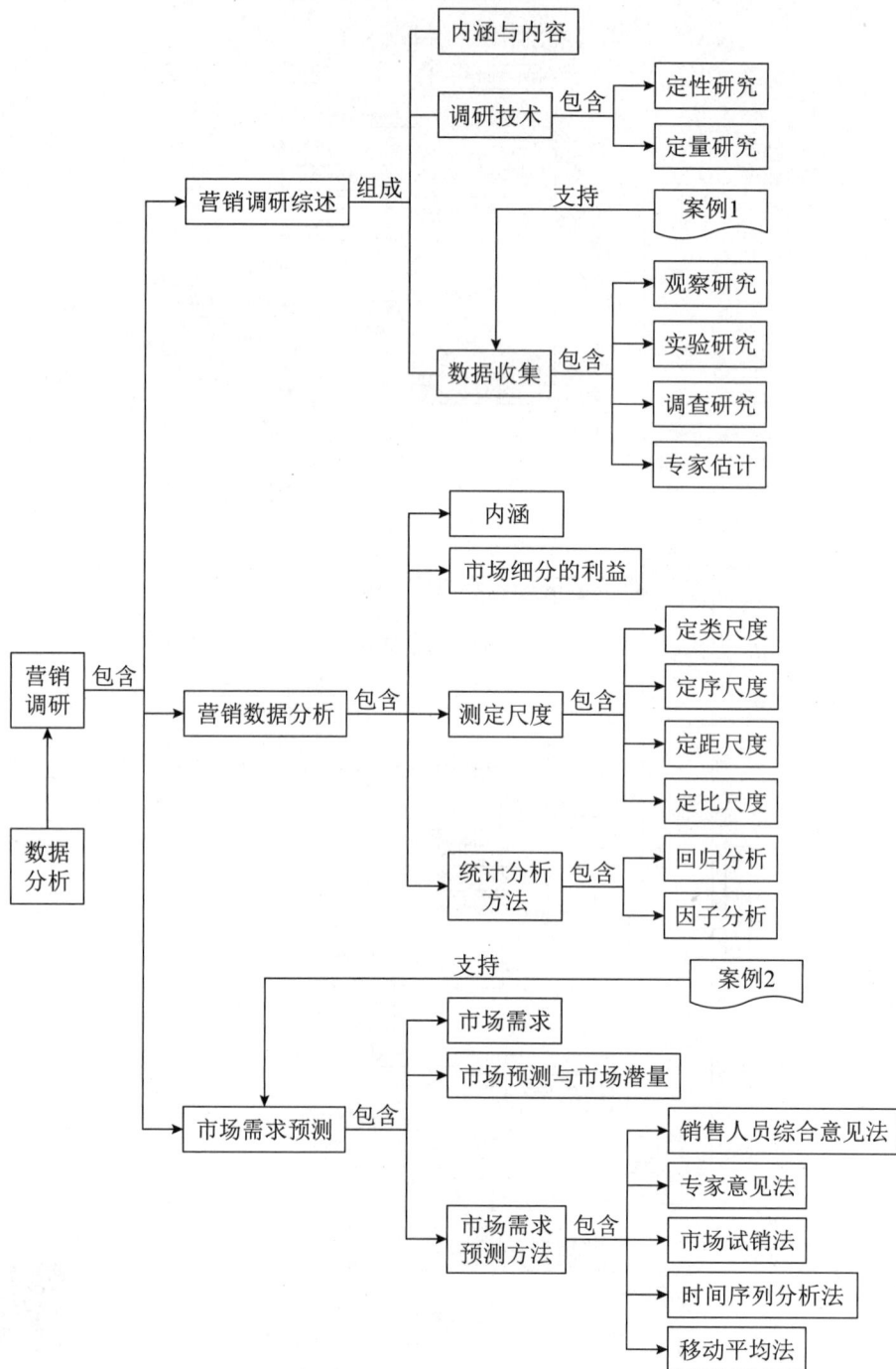

图 3-11　营销调研知识建模图

3.2.6　市场调查与预测课程知识建模图

市场调查与预测课程之市场调查分类与步骤知识建模图如图 3-12 所示。

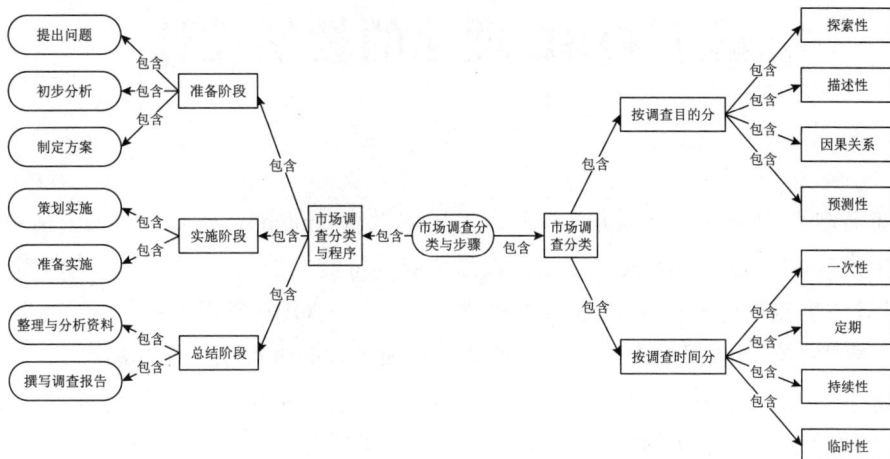

图 3-12　市场调查分类与步骤知识建模图

3.2.7　商业数据分析课程知识建模图

商业数据分析课程之统计函数（字段计算）知识建模图如图 3-13 所示。

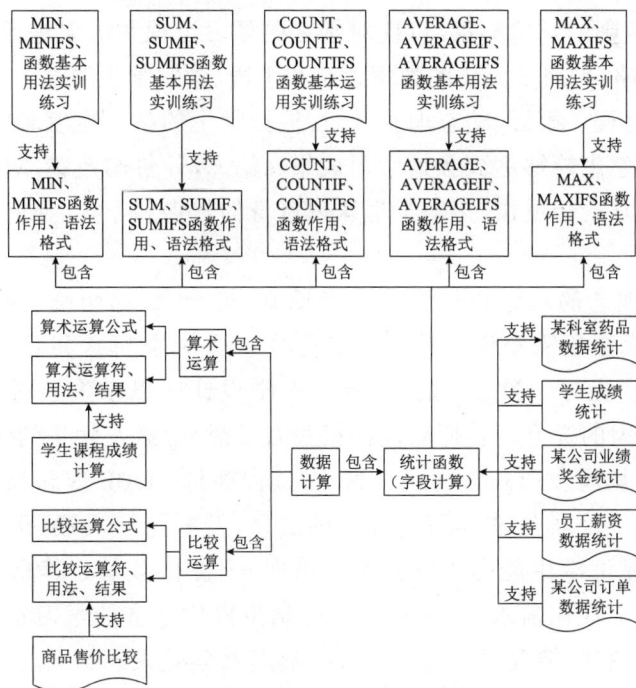

图 3-13　统计函数（字段计算）知识建模图

第 4 章

基于 OBE 理念的教学设计

随着教育理念的不断发展,基于成果导向教育(outcome-based education,OBE)的教学模式逐渐受到广泛关注。该模式强调以学生能力的培养和达成作为教育的核心目标,注重教学过程中的质量保障和持续改进。在 OBE 理念的指导下,教学设计需要围绕学生学习成果的定义、实现、评估和反馈等方面进行系统化规划。

基于 OBE 理念的教学设计是一种以学生学习成果为导向的教育模式。该模式强调教学过程应围绕学生最终达成的学习成果展开,旨在培养学生的能力素质,以适应社会发展的需求。其核心思想是将教育目标具体化、明确化,以学习成果为评价标准,反向设计教学过程。具体来说,基于 OBE 理念的教学设计包括以下几个关键环节:第一,确定教学目标,明确学生应达到的学习成果,这些成果应具备可衡量、可达成、相关性强等特点。第二,反向设计课程,根据教学目标,逆向梳理教学内容,确保每个教学环节都能助力学生达成学习成果。第三,制定评价标准,为每个学习成果设定清晰的评价标准,以便对学生的学习过程和成果进行有效评估。第四,实施教学策略,采用多元化的教学方法和手段,激发学生的学习兴趣,引导他们主动参与教学过程。第五,动态调整教学,根据学生的学习进度和成果,及时调整教学策略,确保学生能够达到预期学习成果。第六,评价与反馈,对学生的学习成果进行评价,及时给予反馈,帮助学生认识自身的优势和不足,帮助其持续改进和成长。

基于 OBE 理念的教学设计遵循八个原则:第一,目标明确。明确教学目标,确保学生能够掌握所需知识和技能。在教学过程中,教师应将目标细化,便于对学生进行评估和指导。第二,成果导向。教学设计应以学生取得的成果为出发点,关注学生能力的提升。教师应设计相关教学活动,激发学生的学习兴趣,引导他们主动探究,从而实现知识内化。第三,过程评价。OBE 理念强调过程评价的重要性,教师应关注学生在学习过程中的表现,及时给予反馈,帮助他们发现问题、解决问题,促进学生能力不断提高。第四,个性化教学。尊重学生的个体差异,关注学生的个性化需求,为不同层次的学生提供适宜的学习资源和支持。教师应根据学生的实际情况,调整教学策略,提高教学效果。第五,合作学习。鼓励学生之间的合作与交流,培养学生的团队协作能力和沟通能力。教师可以组织小组讨论、案例分析等活动,让学生在互动中学习,提高他们的自主学习能力。第六,持续改进。教学设计应具有灵活性,能够根据学生的反馈和教学实际情况进行调整。教师应不断反思教学过程,优化教学方法,以提高教学质量。第七,对接产业。紧密联系产业需求,注重培养学生解决实际问题的能力。教师应关注产业发展动态,将产业前沿知识融入教学,为学生未来的就业和发展奠定基础。第八,评价体系。建立科学、合理的评价体系,全面评估学生的学习成果。评价体系应包括过程评价、成果评价、综合素质评价等多个方面,确保评价的公正性和客观性。

基于 OBE 理念的教学设计强调以学生为中心,关注学生的能力培养和全面发展。教师的角色不再仅仅是知识的传授者,更是学生学习的引导者和促进者。教师需要关注学生的学习成果,不断调整教学策略,助力学生达到预期的学习目标。同时,学生也需要积极参与教学活动,主动学习,努力达成学习目标。

4.1　以项目化教学为核心的教学设计思路

国家级应用性示范大学黄河科技学院近年来始终致力于以市场为导向的产教深度融合教学改革,逐步构建起独具特色的基于岗位(群)任务的“2+1+1”产教融合型课程体系,具体思路如图 4-1 所示。第一步,通过对专业对应的岗位(群)和岗位任务展开调研,提炼出该专业的主要岗位任务,并将其转化为项目化任务,再将不同的项目化任务整合为若干项目化教学课程。第二步,将每一门项目化教学课程向前倒推,总结出能够支撑该项目化教学课程实施的知识、素质能力模块,然后将这些知识、素质能力模块加工组合形成该专业所需的若干基础课程。第三步,将项目化教学课程向后延伸,开设若干应用型课程。应用型课程的特点是由大四学生和任课教师组成若干项目组团队,并一起完成企业实际的工作岗位任务,学生由此可获取该岗位工资和该应用型课程学分,让学生实现未毕业先就业,一毕业就成为该工作岗位的“老手”,节省了企业将应届毕业生从岗位“新手”培养为“老手”所需的时间和人力成本。

由该思路组合而成的专业基础课程内容能够支撑相应项目化教学课程,项目化教学课程又可支撑对应的项目化任务,项目化任务又能够支撑起对应的主要岗位任务,从而最终构建起该专业岗位所需的知识技能体系。在该课程体系建设思路引导下,工商管理专业形成了以项目化教学为核心的教学设计框架,每门课程的学习目标、学习内容、教学活动、教学评价都更加具体、细化。

工商管理专业对接产业需求,并基于数字营销和数智人力资源两类市场岗位任务要求,为每个岗位开设了电子商务、运营管理、数字营销、新零售策划与运营、员工招聘实务和员工培训实务等7门项目化教学课程。目前,工商管理专业分岗位对7门项目化课程教学所需的基础知识、能力进行了分解、组合,并形成了18门专业基础课程,以此支撑7门项目化教学课程的教学工作。同时,该专业教师还结合OBE理念,开展课程教学设计,撰写了29门课程教案。

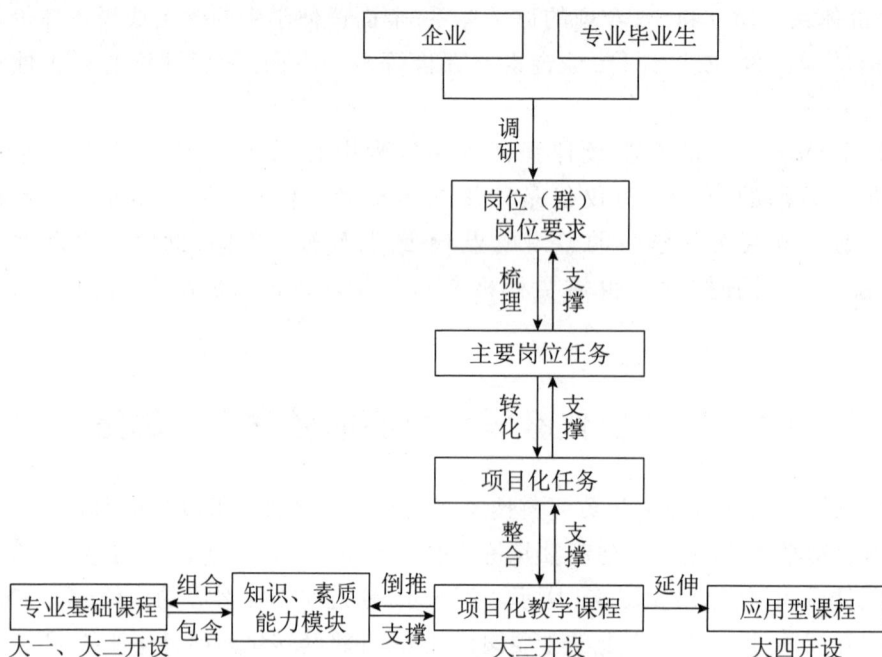

图 4-1 基于岗位(群)任务的"2+1+1"产教融合型课程体系建设思路

4.2 项目化教学课程教学设计

4.2.1 电子商务课程教学设计

1. 课程简介

电子商务课程是工商管理、物流管理、国际贸易等专业的就业方向项目化教学课程,旨在培养互联网时代懂得电商、会做电商的高级应用型人才。本课程主要内容包含电子商务运营模式、自媒体矩阵搭建、微信运营、抖音运营、小红书运营、客户关系管理、商业数据分析等。

2. 教学设计

电子商务项目化教学课程教案如表4-1所示。

表 4-1　电子商务项目化教学课程教案——网店开设并装修

2023—2024 学年第二学期第 12 周

知识建模图：

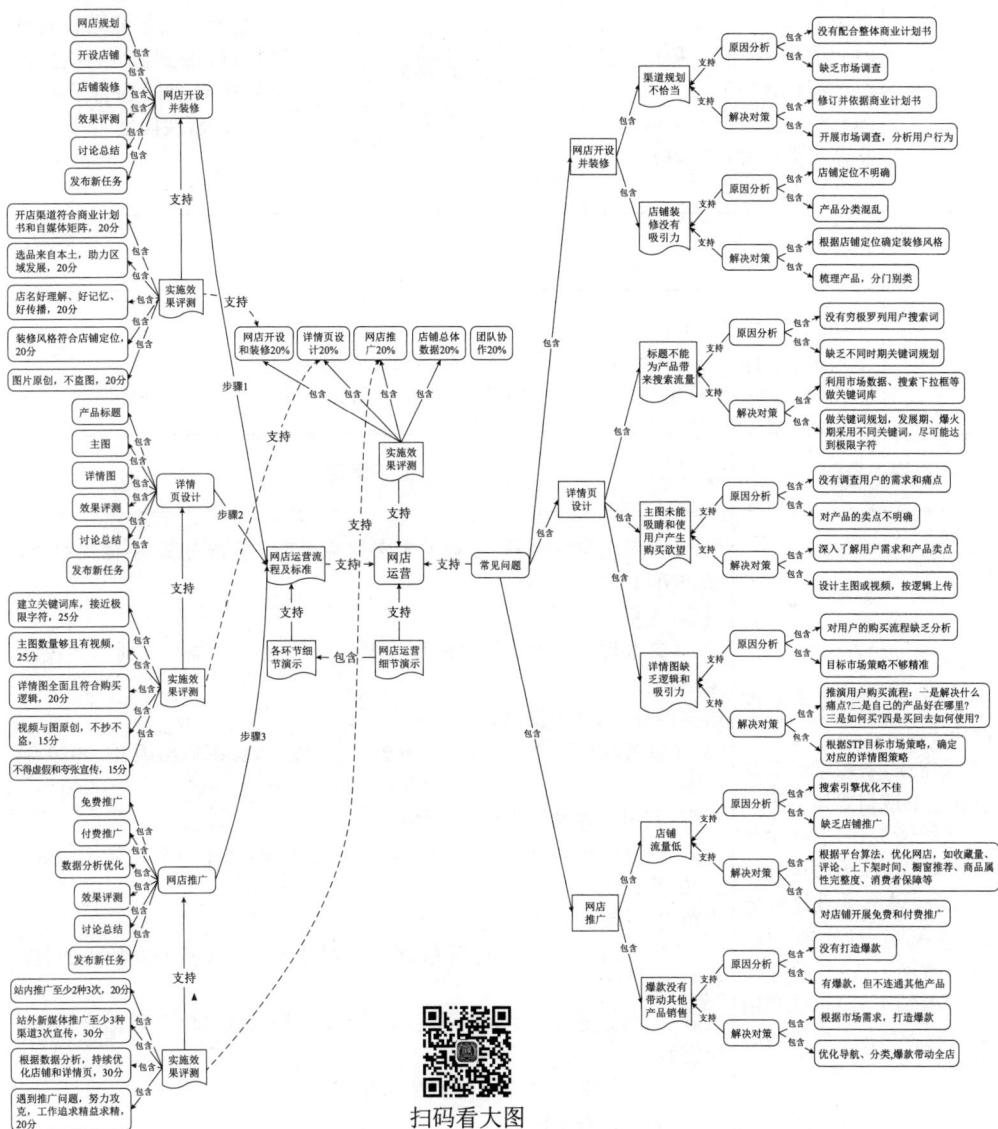

扫码看大图

续表

	知识点（学习水平）	能力目标	素质目标（课程思政点）
学习目标	（1）网店规划、不同平台开设和店铺装修（理解、运用） （2）产品详情页设计（理解、运用） （3）店铺免费推广和付费推广（理解、运用） （4）基于数据优化店铺和产品详情页（理解、运用）	（1）能够结合商业计划书和前期项目调研，具备不同平台开店规划和店铺发展规划的能力 （2）具备网店装修、详情页设计和店铺推广的能力 （3）具备根据数据分析不断优化店铺精益求精的职业精神	（1）具备团队沟通与分工协作的能力 （2）具备抗压能力和创新精神，遇到困难不退缩，积极寻找问题背后的原因，并解决问题

学习先决知识技能	知识点（学习水平）
	（1）市场调查和预测（熟练运用） （2）消费者购买心理和购买行为调查与分析（熟练运用） （3）目标市场 STP（细分、选择、定位）策略（熟练运用）

课上资源	课下资源
（1）（作业）各组学生的网店 （2）（作业）各组学生的商业计划书或自媒体矩阵 （3）（教辅工具）网店运营打分表、网店开设和装修评分表、详情页设计打分表、网店推广打分表 （4）（教辅工具）教学网店 （5）（教辅工具）以往学期学生网店和各平台的网店资源	（1）（参考教材）《免费：商业的未来》，克里斯•安德森著，中信出版社，2015 年 10 月 内容：免费价格引流和转化 （2）（参考教材）《网店商品图片与视频拍摄、处理全能一本通》，人民邮电出版社，解新华等主编，2017 年 5 月 内容：网店图片拍摄、剪辑 （3）（参考教材）《网络营销》，何晓兵等主编，人民邮电出版社，2020 年 8 月 内容：利用各种网络平台做营销推广 （4）（参考教材）《新媒体运营》，冯杜娟等主编，电子科技大学出版社，2020 年 12 月 内容：各种新媒体推广技巧 （5）（参考教材）《电商运营》，郭宝丹等主编，华东理工大学出版社，2022 年 1 月 内容：网店搜索引擎优化、开店、装修、详情页设计、推广、数据分析、网店客服 （6）（网络资源）各电商平台搜索引擎资源 内容：同行优秀案例 （7）（智慧黄科）课件、网店运营技巧，以往学生作业案例等 （8）（人脉）企业人员指导 （9）（网络教学资源）慕课、微课等

续表

课上时间	300 分钟	课下时间	600 分钟	
活动序列	活动目标	时间	学习资源	学习地点
活动 1	网店开设并装修	课上 100 分钟 + 课下 200 分钟	（1）（参考教材）《网店商品图片与视频拍摄、处理全能一本通》，解新华等主编，人民邮电出版社，2017 年 5 月 内容：网店图片拍摄、剪辑 （2）（参考教材）《电商运营》，郭宝丹等主编，华东理工大学出版社，2022 年 1 月 内容：开店、装修 （3）（网络资源）各电商平台搜索引擎资源 内容：同行优秀案例 （4）（智慧黄科）课件、网店运营技巧，以往学生作业案例等 （5）（人脉）企业人员指导 （6）（网络教学资源）慕课、微课等 （7）（作业）各组学生的网店 （8）（教辅工具）网店运营打分表、网店开设和装修评分表	课上 + 课下
活动 2	详情页设计	课上 100 分钟 + 课下 200 分钟	（1）（参考教材）《网店商品图片与视频拍摄、处理全能一本通》，解新华等主编，人民邮电出版社，2017 年 5 月 内容：网店图片拍摄、剪辑 （2）（参考教材）《电商运营》，郭宝丹等主编，华东理工大学出版社，2022 年 1 月 内容：详情页设计 （3）（网络资源）各电商平台搜索引擎资源 内容：同行优秀案例 （4）（智慧黄科）课件、网店运营技巧，以往学生作业案例等 （5）（人脉）企业人员指导 （6）（网络教学资源）慕课、微课等 （7）（作业）各组学生的网店 （8）（教辅工具）网店运营打分表、详情页设计评分表	课上 + 课下

活动序列	活动目标	时间	学习资源	学习地点
活动3	网店推广	课上100分钟＋课下200分钟	（1）（参考教材）《电商运营》，郭宝丹等主编，华东理工大学出版社，2022年1月 内容：免费推广、付费推广 （2）（参考教材）《新媒体运营》，冯杜娟等主编，电子科技大学出版社，2020年12月 内容：各新媒体推广技巧 （3）（网络资源）各电商平台搜索引擎资源 内容：同行优秀案例 （4）（智慧黄科）课件、网店运营技巧，以往学生作业案例等 （5）（人脉）企业人员指导 （6）（网络教学资源）慕课、微课等 （7）（作业）各组学生的网店 （8）（教辅工具）网店运营打分表、网店推广评分表	课上＋课下

活动1知识建模图（课上＋课下）：

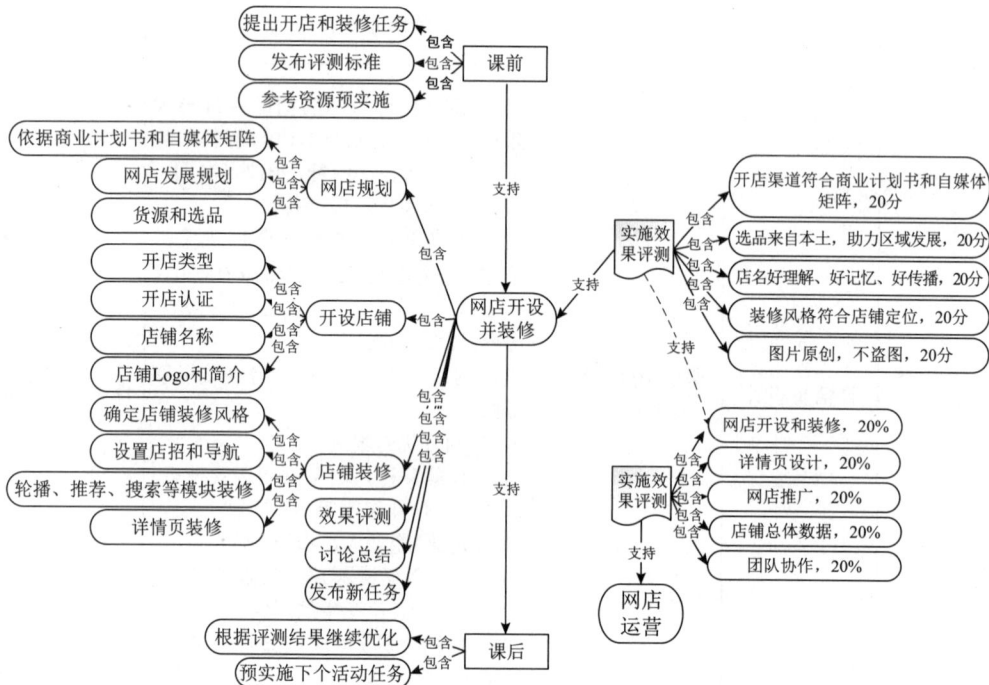

续表

活动目标	(1) 网店规划,包括依据商业计划书和自媒体矩阵规划网店开设和发展、寻找优质货源并选品(理解、运用) (2) 开设店铺,包括开店类型、开店认证、店铺名称、店铺 Logo 和简介(理解、运用) (3) 店铺装修,包括确定装修风格、设置店招和导航、其他模块装修(轮播图、宝贝推荐、搜索推荐等)、详情页装修等(理解、运用)

活动任务序列(导入任务描述)

师生交互过程	根据自媒体矩阵设计,让学生开拓变现的渠道,也就是建立网店的平台 教师问:"根据商业计划书和自媒体矩阵,精准调查用户们一般从什么途径获取信息,然后建立宣传渠道。用户们习惯通过什么途径购买,我们就在哪里建立购买渠道。" 学生:"赞同!"(先使学生认同教师) 教师创设案例情境 1:"选出一个以往卖饰品的小组项目,在小红书和抖音宣传,引流到微信社群和微店购买,你们认为这个安排怎样?" 学生意见分歧:可能部分人会说很常见,也计划这样做;也有部分人会持不同意见,认为小红书和抖音宣传来的流量在转移的过程中会流失,因此倾向于在所有宣传平台建立网店 教师引导:最佳方案是在推广渠道直接变现,但若精力有限也可以只建立部分销售根据地。例如,饰品项目,最好是小红书和抖音都有网店,但也可以只建立微店,随后再逐渐增加小红书店和抖音店。 学生:根据用户购买调研、自媒体矩阵和商业计划书,建立一个或多个网店,并做好网店规划 教师创设操作情境 2:"建立不同渠道,网店应该去哪里找建店入口? 需要做哪些步骤与工作?" 学生主动举手:"手机和计算机操作不同渠道建店入口,根据平台一步一步提示开设店铺。" 教师创设案例情境 3:"这个网店装修怎样? 能不能激发你们的浏览欲?"(展示较差的网点) 学生:"感觉不专业。" 教师追问:"为什么不专业?" 学生:"服装店定位为高端店铺,但是店铺装修却没怎么做,看上去不像是高端店铺。" 教师引导:"能不能找到你认为有购买欲的网店?" 学生操作:找到一个店铺,分析装修的风格、导航、轮播图、详情页装修等 教师:"大家有开网店的潜力,现在开始做网店开设并装修的工作。"

注意事项:

导入任务通常是一节课的开始,不算是正式的每次课的教学活动,不能时间太长,主要目的是唤起学生对和本次课最直接相关的已有的先决知识的记忆,让学生更好地理解本次课

续表

活动任务序列(任务一)

任务一知识组块： 提出开店和装修任务 发布评测标准 参考资源预实施 包含 → 课前	任务描述	采用项目化实训教学策略和方法,教师布置开店和装修任务、发布评测标准,学生以项目小组的形式预实施,达到初步建店的学习结果
	任务时长	课下 200 分钟
	学习地点	课下

教学策略 (或学习策略) (请填写)_____	☐讲授　☑小组讨论　☑答疑　☐实验　☑实训　☑自主学习　☐翻转课堂　☐其他
师生交互过程	教师在上次课结束前布置任务并发布评测标准,学生根据要求课下预实施 教师线上线下随时接受学生提问和探讨,多用启发式和鼓励式的教学方法,让他们独立探索、互相讨论和帮助,并与团队协作完成预实施
学习资源	(1)(参考教材)《网店商品图片与视频拍摄、处理全能一本通》,解新华等主编,人民邮电出版社,2017 年 5 月 内容:网店图片拍摄、剪辑 (2)(参考教材)《电商运营》,郭宝丹等主编,华东理工大学出版社,2022 年 1 月 内容:开店、装修 (3)(网络资源)各电商平台搜索引擎资源 内容:同行优秀案例 (4)(智慧黄科)课件、网店运营技巧、以往学生作业案例等 (5)(人脉)企业人员指导 (6)(网络教学资源)慕课、微课等 (7)(作业)各组学生的网店 (8)(教辅工具)网店运营打分表、网店开设和装修评分表

学习成果及评价标准	学习成果:至少开设一个网店,并初步装修 评价标准:

	项　目	细　　则	完全符合 (20 分)	基本符合 (10 分)	不符合 (0 分)
	网店开设并装修	开店渠道符合商业计划书和自媒体矩阵			
		选品来自本土,助力区域发展			
		店名好理解、好记忆、好传播			
		装修风格符合店铺定位			
		图片原创,不盗图			
		合计			

备注	(1)网店起名涉及多个方面的问题 (2)装修风格略微混乱,还需要对学生进行指导

续表

<table>
<tr><td colspan="3" align="center">活动任务序列(任务二)</td></tr>
<tr>
<td rowspan="3" align="center">任务二知识组块:

依据商业计划书和自媒体矩阵
网店发展规划　包含
货源和选品　包含　包含　网店规划</td>
<td align="center">任务
描述</td>
<td>采用项目汇报、小组讨论和讲授相结合的教学策略与方法,使学生达到能够进行网店规划的学习结果</td>
</tr>
<tr>
<td align="center">任务
时长</td>
<td>15 分钟</td>
</tr>
<tr>
<td align="center">学习
地点</td>
<td>课上</td>
</tr>
<tr>
<td align="center">教学策略
(或学习
策略)</td>
<td colspan="2">☑讲授　☑小组讨论　□答疑　□实验　□实训　□自主学习　□翻转课堂　☑其他
(请填写)项目汇报</td>
</tr>
<tr>
<td align="center">师生交互
过程</td>
<td colspan="2">(1)教师提问以导入任务:"网店开设的第一步是干什么?"
学生答:"网店规划。"
(2)随机抽选一个小组从商业计划书和自媒体矩阵、网店发展规划、货源和选品三个方面汇报如何做网店规划,汇报的形式是 PPT 和实操。
(3)集体点评讨论其网店规划是否合理,有没有可以优化的空间,并提出建议。探讨中常见的问题和引导如下。
学生提问:"商业计划书和自媒体矩阵不够科学,能不能修正?"
教师引导:"受经验局限,以及市场变化,尤其电商行业计划总是跟不上变化,可以修正。"
学生提问:"货源方面供应商不愿意给低价,怎么办?"
教师引导:"一方面持续探寻性价比高的货源,另一方面如果做不到量大,供应商很难初期合作就直接给底价。"
(4)教师总结:"网店规划是初期最重要的工作,为后续运营奠定方向和基础。一定要进行用户调研、竞争调研、自我调研,依据商业计划书和自媒体矩阵做网店发展规划,并选好货源和产品。"</td>
</tr>
<tr>
<td align="center">学习资源</td>
<td colspan="2">(1)(作业)各组学生的网店
(2)(作业)各组学生的商业计划书或自媒体矩阵
(3)(教辅工具)网店运营打分表、网店开设和装修评分表
(4)(教辅工具)教学网店
(5)(教辅工具)以往学期学生网店和各平台的网店资源</td>
</tr>
<tr>
<td align="center">学习成果
及评价
标准</td>
<td colspan="2">学习成果:重新优化各组的网站规划
评价标准:
(1)优化商业计划书和自媒体矩阵,30 分
(2)优化网站发展规划,30 分
(3)确定货源和产品,40 分</td>
</tr>
<tr>
<td align="center">备注</td>
<td colspan="2">(1)网店规划涉及许多方面的问题
(2)商业计划书和自媒体矩阵不够清晰,仍需要对学生进行指导</td>
</tr>
</table>

续表

	活动任务序列（任务三）		
任务三知识组块： 开店类型 开店认证 店铺名称 店铺Logo和简介 包含 开设店铺		任务描述	采用项目汇报、小组讨论和讲授相结合的教学策略与方法，达到能够开设店铺的学习结果
		任务时长	15分钟
		学习地点	课上
教学策略（或学习策略）	☑讲授 ☑小组讨论 □答疑 □实验 □实训 □自主学习 □翻转课堂 ☑其他（请填写）项目汇报		
师生交互过程	（1）教师提问以导入任务："网店开设的关键点是什么？" 学生答："开店类型、开店认证、店铺名称、店铺Logo和简介等。" （2）随机抽选一个小组从开店类型、开店认证、店铺名称、店铺Logo和简介等方面汇报如何在平台开设店铺，汇报的形式是PPT和实操 （3）集体点评讨论其店铺名称、Logo和简介等有没有可以优化的空间，并提出建议。 探讨中常见的问题和引导如下： 学生提问："要不要交保证金？" 教师引导："一切以小成本运营为主的店铺，前期可以暂缓交。" 学生提问："如何起个好名字？" 教师引导："这是一个千古难题！以往所见所闻积累、网络查找等都可以作为参考，整体原则是好理解、好记忆、好传播。" 学生提问："Logo设计难怎么办？" 教师引导："与网店寓意相吻合即可。软件推荐是Photoshop，网站推荐是各类在线Logo设计网。" （4）教师总结："店铺的开设一旦定下就很难改变了，尤其是店名，所以要谨慎对待店铺开设的各个环节。开店类型应根据实际情况，以有利经营为标准来确定；开店认证属于个人和企业认证；店铺名称要集思广益，要求是好理解、好记忆、好传播，与网店呼应；店铺Logo需要有设计思想，可以参考其他店铺，并用相关软件帮助设计；店铺简介需要简单明了，体现核心卖点。"		
学习资源	（1）（作业）各组学生的网店 （2）（作业）各组学生的商业计划书或自媒体矩阵 （3）（教辅工具）网店运营打分表、网店开设和装修评分表 （4）（教辅工具）教学网店 （5）（教辅工具）以往学期学生网店和各平台的网店资源		
学习成果及评价标准	学习成果：至少开设一个网店 评价标准： （1）店名与店铺定位吻合，25分 （2）Logo体现店铺风格，25分 （3）店铺简介最多三个核心卖点，25分 （4）开店认证齐全，25分		
备注	（1）开设店铺涉及许多问题 （2）对于设置店铺的名称、简介和Logo比较模糊，需要教师进行指导		

续表

	活动任务序列(任务四)		
任务四知识组块: 	任务 描述		采用项目汇报、小组讨论和讲授相结合的教学策略与方法,使学生达到能够装修店铺的学习结果
	任务 时长		15分钟
	学习 地点		课上
教学策略 (或学习 策略)	☑ 讲授 ☑ 小组讨论 □ 答疑 □ 实验 □ 实训 □ 自主学习 □ 翻转课堂 ☑ 其他 (请填写)项目汇报		
师生交互 过程	(1)教师提问以导入任务:"店铺装修的关键点是什么?" 学生答:"确定店铺装修风格、设置店招和导航、其他模块的装修(如轮播、推荐、搜索等模块)、详情页装修等。" (2)随机抽选一个小组从确定店铺装修风格、设置店招和导航、其他模块的装修(如轮播、推荐、搜索等模块)、详情页装修等方面汇报如何做好店铺装修,汇报的形式是PPT和实操 (3)集体点评讨论其店铺装修风格、店招和导航、其他模块的装修(如轮播、推荐、搜索等模块)、详情页装修等有没有可以优化的空间,并提出建议。探讨中常见的问题和引导如下: 学生提问:"轮播一般是哪些图?" 教师引导:"热门产品、新产品、最新活动等。" 学生提问:"详情页和首页风格可以不同吗?" 教师引导:"你们可以去网上看看,借鉴不同网店,就会发现详情页和首页风格整体都是一致的,可以根据产品类型略有差异。" (4)教师总结:"网店装修是店铺给用户最直观的感受,能不能购买、转化很多时候取决于店铺装修给用户的第一印象。因此,装修风格要基于整店的定位确定;店招要简单醒目;导航分类要清晰且四通八达;轮播图主要是热门产品、新产品和活动图;推荐模块需有自助推和平台自动推;详情页装修要符合整店装修风格,但根据产品情况可以略有差异。"		
学习资源	(1)(作业)各组学生的网店 (2)(作业)各组学生的商业计划书或自媒体矩阵 (3)(教辅工具)网店运营打分表、网店开设和装修评分表 (4)(教辅工具)教学网店 (5)(教辅工具)以往学期学生网店和各平台的网店资源		
学习成果 及评价 标准	学习成果:店铺基本装修完整 评价标准: (1)装修风格与店铺定位吻合,20分 (2)店招有店名和Logo、背景图,20分 (3)至少三个轮播,10分 (4)宝贝推荐至少3个产品,10分 (5)有搜索框,10分 (6)导航有一级分类和二级分类,10分 (7)详情页有装修且与整体店装修风格一致,20分		

备注	(1) 店铺装修涉及许多问题 (2) 对于店铺装修的风格和店铺定位比较模糊,需要教师进行指导

活动任务序列(任务五)

任务五知识组块:

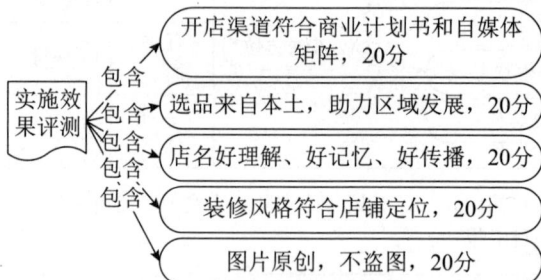

任务描述	采用小组讨论的教学策略与方法,使学生达到能够开设网店并对装修模块的实施效果进行评测,并在一定程度上互相学习的结果
任务时长	30 分钟
学习地点	课上
教学策略 (或学习策略)	□讲授　☑小组讨论　□答疑　□实验　□实训　□自主学习　□翻转课堂　□其他(请填写)_____
师生交互过程	(1) 教师引导:根据评分标准,对所有小组网店进行打分。在打分过程中,每个组完成两个任务:一是择其善者而从之,其不善者而改之;二是记录每个小组的问题,将问题和建议给其他组,帮助其优化和成长 (2) 每个小组按顺序将网店链接发送至课程微信群 (3) 以小组为单位,对各组网店的规划、开设和装修情况打分,通过组内分工,分别记录其他组的问题和建议,并提交给被打分小组,被打分小组根据意见在课下继续优化本组网店 (4) 自评和他评分数合并,形成每个组在网店开设和装修方面的分数
学习资源	(1)(作业)各组学生的网店 (2)(作业)各组学生的商业计划书或自媒体矩阵 (3)(教辅工具)网店运营打分表、网店开设和装修评分表

学习成果及评价标准	学习成果:至少开设一个网店,并进行初步装修,获得打分以及其他同学给的优化建议 评价标准:

项目	细　则	完全符合 (20分)	基本符合 (10分)	不符合 (0分)
网店开设并装修	开店渠道符合商业计划书和自媒体矩阵			
	选品来自本土,助力区域发展			
	店名好理解、好记忆、好传播			
	装修风格符合店铺定位			
	图片原创,不盗图			
	合计			

续表

备注	（1）对店铺实施的效果进行打分 （2）学生开设网店经验欠缺，需要教师进行指导

活动任务序列（任务六）

任务六知识组块：

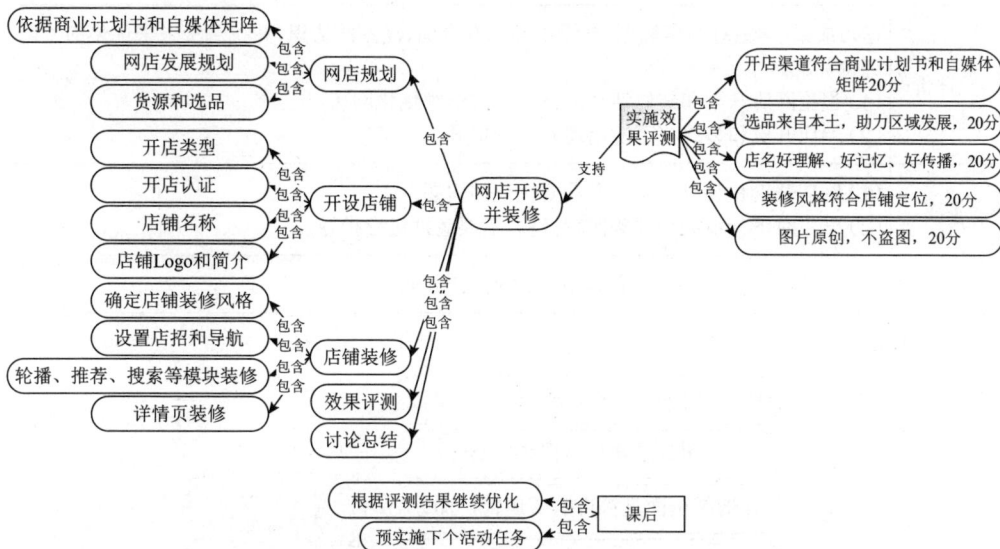

任务描述	采用讲授、答疑的教学策略与方法，使学生达到能够开设网店并对装修活动模块的要点进行总结的学习结果，这是一个闭环收尾的环节
任务时长	15 分钟
学习地点	课上
教学策略 （或学习 策略）	☑讲授　□小组讨论　☑答疑　□实验　□实训　□自主学习　□翻转课堂　□其他 （请填写）_____
师生交互 过程	（1）教师引导："这是网店开设与装修模块的闭环收尾环节，大家看了其他小组网店，不仅能够找到自己的差距，也能够找到优化的方向。" （2）常见问题和内容总结："网店规划是初期最重要的工作，为后续运营奠定方向和基础。一定要进行用户调研、竞争调研、自我调研，依据商业计划书和自媒体矩阵做网店发展规划，并选好货源和产品。店铺的开设一旦定下，就很难改变，尤其是店名，所以要谨慎对待店铺开设的各个环节。开店类型根据实际情况，以有利经营为标准来确定；开店认证属于个人和企业认证；店铺名称要集思广益，要求是好理解、好记忆、好传播，与网店呼应；店铺 Logo 需要有设计思想，可以参考其他店铺，并用相关软件帮助设计；店铺简介需要简单明了，体现核心卖点。网店装修是店铺给用户最直观的感受，能不能购买、转化很多时候取决于店铺装修给用户第一印象。因此，装修风格要基于整店的定位确定；店招要简单醒目；导航要分类清晰且四通八达；轮播图主要是热门产品、新产品和活动图；推荐模块要有自助推和平台自动推；详情页装修要符合整店装修风格，但根据产品情况可以略有差异。"

续表

学习资源	(1)(作业)各组学生的网店 (2)(作业)各组学生的商业计划书或自媒体矩阵 (3)(教辅工具)网店运营打分表、网店开设和装修评分表 (4)(教辅工具)教学网店 (5)(教辅工具)以往学期学生网店和各平台的网店资源
学习成果及评价标准	学习成果:学生对网店规划、开设和装修有全面、深刻的认识,并找到接下来优化的方向 评价标准: (1)根据网店开设和装修活动的评价标准继续优化网店 (2)网店开设和装修在下次出现有质的提升
备注	(1)网店开设和装修存在许多需要优化的问题 (2)学生对下一步活动任务比较模糊,需要老师进行指导

活动任务序列(任务七)

任务七知识组块:

任务描述	采用讲授、答疑、翻转课堂、智慧黄科等的教学策略与方法,使学生达到能够开设网店并进行装修活动模块的项目优化和详情页设计活动模块预实施的学习结果,这是一个承上启下的环节
任务时长	10分钟
学习地点	课上
教学策略 (或学习策略)	☑讲授 □小组讨论 ☑答疑 □实验 □实训 □自主学习 ☑翻转课堂 ☑其他 (请填写)智慧黄科
师生交互过程	(1)教师引导:"开设店铺后,接下来最重要的工作是什么?" 学生答:"产品上传。" (2)教师讲解产品上传中详情页设计的三大内容:标题、主图和详情图,以及评分标准 (3)强调评分标准中对学生思政教学及职业精神的引导,视频和图片要原创,不抄不盗,不得虚假和夸张宣传 (4)本部分任务要求提出得越详细越好,因此可以适当用教师店铺教学,演示操作标准

续表

学习资源	（1）（参考教材）《网店商品图片与视频拍摄、处理全能一本通》，人民邮电出版社，解新华等主编，2017 年 5 月 内容：网店图片拍摄、剪辑 （2）（参考教材）《电商运营》，华东理工大学出版社，郭宝丹等主编，2022 年 1 月 内容：详情页设计 （3）（网络资源）各电商平台搜索引擎资源 内容：同行优秀案例 （4）（智慧黄科）课件、网店运营技巧，以往学生作业案例等 （5）（人脉）企业人员指导 （6）（网络教学资源）慕课、微课等 （7）（作业）各组学生的网店 （8）（教辅工具）网店运营打分表、网店详情页设计评分表
学习成果及评价标准	学习成果：明确详情页设计活动要求和标准 评价标准： （1）各小组明确详情页活动要求和实施效果评测标准，50 分 （2）所有学生打开智慧黄科下载评测标准，30 分 （3）下载并查看以往学生网店详情页的设计，20 分
备注	（1）对开设的网店和装修项目进行问题优化 （2）学生对详情页设计活动模板的下一步比较模糊，需要教师进一步指导

4.2.2　运营管理课程教学设计

1. 课程简介

以培养企业运营经理（或项目经理、车间主任）应具备的岗位知识技能为目标，共设计 16 个项目。其中安排了参观学习项目 2 次，期终项目复盘 1 次。其余 13 个项目为撰写相关策划书，分别为运营管理类岗位设计、项目管理、商业模式选择、产品或服务开发、流程设计及运营能力规划、项目选址、平面布局、作业计划与 ERP 系统、库存管理、丰田生产方式、供应链管理、质量管理、新运营方式。这些项目基本涵盖了企业运营管理类岗位的大部分技能要求。

2. 教学设计

运营管理项目化教学课程效果如表 4-2 所示。

表 4-2　运营管理项目化教学课程效果——项目管理

2024 年第一学期第 2 周

知识建模图:

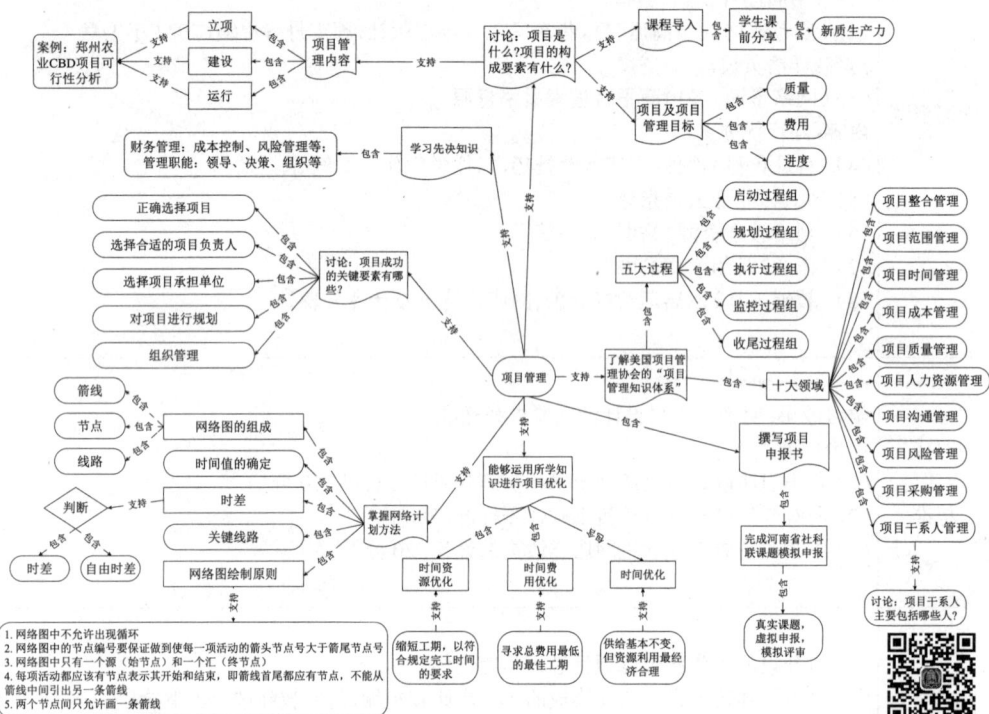

扫码看大图

	知识点(学习水平)	能力目标	素质目标(课程思政点)
学习目标	(1)项目的概念、项目管理的目标、内容和组织管理方面的内容 (2)运用网络计划技术优化项目时间、费用、资源等能力 (3)运用所学知识进行项目申报与管理	(1)具备申报项目的一般能力 (2)能将项目管理的相关知识运用到项目管理之中 (3)掌握项目优化的方法	(1)导入"新质生产力"内容学习,让学生了解中央最新政策和本学科发展前沿动态 (2)导入河南省委、省政府以"项目为王"推动"三个一批"的战略部署,让学生了解政府是如何以项目为抓手推进重点工作的
学习先决知识技能	知识点(学习水平)		
	财务管理:成本控制、风险管理等		
	管理职能:领导、决策、组织等		
课上资源	课程教案、PPT、学生提前撰写的申报书、试题库等	课下资源	智慧黄科学习中心视频

续表

课上时间	150 分钟	课下时间		300 分钟
活动序列	活动目标	地点	时间	学习资源
活动 1	认识项目及项目管理	课上	30 分钟	教案、PPT
		课下	30 分钟	视频、教材
活动 2	项目成功的关键要素	课上	20 分钟	教案、PPT
		课下	20 分钟	视频、教材
活动 3	网络计划方法	课上	25 分钟	教案、PPT
		课下	25 分钟	视频、教材
活动 4	项目优化	课上	25 分钟	教案、PPT
		课下	25 分钟	视频、教材
活动 5	项目申报	课上	50 分钟	教案、学生任务成果、PPT 等
		课下	200 分钟	视频、教材

活动 1 知识建模图（课上 + 课下）：

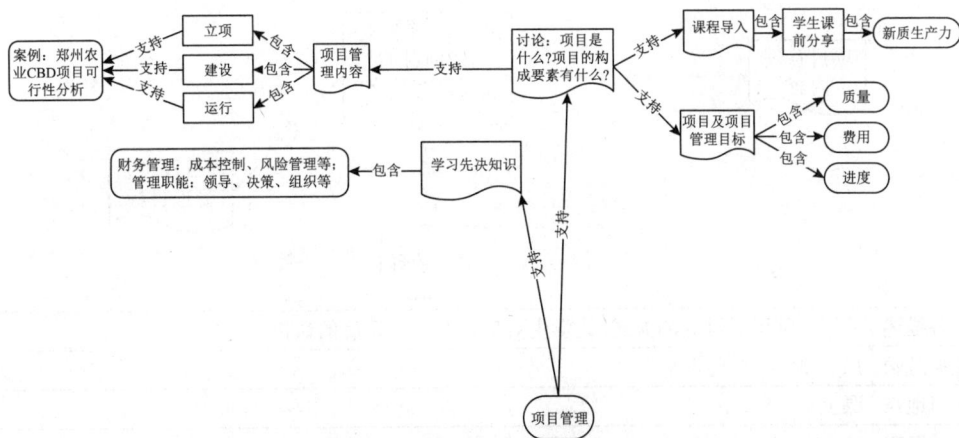

活动目标	理解项目的概念、项目管理的目标、内容,培养学生运营岗位项目管理的初步能力
活动任务序列（导入任务描述）	
师生交互过程	教师提问:"如何理解各地提出的'项目为王',思考什么是项目? 为什么这么提?"
活动任务序列（任务一）	

任务一知识组块:

任务描述	采用学生汇报的方式,让学生对新质生产力有一个正确的认识
任务时长	10 分钟
学习地点	课上

教学策略（或学习策略）	☑讲授 ☑小组讨论 □答疑 □实验 □实训 ☑自主学习 ☑翻转课堂 □其他（请填写）_____
师生交互过程	教师行为：点评；学生行为：小组汇报；学习方法：互动 首先由任务小组提前做好汇报PPT，本期主题为"新质生产力"，学生汇报时间6分钟左右，教师讲评3分钟左右，合计时长10分钟。然后教师根据学生汇报情况进行点评
学习资源	（1）"新质生产力"是什么生产力 （2）新名词来袭！什么是新质生产力？ （3）总书记提到的"新质生产力"，究竟是什么？
学习成果及评价标准	PPT制作精美（20%），汇报内容翔实准确（60%），现场汇报（20%），百分制，由任课教师和学委根据汇报进行评分
备注	学生自学能力很强，PPT制作精美，汇报流畅；提醒学生控制时间

活动任务序列（任务二）

任务二知识组块：

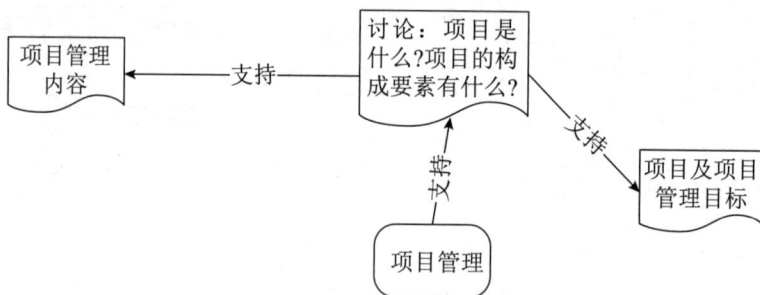

任务描述	采用教师引导讨论的方式，让学生对项目有一个正确的认识
任务时长	10分钟
学习地点	课上
教学策略（或学习策略）	☑讲授 ☑小组讨论 □答疑 □实验 □实训 □自主学习 ☑翻转课堂 □其他（请填写）_____
师生交互过程	教师首先抛出问题："项目是什么？" 由学生根据课前预习和视频学习进行回答 教师根据学生回答情况进行引导，直到学生对项目有一个准确的认识。项目是为创建某一专门产品、服务或成果而临时进行的一次性努力，更具体来说是用有限的资源、有限的时间为特定客户完成特定目标的一次性工作
学习资源	（1）（参考教材）《运营管理》，马风才，机械工业出版社，第六版，2021年7月，第2章"运营战略、竞争力与生产率" （2）（智慧黄科）学习中心 （3）（网上资源）百度百科等

学习成果及评价标准	(1) 掌握"项目"概念 (2) 完成智慧黄科学习中心的任务 2 相关视频学习 (3) 完成智慧黄科学习中心的课程讨论 (4) 集中完成智慧黄科学习中心的课程测验
备注	学生对项目有一个基本认识,但不太了解,需要督促学生课下养成自学习惯

活动任务序列(任务三)

任务三知识组块:

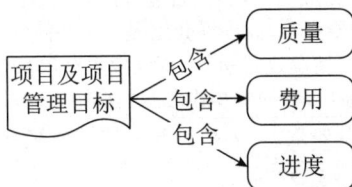

任务描述	采用教师引导的方式,让学生理解项目管理的目标构成要素
任务时长	10 分钟
学习地点	课上
教学策略 (或学习策略)	☑ 讲授　☑ 小组讨论　□ 答疑　□ 实验　□ 实训　□ 自主学习　☑ 翻转课堂　□ 其他(请填写)_____
师生交互过程	教师首先抛出问题:"项目管理的目标是什么?" 由学生根据课前预习和视频学习进行回答 教师根据学生回答情况进行引导,直到对项目有一个准确的认识:质量、费用、时间。然后教师引导学生分别对三个目标进行更深入地认识,如怎么认识"质量目标",为什么要"控制费用"等。最后根据学生讨论及回答问题的情况进行引导
学习资源	(1) (参考教材)《运营管理》,马风才,机械工业出版社,第六版,2021 年 7 月,第 2 章"运营战略、竞争力与生产率" (2) (智慧黄科)学习中心 (3) (网上资源)百度百科等
学习成果及评价标准	(1) 掌握项目管理的目标 (2) 完成智慧黄科学习中心的任务 2 相关视频学习 (3) 完成智慧黄科学习中心的课程讨论 (4) 集中完成智慧黄科学习中心的课程测验
备注	学生对质量目标的把握不准确,需要加强引导

活动任务序列(任务四)

任务四知识组块:

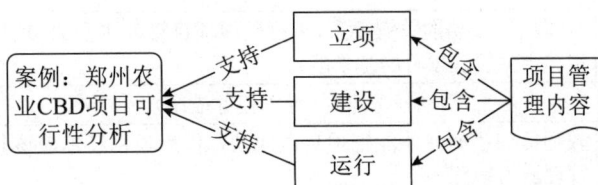

续表

任务描述	采用学生自学的方式,让学生掌握项目管理的相关内容
任务时长	30分钟
学习地点	课下
教学策略 (或学习 策略)	☑讲授 ☑小组讨论 □答疑 □实验 □实训 ☑自主学习 ☑翻转课堂 □其他(请填写)_____
师生交互 过程	教师课下通过课程群完成以下内容:首先介绍郑州农业CBD项目的前因后果,引导学生了解项目管理的主要内容,并根据介绍提出一些问题,如项目如何立项?待学生回答后,教师根据学生回答情况进行引导,直到学生对项目管理的内容有一个准确的认识:立项、建设和运行。最后,教师要积极在微信群中互动,及时了解学生学习情况
学习资源	(1)(参考教材)《运营管理》,马风才,机械工业出版社,第六版,2021年7月,第2章"运营战略、竞争力与生产率" (2)(智慧黄科)学习中心 (3)(研究报告)《郑州农业CBD项目可行性分析》
学习成果 及评价 标准	(1)掌握项目管理的内容 (2)完成智慧黄科学习中心的任务2相关视频学习 (3)完成智慧黄科学习中心的课程讨论 (4)集中完成智慧黄科学习中心的课程测验
备注	学生自学基本能够满足教学需要,能够达到项目经理对项目管理的基本要求

活动2知识建模图(课上+课下):

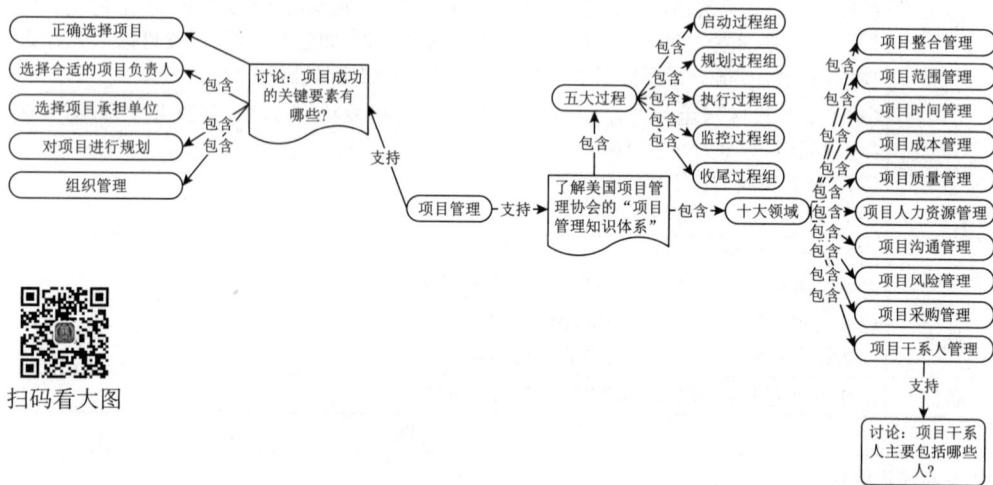

扫码看大图

活动目标	掌握项目成功的关键要素,了解美国项目管理协会的"项目管理知识体系",培养学生管理项目的基本能力
	活动任务序列(导入任务描述)
师生交互过程	教师提问:"如何才能把项目做成功?作为项目经理应该具备什么样的项目管理能力?"

续表

活动任务序列（任务一）

任务一知识组块：

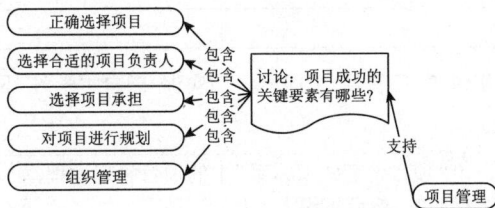

任务描述	采用讲授、讨论的方式,让学生掌握项目成功的关键要素
任务时长	10 分钟
学习地点	课上
教学策略（或学习策略）	☑ 讲授　☑ 小组讨论　☐ 答疑　☐ 实验　☐ 实训　☐ 自主学习　☑ 翻转课堂　☐ 其他（请填写）_____
师生交互过程	教师结合课前让大家撰写的项目申报书进行展开,组织大家讨论项目申报书如何才能立项,以及发包单位和评委专家关注点在哪里,继而引出相关内容 项目申报网址:关于组织申报河南省社科联 2024 年度调研课题的通知 - 社科调研课题 - 中原人文社科网 - 河南省社会科学界联合会主办 分享 1 份教师自己的项目申报书,供学生参考
学习资源	(1)"新质生产力"是什么生产力 (2)新名词来袭! 什么是新质生产力? (3)总书记提到的"新质生产力",究竟是什么?
学习成果及评价标准	(1)(参考教材)《运营管理》,马风才,机械工业出版社,第六版,2021 年 7 月,第 2 章"运营战略、竞争力与生产率" (2)智慧黄科学习中心的任务 2 相关视频学习 (3)关于组织申报河南省社科联 2024 年度调研课题的通知
备注	学生撰写项目申报书很认真

活动任务序列（任务二）

任务二知识组块：

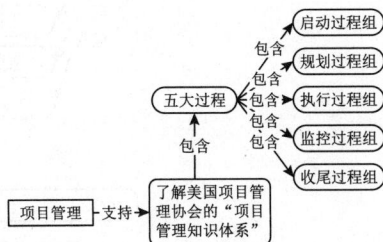

续表

任务描述	采用教师引导讨论的方式,让学生了解美国项目管理协会的"项目管理知识体系"中"五大过程"的内容
任务时长	10 分钟
学习地点	课上
教学策略(或学习策略)	☑ 讲授　☑ 小组讨论　☐ 答疑　☐ 实验　☐ 实训　☐ 自主学习　☑ 翻转课堂　☐ 其他(请填写)_____
师生交互过程	教师组织大家讨论"项目管理知识体系"中的项目管理过程,如如何认识五大过程,学生根据课前预习进行回答,然后组织大家讨论 项目管理的五大过程:①项目的启动过程;②项目的计划过程;③项目的实施过程;④项目的控制过程;⑤项目的收尾过程。这五个项目管理的过程贯穿项目的整个生命周期 根据学生讨论及回答问题的情况进行引导
学习资源	(1)(参考教材)《运营管理》,马风才,机械工业出版社,第六版,2021 年 7 月,第 2 章"运营战略、竞争力与生产率" (2)(智慧黄科)学习中心 (3)(网上资源)百度百科等
学习成果及评价标准	(1)掌握项目管理五大过程的内容 (2)完成智慧黄科学习中心的任务 2 相关视频学习 (3)完成智慧黄科学习中的课程讨论 (4)集中完成智慧黄科学习中心的课程测验
备注	全面了解认识项目管理的五大过程对学生了解项目全貌具有非常重要的意义

活动任务序列(任务三)

任务三知识组块:

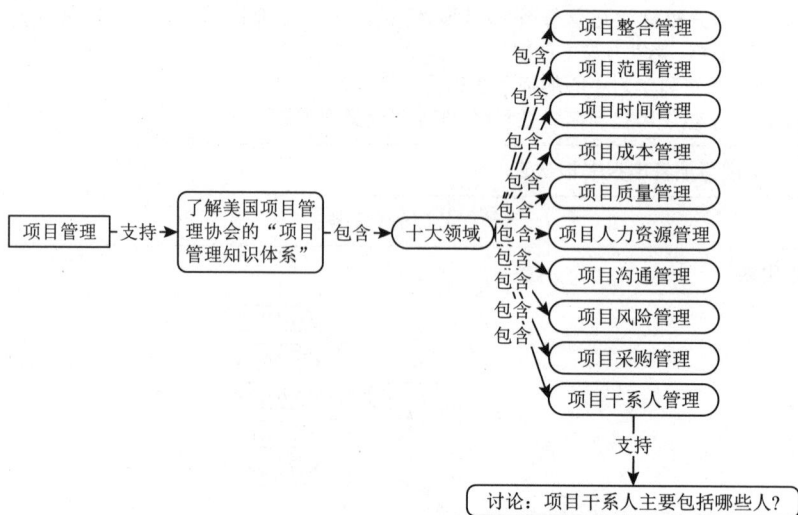

任务描述	采用教师引导的方式,让学生了解美国项目管理协会的"项目管理知识体系"中十大领域的内容
任务时长	10 分钟
学习地点	课下
教学策略(或学习策略)	☑讲授 ☑小组讨论 □答疑 □实验 □实训 ☑自主学习 ☑翻转课堂 □其他(请填写)_____
师生交互过程	教师课下通过课程群完成以下内容:组织学生讨论"项目管理知识体系"中的项目管理十大领域,学生根据课前预习进行回答 教师根据学生讨论的情况进行引导,帮助学生完成各项学习讨论任务
学习资源	(1)(参考教材)《运营管理》,马风才,机械工业出版社,第六版,2021 年 7 月,第 2 章"运营战略、竞争力与生产率" (2)(智慧黄科)学习中心 (3)(网上资源)百度百科等
学习成果及评价标准	(1)掌握项目管理十大领域的内容 (2)完成智慧黄科学习中心任务 2 的相关视频学习 (3)完成智慧黄科学习中心的课程讨论 (4)集中完成智慧黄科学习中心的课程测验
备注	对项目管理十大领域内容的理解是做好项目经理的基本要求之一

活动任务序列(任务四)

任务四知识组块:		
	任务描述	采用学生自学的方式,让学生讨论项目干系人有哪些
	任务时长	10 分钟
	学习地点	课下

项目干系人管理
支持
讨论:项目干系人主要包括哪些人?

教学策略(或学习策略)	☑讲授 ☑小组讨论 □答疑 □实验 □实训 ☑自主学习 ☑翻转课堂 □其他(请填写)_____
师生交互过程	教师课下通过课程群完成以下内容: 教师提问:"项目干系人主要包括哪些?" 学生通过手机进行查询,然后根据查询情况进行回答

续表

师生交互过程	(1)产品经理 (2)客户或用户 (3)执行组织 (4)项目组成员 (5)项目管理团队 (6)资助人 (7)发起人 (8)权力阶层 (9)项目管理办公室(PMO) (10)其他人员 教师微信群互动及时了解学生学习情况
学习资源	(1)(参考教材)《运营管理》,马风才,机械工业出版社,第六版,2021 年 7 月,第 2 章"运营战略、竞争力与生产率"相关内容 (2)智慧黄科学习中心的任务 2 相关视频学习 (3)(网上资源)项目干系人主要包括哪些人
学习成果及评价标准	(1)掌握项目干系人的内容 (2)完成智慧黄科学习中心任务 2 的相关视频学习 (3)完成智慧黄科学习中心的课程讨论 (4)集中完成智慧黄科学习中心的课程测验
备注	搞清楚项目干系人是做好项目管理非常重要的一项内容

活动 3 知识建模图(课上 + 课下):

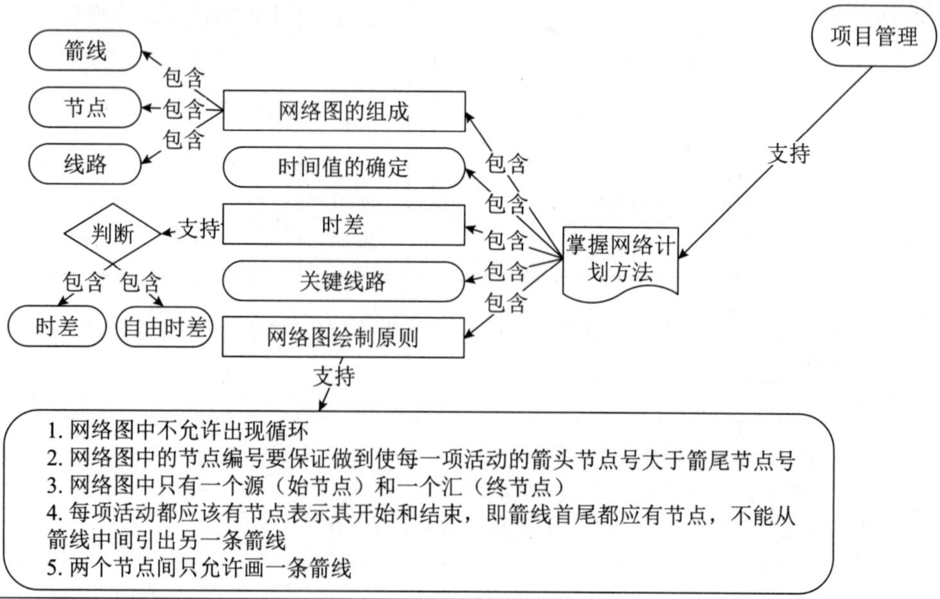
项目管理
支持
掌握网络计划方法
包含
网络图的组成
时间值的确定
时差
关键线路
网络图绘制原则
箭线
节点
线路
判断
支持
时差
自由时差
1. 网络图中不允许出现循环
2. 网络图中的节点编号要保证做到使每一项活动的箭头节点号大于箭尾节点号
3. 网络图中只有一个源(始节点)和一个汇(终节点)
4. 每项活动都应该有节点表示其开始和结束,即箭线首尾都应有节点,不能从箭线中间引出另一条箭线
5. 两个节点间只允许画一条箭线

活动目标	学习掌握网络计划方法,能够运用网络计划方法解决项目规划相关问题,培育学生使用管理工具进行管理项目的能力

活动任务序列(导入任务描述)

师生交互过程	教师提问:"既然项目管理这么重要,那应该如何进行管理呢? 能不能借助一些工具提升项目管理的效率?"

活动任务序列(任务一)

任务一知识组块: 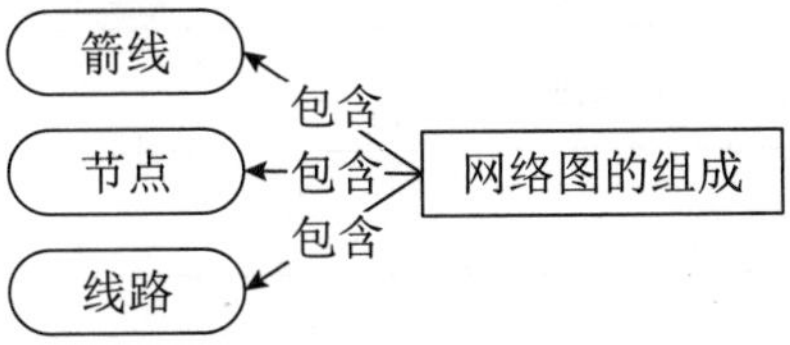 箭线 —包含→ 网络图的组成 节点 —包含→ 线路 —包含→	任务描述	采用自学的方式,让学生掌握网络图组成的知识
	任务时长	10 分钟
	学习地点	课下

教学策略(或学习策略)	☑讲授　☑小组讨论　□答疑　□实验　□实训　☑自主学习　☑翻转课堂　□其他(请填写)_____
师生交互过程	教师课下通过课程群完成以下内容: 教师首先提问:"你们了解项目管理的技术方法吗? 如何更好地通过管理工具进行项目规划、控制与实施",进而引出本部分教学内容。接着简单介绍网络计划技术方法的起源及发展,最终落实到网络图的组成 箭线——网络图中每一条箭线代表一项活动 节点——代表事项 线路——代表的是一个作业过程 认识网络图是做好项目管理的基础
学习资源	(1)(参考教材)《运营管理》,马风才,机械工业出版社,第六版,2021 年 7 月,第 2 章"运营战略、竞争力与生产率"相关内容 (2)智慧黄科学习中心的任务 2 相关视频学习 (3)第三章‐工程网络计划的编制方法及时间参数的计算(四)
学习成果及评价标准	(1)掌握网络图的构成要素 (2)完成智慧黄科学习中心的任务 2 相关视频学习 (3)完成智慧黄科学习中心的课程讨论 (4)集中完成智慧黄科学习中心的课程测验
备注	绘制网络图需要细心耐心,要鼓励学生多学多练

活动任务序列（任务二）

任务二知识组块：

```
┌─────────────────────┐
│    网络图绘制原则      │
└─────────────────────┘
        支持
          ↓
```

1. 网络图中不允许出现循环
2. 网络图中的节点编号要保证做到使每一项活动的箭头节点号大于箭尾节点号
3. 网络图中只有一个源（始节点）和一个汇（终节点）
4. 每项活动都应该有节点表示其开始和结束，即箭线首尾都应有节点，不能从箭线中间引出另一条箭线
5. 两个节点间只允许画一条箭线

任务描述	采用自学的方式，让学生掌握网络图绘制的基本原则
任务时长	15 分钟
学习地点	课下
教学策略（或学习策略）	☑讲授　☑小组讨论　□答疑　□实验　□实训　☑自主学习　☑翻转课堂　□其他（请填写）_____
师生交互过程	学生通过自学完成以下内容的学习： （1）网络图中不允许出现循环 （2）网络图中的节点编号要保证做到使每一项活动的箭头节点号大于箭尾节点号 （3）网络图中只有一个源（始节点）和一个汇（终节点） （4）每项活动都应该有节点表示其开始和结束，即箭线首尾都应有节点，不能从箭线中间引出另一条箭线 （5）两个节点间只允许画一条箭线 教师根据学生自学的情况对虚线特殊情况进行解答
学习资源	（1）（参考教材）《运营管理》，马风才，机械工业出版社，第六版，2021 年 7 月，第 2 章"运营战略、竞争力与生产率"相关内容 （2）智慧黄科学习中心的任务 2 中相关视频学习 （3）网络图的绘制原则及方法
学习成果及评价标准	（1）能够根据基本原则完成网络图的绘制 （2）完成智慧黄科学习中心的任务 2 的相关视频学习 （3）完成智慧黄科学习中心的课程讨论 （4）集中完成智慧黄科学习中心的课程测验
备注	翻转校园上提前录制的视频对学生绘制网络图有非常重要的帮助，学生也可以在百度上搜索网络图绘制的一些方法

续表

活动任务序列(任务三)

任务三知识组块:	任务描述	采用教师引导的方式,让学生掌握网络图和时间节点的技术;掌握时差与自由时差的计算方法;掌握网络计划技术中关键线路的计算方法
	任务时长	25 分钟
	学习地点	课上

教学策略(或学习策略)	☑ 讲授　☑ 小组讨论　□ 答疑　□ 实验　□ 实训　□ 自主学习　☑ 翻转课堂　□ 其他(请填写)_____
师生交互过程	教师提问:"如何才能让网络图更加明确地表示出时间关系?"引出要给各个节点赋予时间值 接下来介绍 6 个节点值的计算方法 教师接着提问:"大家有没有发现,有些活动的最迟必须开始时间和最早可能开始时间是相同的?" 学生思考后回答:"有。" 教师开始本节课的教学 时差＝活动最迟必须开始时间－活动最早可能开始时间 自由时差＝本活动最迟必须开始时间－前活动最迟必须完成时间 网络图上时差为零的各项活动的连线称为关键线路。它是持续时间最长的线路,关键线路上各项活动的作业时间之和构成项目的工期 教师根据学生理解的情况进行引导,帮助学生完成各项学习讨论任务
学习资源	(1)(参考教材)《运营管理》,马风才,机械工业出版社,第六版,2021 年 7 月,第 2 章"运营战略、竞争力与生产率"相关内容 (2)智慧黄科学习中心任务 2 的相关视频学习 (3)一级建造师监理造价考试都会用到的双代号网络计划总时差和自由时差讲解
学习成果及评价标准	(1)掌握时差、自由时差的计算方法,能够计算相关题目 (2)完成智慧黄科学习中心任务 2 的相关视频学习 (3)完成智慧黄科学习中心的课程讨论 (4)集中完成智慧黄科学习中心的课程测验
备注	掌握项目管理的时间节点和时差与自由时差的计算方法是关键

活动4 知识建模图(课上+课下)：

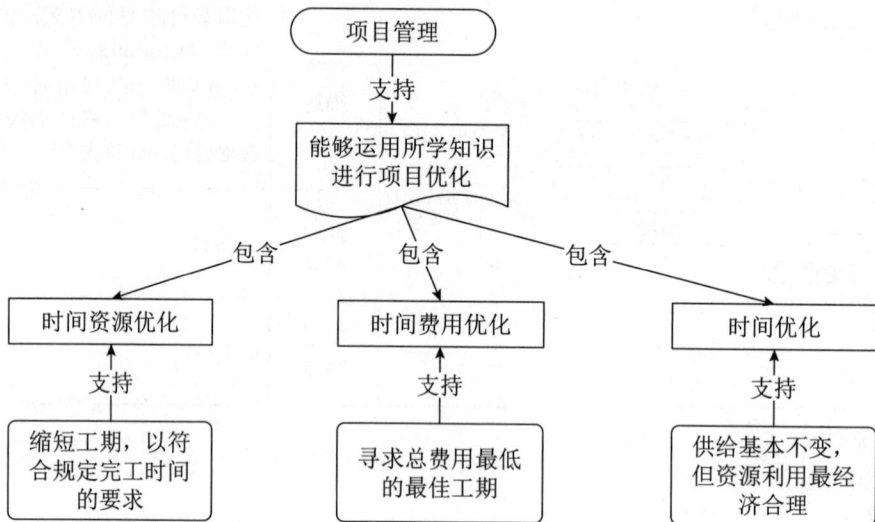

项目管理
↓ 支持
能够运用所学知识进行项目优化
├ 包含 → 时间资源优化 ↑ 支持 ← 缩短工期，以符合规定完工时间的要求
├ 包含 → 时间费用优化 ↑ 支持 ← 寻求总费用最低的最佳工期
└ 包含 → 时间优化 ↑ 支持 ← 供给基本不变，但资源利用最经济合理

活动目标	能够运用所学知识进行项目优化
活动任务序列(导入任务描述)	
师生交互过程	教师提问:"如果项目工期和网络图时间不一致,应该怎么办?"从而引出需要对项目进行优化
活动任务序列(任务一)	

任务一知识组块:

能够运用所学知识进行项目优化
↓ 包含
时间优化
↓ 支持
供给基本不变，但资源利用最经济合理

任务描述	采用讲授、讨论的方式,让学生掌握项目管理时间优化方法	
任务时长	12分钟	
学习地点	课上	

教学策略(或学习策略)	☑讲授　☑小组讨论　□答疑　□实验　□实训　□自主学习　☑翻转课堂　□其他(请填写)_____
师生交互过程	教师提问:"若项目工期大于目标工期该怎么办?" 学生回答:"优化工期" 以时间优化为例:

续表

师生交 互过程	(1)含义:就是在人力、物力、财力等条件基本上有保证的前提下,寻求缩短工期的措施, 使工期符合目标工期的要求 (2)适用条件:多发生在计划任务比较紧急,目标工期小于关键线路的持续时间 (3)内容: ① 根据目标工期,找出需要优化的线路 ② 调整应从关键线路入手 ③ 实施有效措施 (4)优化措施 ① 利用平行、交叉作业缩短关键活动的时间 ② 在关键线路上赶工
学习 资源	(1)(参考教材)《运营管理》,马风才,机械工业出版社,第六版,2021 年 7 月,第 2 章 "运营战略、竞争力与生产率"相关内容 (2)智慧黄科 – 学习中心 – 任务 2 中相关视频学习 (3)第 13 讲　网络计划优化
学习成 果及评 价标准	(1)掌握时间优化的方法 (2)完成智慧黄科学习中心任务 2 的相关视频学习 (3)完成智慧黄科学习中心的课程讨论 (4)集中完成智慧黄科学习中心的课程测验
备注	这一部分内容比较多,也比较难,需要学生提前做足功课 时间优化是非常常见的一种情况,需要引导学生对一些项目进行假定优化

活动任务序列(任务二)

任务二知识组块: 	任务 描述	采用讲授、小组讨论的方式,让 学生掌握时间费用优化的方法
	任务 时长	13 分钟
	学习 地点	课上

教学策 略(或学 习策略)	☑ 讲授　☑ 小组讨论　☐ 答疑　☐ 实验　☐ 实训　☐ 自主学习　☑ 翻转课堂　☐ 其他(请 填写)_____
师生交 互过程	教师提问:"为什么大多数情况下目标工期越长需要承担的费用越高?"根据学生回答 引出"时间费用优化",然后组织大家讨论 时间费用优化就是综合考虑工期与费用二者之间的关系,寻求以最低的费用获取最佳 工期

师生交互过程	优化过程： (1)列出各线路的持续时间及线路时差 (2)计算各活动的直接费用变化率 (3)在极限时间范围内进行逐次压缩，直至总费用最小 教师根据学生自学的情况对虚线特殊情况进行解答
学习资源	(1)（参考教材）《运营管理》，马风才，机械工业出版社，第六版，2021年7月，第2章"运营战略、竞争力与生产率"相关内容 (2)智慧黄科学习中心任务2的相关视频学习 (3)第13讲　网络计划优化
学习成果及评价标准	(1)掌握时间费用的优化方法 (2)完成智慧黄科学习中心任务2的相关视频学习 (3)完成智慧黄科学习中心的课程讨论 (4)集中完成智慧黄科学习中心的课程测验
备注	督促学生强化课下练习

活动任务序列（任务三）

任务三知识组块：	任务描述	采用讲授小组讨论和自主学习的方式，让学生掌握时间资源的优化方法
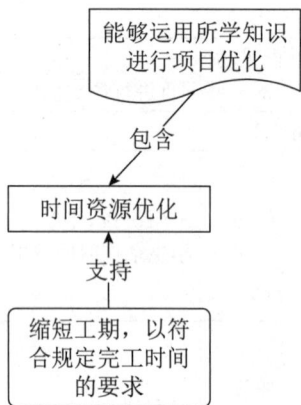	任务时长	25分钟
	学习地点	课下

教学策略（或学习策略）	☑ 讲授　☑ 小组讨论　□ 答疑　□ 实验　□ 实训　☑ 自主学习　☑ 翻转课堂　□ 其他（请填写）_____
师生交互过程	教师通过班级课程群组织学生完成课下任务 教师组织学生思考"在有限资源条件下如何优化工期？" 学生根据课前预习进行回答 教师组织学生讨论以下问题： (1)有限资源条件下的工期优化：在有限的资源约束条件下，如何调整网络计划使工期最短？ (2)工期规定下的资源均衡：在工期一定的情况下，如何调整网络计划使资源利用充分？ 解决思路：为使工期最短，首先要尽可能保证关键活动准时进行，然后保证资源适用充分和时差最小的活动优先进行 教师根据学生理解的情况进行引导，帮助学生完成各项学习讨论任务

续表

学习 资源	(1)（参考教材）《运营管理》,马风才,机械工业出版社,第六版,2021 年 7 月,第 2 章"运营战略、竞争力与生产率"相关内容 (2)智慧黄科学习中心－任务 2 中相关视频学习 (3)第 13 讲　网络计划优化
学习成果及评价标准	(1)掌握时间资源优化的内容 (2)完成智慧黄科学习中心任务 2 的相关视频学习 (3)完成智慧黄科学习中心的课程讨论 (4)集中完成智慧黄科学习中心的课程测验
备注	让学生树立优化的理念

活动 5 知识建模图（课上＋课下）：

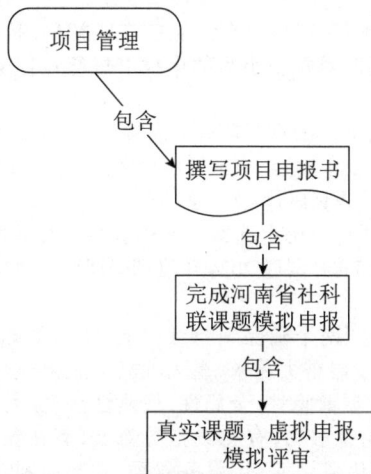

活动目标	培养学生撰写项目申报书的能力
活动任务序列（导入任务描述）	
师生交互过程	教师提问:"你们想不想做一次真实的课题申报? 接下来,我们就以 2024 年河南省社科联一般课题申报为例,进行一次模拟演练。"
活动任务序列（任务一）	

任务一知识组块：

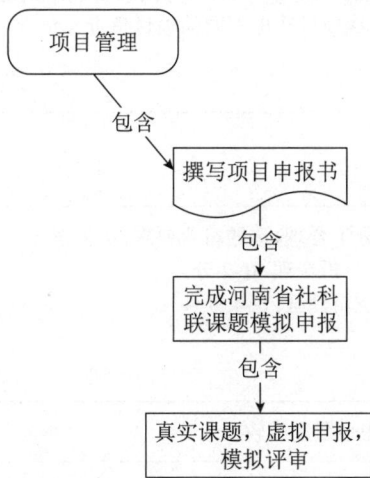	任务 描述	以小组为单位组成课题申报团队,选出项目负责人(项目经理),由项目负责人组织团队成员认真研读《关于组织申报河南省社科联 2024 年度调研课题的通知》文件,参考附件 1 讨论确定选题。下载附件 2,按照要求撰写项目申报书(项目出处:关于组织申报河南省社科联 2024 年度调研课题的通知－社科调研课题－中原人文社科网－河南省社会科学界联合会主办

续表

		任务时长	200 分钟
		学习地点	课下
教学策略（或学习策略）	☑讲授　☑小组讨论　☐答疑　☐实验　☑实训　☑自主学习　☑翻转课堂　☐其他（请填写）_____		
师生交互过程	教师提前 1 周公布本任务,学生在上课前完成初稿,教师根据初稿在课堂上进行项目申报书的讲解,同时对每个小组的申报书进行点评交流,指导学生进行申报书的撰写 项目 2:项目管理能力培养及撰写项目申报书 项目任务设计:以小组为单位组成课题申报团队,选出项目负责人(项目经理),由项目负责人组织团队成员认真研读《关于组织申报河南省社科联 2024 年度调研课题的通知》文件,参考附件 1 讨论确定选题。下载附件 2,按照要求撰写项目申报书(项目出处:关于组织申报河南省社科联 2024 年度调研课题的通知 要求: (1)选题要围绕锚定"两个确保"、持续实施"十大战略"、深入推进"十大建设",聚焦河南省经济社会发展重大需求、重大战略实施、哲学社会科学事业繁荣发展等热点难点问题,着力开展前瞻性、全局性、战略性研究,大力推动实践基础上的理论创新,力争推出有理论说服力、有实践指导意义、有决策参考价值的精品力作,为全面推进中国式现代化建设河南、服务省委、省政府科学决策提供切实有效的智力支持 (2)严格按照项目申报书(附件 2)进行撰写,注重团队分工,申报书中第四部分研究基础"课题主持人和成员已有相关成果"若没有可以不写,只写参考文献就行 (3)时间要求:3 月 5 日晚 12:00 之前完成初稿,由学习委员在 3 月 6 日上午 10:00 之前收齐统一上交;6 日下午上课要用,3 月 11 日上交最终稿 (4)按照计划本学期一共有 14 次项目任务,2 次参观调研,每次项目训练的运营管理岗位任务侧重不同,建议团队做好分工,每次项目选出不同的项目负责人负责项目实施(运营),不能每次都是同一个人		
学习资源	学生运营团队撰写的项目申报书		
学习成果及评价标准	(1)申报书规范整洁、要素齐全、团队成员分工合理、选题符合要求,0~2 分 (2)选题中本课题研究现状述评、选题意义分析合理,0~2 分 (3)研究的主要思路、框架设计科学合理、逻辑性强,0~4 分 (4)创新程度、应用价值,0~1 分 (5)主要参考文献,0~1 分		
备注	部分团队做的项目申报书比较不错,但有些小组完成较差		

活动任务序列(任务二)		
任务二知识组块: 项目管理 ↓包含 撰写项目申报书 ↓包含 完成河南省社科联课题模拟申报 ↓包含 真实课题,虚拟申报,模拟评审	任务描述	以小组为单位组成课题申报团队,选出项目负责人(项目经理),由项目负责人组织团队成员认真研读《关于组织申报河南省社科联 2024 年度调研课题的通知》文件,参考附件 1 讨论确定选题。下载附件 2,按照要求撰写项目申报书(项目出处:关于组织申报河南省社科联 2024 年度调研课题的通知
	任务时长	50 分钟
	学习地点	课上

教学策略(或学习策略)	☑ 讲授 ☑ 小组讨论 □ 答疑 □ 实验 □ 实训 □ 自主学习 ☑ 翻转课堂 □ 其他(请填写)_____
师生交互过程	教师提前 1 周公布本任务,学生在上课前完成初稿,教师根据初稿在课堂上进行项目申报书的讲解,同时对每个小组的申报书进行点评交流,指导好学生进行申报书的撰写小组汇报,教师点评,打分
学习资源	学生运营团队撰写的项目申报书
学习成果及评价标准	(1)申报书规范整洁、要素齐全、团队成员分工合理、选题符合要求,0~2 分 (2)选题中本课题研究现状述评、选题意义分析合理,0~2 分 (3)研究的主要思路、框架设计科学合理、逻辑性强,0~4 分 (4)创新程度、应用价值,0~1 分 (5)主要参考文献,0~1 分
备注	部分团队做的项目申报书比较不错,但有些小组完成较差

4.2.3 员工招聘实务课程教学设计

1. 课程简介

员工招聘实务课程是工商管理专业(人力资源管理方向)的核心课程。该项目化教学课程以岗位群的工作任务为课程内容设计标准,从招聘与录用的实际工作入手,分析招聘专员应具备的知识与技能,旨在让学生具备专业职业能力。该课程所面向的岗位任务主要包括招聘计划、招聘渠道选择、招聘启事设计、简历筛选等。

2. 教学设计

员工招聘实务项目化教学课程教案如表 4-3 所示。

表 4-3　员工招聘实务项目化教学课程教案——招聘广告设计

2023—2024 学年第一学期第 3 周

知识建模图：

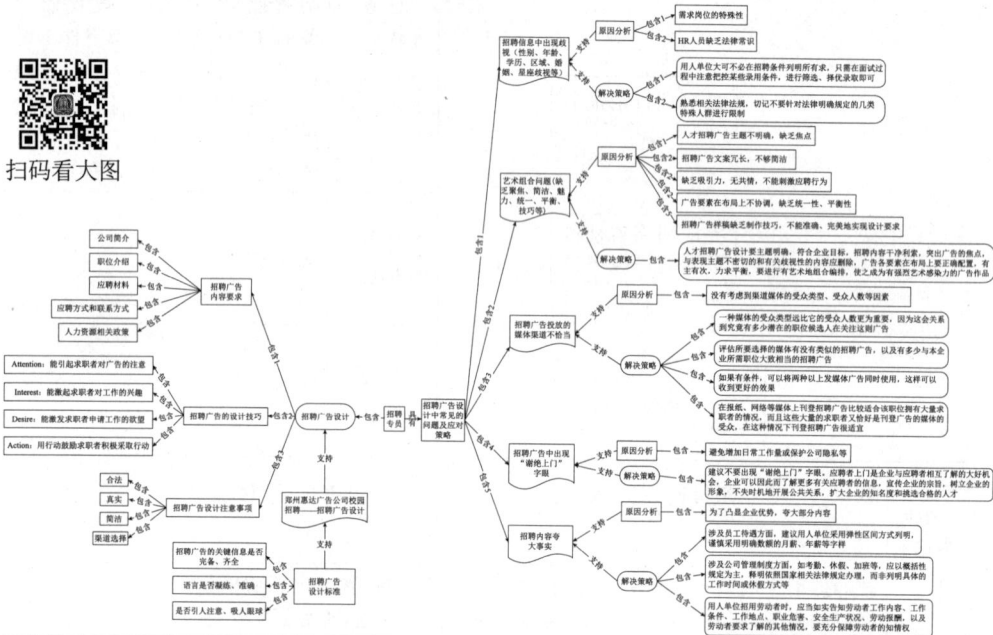

扫码看大图

学习目标	知识点（学习水平）	能力目标	素质目标（课程思政点）
	（1）知晓招聘广告内容要求、撰写技巧、注意事项（理解，运用） （2）郑州惠达广告公司招聘广告设计（运用） （3）招聘广告中的常见问题策略（理解，运用） （4）小组项目化作业成果分享（运用）	（1）能够合理运用招聘广告撰写的技巧编写恰当、规范的招聘广告 （2）能够根据企业招聘的需要选择合适的招聘广告媒体 （3）能够根据招聘岗位需求分析招聘广告的优劣	（1）具备较强的语言表达能力和沟通能力 （2）培养诚信意识，具备良好的道德情操

学习先决知识技能	知识点（学习水平）
	招聘广告的内容（记忆，理解）

课上资源	课下资源
（1）（教具）课件 PPT （2）（网络资源）网上百度的招聘海报 （3）（视频）华为 2023 全球高端人才招聘广告	（1）（参考教材）《员工招聘与配置》，王丽娟编著，复旦大学出版社，2019 年 4 月，211～214 页 内容：招聘广告的设计原则、内容、如何使招聘广告更有效、招聘广告举例

课上资源	课下资源
(4)(作业)各小组设计的招聘海报 (5)(人脉)两位行业导师的实践指导 (6)(教具)招聘广告设计任务工单及评价标准 (7)(教具)小组作业互评小程序	(2)(参考教材)《员工招聘管理》，秦伟平等主编，南京大学出版社，2021年4月，83～87页 内容：招聘广告的概念、招聘广告的类型特点、招聘广告的写作技巧、招聘广告的写作模板、招聘广告的媒体选择 (3)(参考教材)《员工招聘与配置》，邵瑞银、刘正君主编，中国人民大学出版社，2021年5月，33～42页 内容：百度校招海报、腾讯校招海报、招聘广告内容、招聘广告的设计原则、招聘广告的注意事项 (4)(参考教材)《招聘、甄选与录用》，赵曙明等主编，人民邮电出版社，2019年6月，49～56页 内容：招聘广告的撰写方法、招聘广告的媒体选择 (5)(B站视频)招聘海报的排版 (6)(B站视频)招聘海报的设计 (7)(网络资源)在智联招聘、前程无忧、BOSS直聘、郑州招聘等招聘网页及公众号上，收集你认为最有吸引力及最差的招聘广告，并分析原因

课上时间	150 分钟	课下时间	280 分钟	
活动序列	活动目标	时间	学习资源	学习地点
活动1	知晓招聘广告内容要求、撰写技巧、注意事项（理解，运用）	课下100分钟+课上50分钟	课件：智联招聘、前程无忧等招聘网站及公众号的招聘海报；(B站视频)招聘海报的设计及排版；参考教材中的相关知识点；(视频)华为2023全球高端人才招聘广告；百度等网站上收集的招聘海报	课下+课上
活动2	郑州惠达广告公司招聘广告设计（运用）	课上30分钟+课下180分钟	惠达广告公司网页、智联招聘、前程无忧招聘网站及公众号	课上+课下
活动3	招聘广告中的常见问题策略（理解，运用）	课上20分钟	课件、收集学生作业完成过程中的常见问题、行业导师沟通结果	课上
活动4	郑州惠达广告公司招聘广告设计项目化任务分享（运用）	课上50分钟	学生作业成果、小组作业互评小程序、行业导师实践指导	课上

续表

活动1 知识建模图（课上＋课下）：

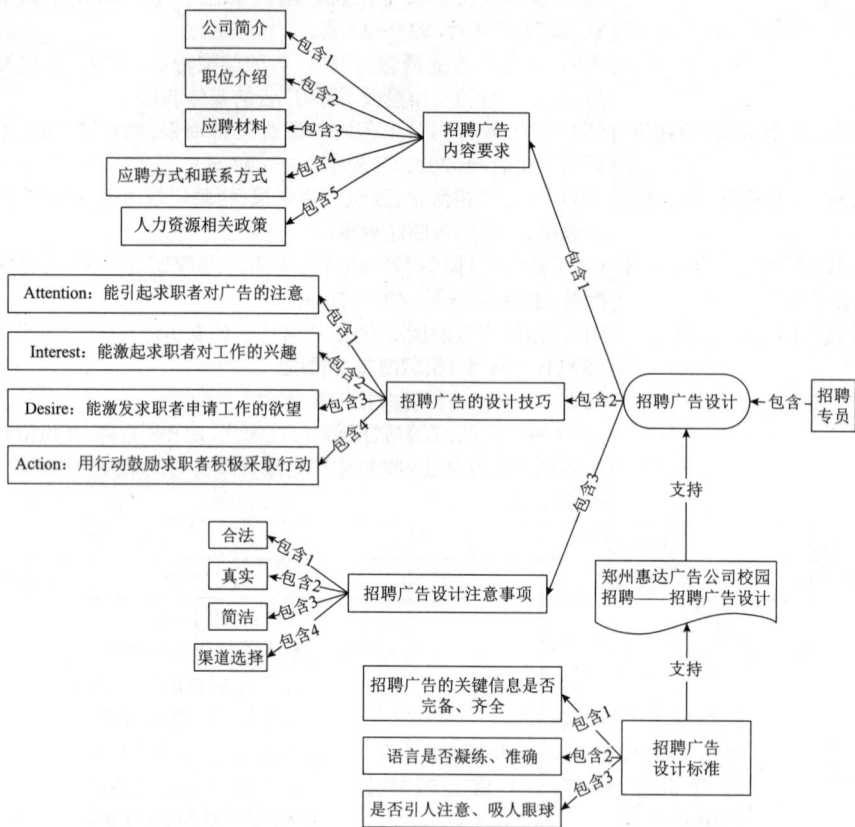

```
公司简介 ──包含1──┐
职位介绍 ──包含2──┤
应聘材料 ──包含3──┤── 招聘广告
应聘方式和联系方式 ──包含4──┤    内容要求
人力资源相关政策 ──包含5──┘

Attention：能引起求职者对广告的注意 ──包含1──┐
Interest：能激起求职者对工作的兴趣 ──包含2──┤
Desire：能激发求职者申请工作的欲望 ──包含3──┤── 招聘广告的设计技巧
Action：用行动鼓励求职者积极采取行动 ──包含4──┘

合法 ──包含1──┐
真实 ──包含2──┤
简洁 ──包含3──┤── 招聘广告设计注意事项
渠道选择 ──包含4──┘

招聘广告内容要求 ──包含1──┐
招聘广告的设计技巧 ──包含2──┤── 招聘广告设计 ──包含── 招聘专员
招聘广告设计注意事项 ──包含3──┘

郑州惠达广告公司校园招聘──招聘广告设计 ──支持──

招聘广告的关键信息是否完备、齐全 ──包含1──┐
语言是否凝练、准确 ──包含2──┤── 招聘广告设计标准 ──支持──
是否引人注意、吸人眼球 ──包含3──┘
```

活动目标	知晓项目化任务内容及完成标准、招聘广告内容要求、撰写技巧、注意事项（理解，运用）
活动任务序列（导入任务描述）	
师生交互过程	能够根据招聘的渠道及岗位，合理运用招聘广告撰写的技巧编写恰当、规范的招聘广告 教师提问："上一节课咱们对各种招聘渠道进行了学习，并要求在智联招聘、前程无忧等招聘渠道注册了自己的个人账号，那大家有没有根据自己的求职意向进行简历的投递？" 学生回答："有！" 教师追问："那大家都选择了什么企业，为什么选择这些企业？" 学生意见分歧：部分学生回答是看到"高薪"两个字，部分学生回答是双休，部分学生回答是福利待遇好，部分学生回答是提供免费的住宿等 教师补充："好的招聘广告是不是能先把大家吸引过去，激发大家投递简历？因此，撰写的招聘广告是否恰当、规范，很大程度上影响着应聘者对该企业的认可度，进而影响企业的招聘效果。那么，设计一个恰当、规范的招聘广告应当注意哪些问题呢？"

续表

活动任务序列(任务一)

任务一知识组块:

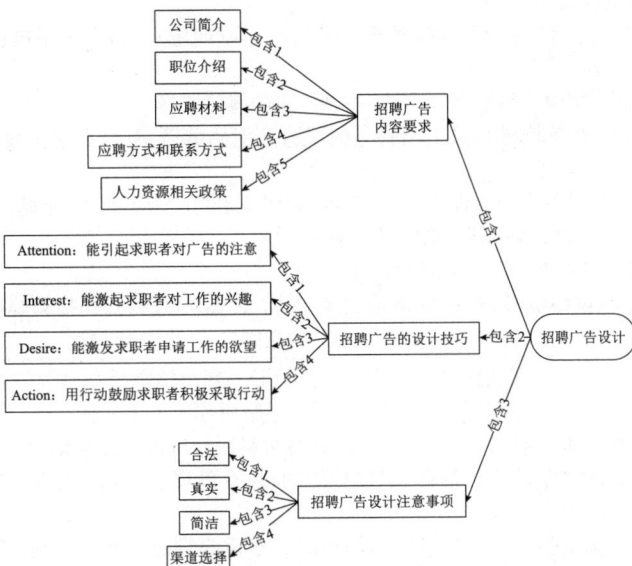

任务描述	通过课件、招聘网站及公众号、B 站等课前学习,达到掌握招聘广告内容及设计原则的能力
任务时长	100 分钟
学习地点	课下
教学策略 (或学习策略)	□讲授　☑小组讨论　☑答疑　□实验　□实训　☑自主学习　□其他(请填写)_____
师生交互过程	教师布置课下任务,小组组长组织内部讨论学习,并督促本小组同学完成课下任务,教师在小组组长群、课程微信群里及时答疑解惑。需完成的课下任务: (1)(B 站视频)招聘海报的排版 (2)(B 站视频)招聘海报的设计 (3)(教材及参考教材)在课程微信群里发布参考教材的相关知识点(27 分钟) (4)(智联招聘、前程无忧招聘网站、郑州招聘公众号等)收集你认为最有吸引力的广告,并在智慧黄科讨论区分享吸引你的理由是什么(50 分钟) 小组组长督促大家完成相关的项目化知识学习,之后在智慧黄科讨论区完成"最有吸引力的广告作业"评选
学习资源	(1)(参考教材)《员工招聘管理》,秦伟平等主编,南京大学出版社,2021 年 4 月,83~87 页 内容:招聘广告的概念、招聘广告的类型特点、招聘广告的写作技巧、招聘广告的写作模板、招聘广告的媒体选择

续表

学习资源	（2）（参考教材）《员工招聘与配置》，邵瑞银、刘正君主编，中国人民大学出版社，2021 年 5 月，33~42 页 内容：百度校招海报、腾讯校招海报、招聘广告内容、招聘广告的设计原则、招聘广告的注意事项 （3）（参考教材）《招聘、甄选与录用》，赵曙明等主编，人民邮电出版社，2019 年 6 月，49~56 页 内容：招聘广告的撰写方法、招聘广告的媒体选择 （4）（参考教材）《员工招聘与配置》，王丽娟编著，复旦大学出版社，2019 年 4 月，211~214 页 内容：招聘广告的设计原则、内容、如何使招聘广告更有效，招聘广告举例 （5）（B 站视频）招聘海报的排版 （6）（B 站视频）招聘海报的设计 （7）（网络资源）在智联招聘、前程无忧、BOSS 直聘、郑州招聘等招聘网页、公众号上，收集你认为最有吸引力及最差的招聘广告，并分析原因
学习成果及评价标准	学习成果：（智联招聘、前程无忧招聘网站、郑州招聘公众号等）收集你认为最有吸引力的广告，并在智慧黄科讨论区分享吸引你的理由是什么 评价标准：（收集招聘海报作业）智慧黄科后台讨论区分享记录 （1）围绕招聘广告的内容、设计原则、注意事项进行相关分析，内容翔实，条理清晰，得 10 分 （2）围绕招聘广告的内容、设计原则、注意事项进行相关分析，部分要点，分析浅显，条理不清晰，酌情 3~8 分 （3）未完成，得 0 分
备注	学生针对不同的招聘渠道进行了比对，大部分反馈前程无忧、智联招聘效果更好

活动任务序列（任务二）

任务二知识组块：

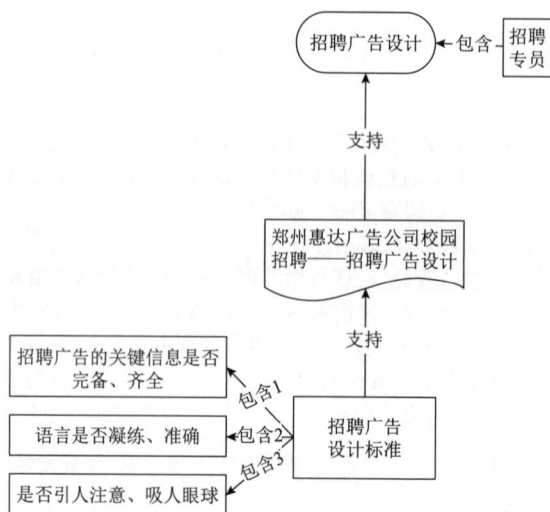

任务描述	通过郑州招聘惠达广告有限公司招聘广告设计岗位任务导入，让学生了解本次项目化任务及完成标准

任务时长	5 分钟
学习地点	课上
教学策略 （或学习策略）	☑ 讲授　□ 小组讨论　□ 答疑　□ 实验　□ 实训　□ 自主学习　□ 其他 （请填写）_____
师生交互过程	围绕项目化教学课程的目标（撰写合作企业的招聘方案），根据前期已学习的招聘计划的制订、招聘渠道的选择，引出本次课程任务是设计招聘广告 教师陈述：郑州惠达广告公司招聘广告的任务要求，同时强调广告公司的需求标准
学习资源	课件、任务工单
学习成果及 评价标准	学习成果：了解本次项目化任务及完成标准 小组项目化任务完成标准： （1）招聘广告的关键信息是否完备、齐全，30 分 （2）语言是否凝练、准确，30 分 （3）是否引人注意、吸人眼球，40 分 优秀：吸人眼球，语言凝练，关键要素完备，排版美观，得 90~100 分 良好：吸人眼球，语言不够凝练，广告部分关键要素缺失，得 70~89 分 基本合格：无亮点，排版不合理，得 60~69 分 差：未完成，得 0 分
备注	无

活动任务序列（任务三）

任务三知识组块：

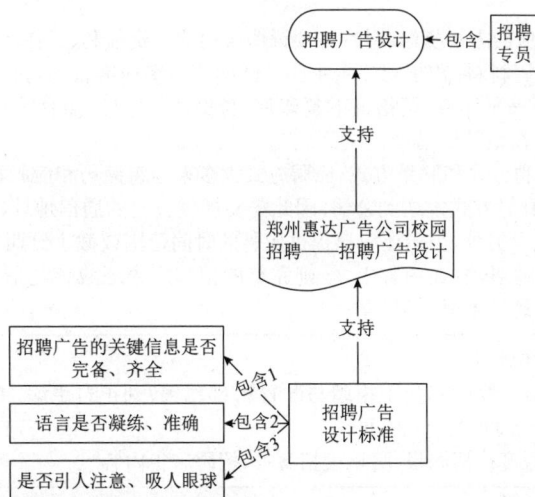

任务描述	采用案例分析及对比分析的方法，达到让学生了解招聘广告内容的学习结果
任务时长	15 分钟
学习地点	课上
教学策略 （或学习策略）	☑ 讲授　□ 小组讨论　☑ 答疑　□ 实验　□ 实训　□ 自主学习　☑ 其他（请填写） 案例分析、对比分析

师生交互过程	教师通过对比分析、案例分析的教学方法,提问 2~3 名学生分享自己认为最有吸引力的招聘广告,启发学生思考招聘广告的内容,同时提问学生看到的最没有吸引力的招聘广告是什么,阐述理由,从而达到让学生更深刻地掌握最有吸引力的招聘广告里所包含的具体内容的学习结果 教师提问:"分享一下你认为'最有吸引力的招聘广告'及'最没有吸引力的招聘广告',及其理由。" 学生回答:2~3 名学生分享课下收集的结果 教师补充:咱们个人进行求职是设计简历,简历是个人的活广告。那对于企业招聘员工,也需要设计简历——招聘广告。公布企业招聘信息的广告,能够为应聘者提供一个获得更多公司信息的来源。人才招聘广告就是企业员工招聘的重要工具之一,设计的好坏,直接影响应聘者素质的高低和企业竞争力的强弱。因此,企业设计招聘广告要从应聘者的角度和需求考虑。一般来说,招聘广告的内容包括以下几个部分。 (1)公司简介:包括公司全称、性质、主营业务等的简要介绍。招聘广告中的公司介绍应该以最简洁的语言介绍公司最具有特色和富有吸引力的特点,千万不可长篇大论、词不达意。在广告中最好能使用公司的标识,并提供公司的网址,以便看到广告的人能够浏览公司的网页获取更进一步的信息 (2)职位介绍:招聘广告中对职位的介绍通常包括职位名称、所属部门、主要工作职责、任职资格要求等。起草招聘广告时参考职位说明书会比较有帮助。但要注意的是,招聘广告中的职位情况介绍应该从应聘者的角度考虑,以应聘者能够理解和感兴趣为目的,切不可照搬职位说明书 (3)岗位任职资格要求:主要说明岗位所需要的学历、年龄、技能、能力、经验等信息 (4)相应的人力资源政策:主要说明公司的工资福利、工作环境等内容 (5)应聘材料:在招聘广告中应该注明应聘者应准备的材料,如中英文简历、学历学位证书复印件、资格证书复印件、身份证复印件、照片等,以及提供薪金要求和户口所在地等信息 (6)应聘方式和联系方式:应聘方式大多采用将简历和应聘材料通过信件、电子邮件、传真等方式发送到公司,因此需要提供公司的通信地址、传真号码或者电子邮件地址。另外,公司还应该提供应聘的时间范围或截止日期 (7)其他事项:在内容上,一则完整的招聘广告还应该包括广告题目,诸如"××公司招聘""高薪诚聘"等
学习资源	(1)PPT 课件 (2)(参考教材)《员工招聘与配置》,邵瑞银、刘正君主编,中国人民大学出版社,2021 年 5 月,33 ~ 36 页 内容:百度校招海报、腾讯校招海报、招聘广告内容
学习成果及评价标准	学习成果:课下"收集招聘广告"作业及预习任务的综合运用情况 回答问题评价标准: (1)围绕招聘广告内容的要素,条理清晰,准确回答问题,得 8~10 分 (2)围绕招聘广告的部分要素,条理不清晰,得 3~7 分 (3)回答不出来,得 0 分
备注	共性问题:对于招聘广告的优劣性识别还需要进一步学习

活动任务序列(任务四)

任务四知识组块:

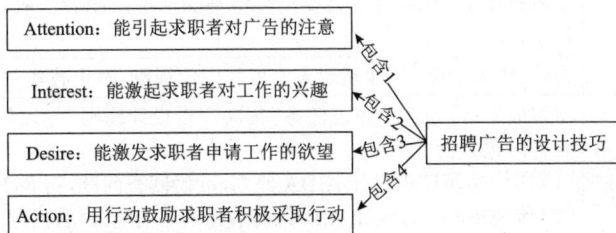

任务描述	采用师生互动的方法,达到让学生知晓招聘广告设计技巧的学习结果
任务时长	15 分钟
学习地点	课上
教学策略 (或学习策略)	☑讲授 □小组讨论 ☑答疑 □实验 □实训 □自主学习 □其他 (请填写)_____
师生交互过程	通过教师播放的视频及展示的图片,学生分析看到这些资料的感觉,从而深刻理解 AIDA(引起注意、产生兴趣、产生欲望、付诸行动)广告设计原则在实际中的运用 教师播放华为 2023 全球高端人才招聘广告视频(4 分钟) 教师展示网上收集的招聘广告 教师提问:"看到这些招聘广告,有没有投递简历的冲动? 为什么?" 学生回答:"有,因为看到高薪、双休、六险一金、提供食宿等字眼" 教师根据学生回答结果,针对展示的图片围绕广告设计原则进行补充分析 教师陈述:"首先,招聘广告必须能够引起受众的注意。也就是第一,从排版布局到具体信息内容,招聘广告的每一处都要站在求职者的角度思考,'我如果是个求职者什么样的招聘信息会吸引我''20 岁的人什么想法? 30 岁的人什么想法? 学校怎么看? 员工又怎么看?'一个招聘信息或一则招聘简章是面对社会大众的,要考虑他们的想法,这样才能够吸引更多的人;招聘信息要简明扼要(不要太长)、重点突出(突出求职者想看的、突出公司优势)、布局美感(看起来很舒服)、大方大气(对外宣传窗口不能太简陋)。其次,招聘广告必须能够引起受众对广告的兴趣。让求职者关注的同时还要引起他的兴趣,具体来说就是要从求职者关注的点上做文章,例如有的人对薪资感兴趣、有的人对工作环境感兴趣、有的人对企业文化感兴趣。同时针对不同类别的人也应该列出不同的兴趣点,例如一家一线城市的公司扩张到二线城市,可抓住两点:一是岗位薪资占地区市场上等水平,二是岗位提升周期短、概率高。再次,招聘广告必须能够激起求职者申请工作的愿望。求职者申请工作的愿望是与他们的需求紧密联系在一起的。通过强调公司或职位中吸引人的一些因素,如成就、培训与发展的机会,挑战性的项目,优越的薪酬福利政策,充满合作氛围的团队等,激发求职者对该工作的渴望。招聘人员热情大方的形象无形中能够坚定求职者应聘的决心,这就是为什么每一家公司在外在形象上从不吝啬。最后,招聘广告必须能够使求职者产生应聘行动。在招聘广告中,应该包含让求职者马上申请职位或与公司联系的内容,例如通过'如果您具备上述的任职资格,并且愿意接受

续表

师生交互过程	具有挑战性的工作任务,那么请您在一周之内将简历及其他应聘材料寄往如下地址……''想要了解最新职位空缺,欢迎点击……'等话术引起了求职者行动的愿望,这样只要没有特别的情况求职者一般就会应聘看重的岗位了。"
学习资源	课件、华为 2023 全球高端人才招聘广告视频、网上收集的招聘海报
学习成果 及评价标准	学习成果:检验课下预习任务"招聘广告设计原则"学习效果 回答问题评价标准: (1)围绕招聘广告设计 AIDA 原则,准确回答问题,得 8~10 分 (2)围绕招聘广告设计 AIDA 原则,条理不清晰,回答问题不准确,得 3~7 分 (3)回答不出来,得 0 分
备注	无

活动任务序列(任务五)

任务五知识组块:

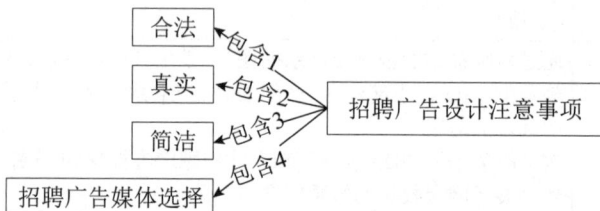

任务描述	采用案例分析方法,达到让学生了解招聘广告注意事项的学习结果
任务时长	15 分钟
学习地点	课上
教学策略 (或学习策略)	☑讲授 □小组讨论 □答疑 □实验 □实训 □自主学习 ☑其他(请填写)案例分析、行业导师沟通
师生交互过程	教师通过案例分析(三星广告的就业机会)导入,让学生分析三星广告招聘中的优缺点,使学生了解招聘广告中应注意的一些事项 教师提问:"这则招聘广告有哪些不合理的地方?请大家在原有基础上重新设计这则招聘广告。" 学生回答:"加班时间不明确、招聘内容太详细、体检费用不明确是否报销等。" 在此基础上,教师引出实际工作岗位中容易出现的四个问题 教师陈述:"首先,歧视问题。一是性别歧视;二是年龄歧视;三是学历歧视;四是区域、国籍歧视;五是星座歧视。其次,有争议的上门问题。我国大部分招聘广告还都注明:谢绝上门。这又是一个值得探讨的问题(反问学生,引导学生说出自己的观点)。应聘者上门是企业与应聘者相互了解的大好机会,企业可以因此而了解更多有关应聘者的信息,宣传企业的宗旨,树立企业的形象,不失时机地开展公共关系,扩大企业的知名度和挑选合格的人才,何乐而不为呢?再次,艺术组合问题。人才招聘广告在设计中,要依据焦点、简洁、魅力、统一、平衡、技巧等六项要求进行整体组合,使之成为一个完整美观、中心突出的广告作品。最后,选择媒体问题。招聘广告一般通过电视、报纸、广播、杂志、网络等渠道进行传播,渠道不同,受众、内容形式不同,费用

师生交互过程	也不同。 一般来说需要注意以下几点。一是一种媒体的受众类型远比它的受众人数更为重要,因为这会关系到究竟有多少潜在的职位候选人在关注这则广告;二是评估所要选择的媒体有没有类似的招聘广告,以及有多少与本企业所需职位大致相当的招聘广告;三是如果有条件,可以将两种以上的媒体广告同时使用,这样可以收到更好的效果;四是在报纸、网络等媒体上刊登招聘广告比较适合该职位拥有大量求职者的情况,而且这些大量的求职者又恰好是刊登广告的媒体的受众,在这种情况下刊登招聘广告很适宜。最后,企业一般会选择通过互联网的渠道,在求职网站上注册审核通过后发布一些招聘信息,既方便又快捷;具有一定规模的企业也会在自己的官方网站、微信公众号发布招聘信息,从关注企业的人群中寻找人才,宣传企业。"
学习资源	课件
学习成果及评价标准	学习成果:检验课下预习任务"招聘广告注意事项"学习效果 回答问题评价标准: (1)围绕招聘广告注意事项,准确回答问题,得 8~10 分 (2)围绕招聘广告注意事项,条理不清晰,回答问题不准确,得 3~7 分 (3)回答不出来,得 0 分
备注	共性问题:对于招聘广告中的"合法性"识别需要提升

活动 2 知识建模图(课上 + 课下):

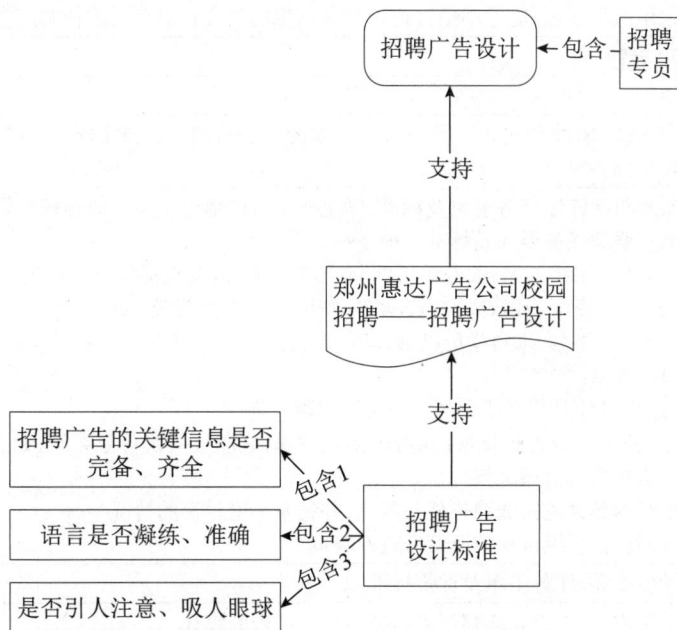

学习目标	郑州惠达广告公司招聘广告设计(运用)

活动任务序列(任务一)

任务一知识组块:

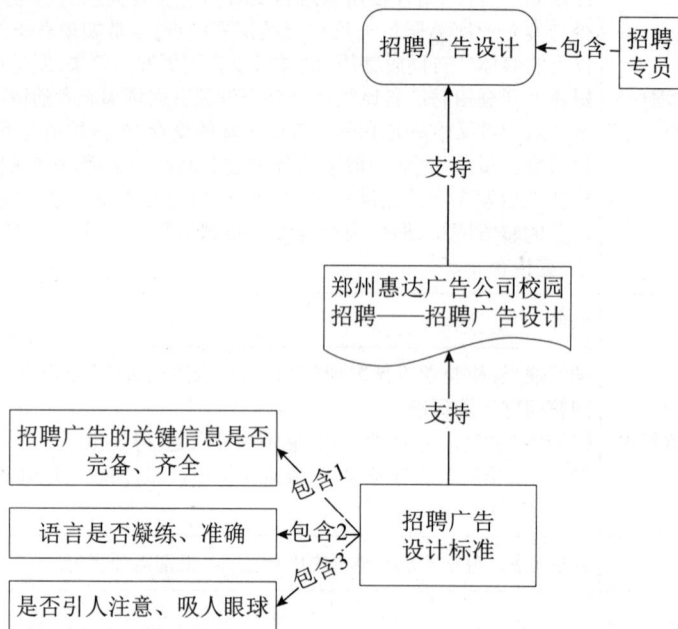

任务描述	运用所学知识,通过小组讨论设计郑州惠达广告有限公司的招聘广告
任务时长	30分钟
学习地点	课上
教学策略(或学习策略)	□讲授 ☑小组讨论 ☑答疑 □实验 □实训 □自主学习 ☑其他(请填写)岗位任务
师生交互过程	教师再次陈述任务要求及标准,学生在小组内部讨论并完成招聘广告设计 教师强调任务要求及标准。如下: (1)电商主播5名,大专学历以上,形象气质佳,有直播经验者优先 (2)人力资源管理专员1名,本科学历以上,人力资源管理专业优先 (3)会计1名,本科学历以上,具有初级会计师证,1年以上相关岗位经验优先 设计要求: (1)可以针对某个或全部岗位设计招聘广告 (2)招聘广告设计标准:要考虑到行业属性,职位关键信息要全,语言要精练准确,广告布局要协调大气 小组内部讨论完成岗位任务要点,并记录小组讨论的情况 教师根据小组讨论情况及时进行答疑
学习资源	学生作业、任务工单及评价标准
学习成果及评价标准	学生成果:小组完成郑州惠达公司招聘广告的设计 项目化任务完成标准: (1)招聘广告的关键信息是否完备、齐全,30分

续表

学习成果及评价标准	（2）语言是否凝练、准确，30 分 （3）是否引人注意、吸人眼球，40 分 优秀：吸人眼球，语言凝练，关键要素完备，排版美观，得 90~100 分 良好：吸人眼球，语言不够凝练，广告关键要素缺失部分，得 70~89 分 基本合格：无亮点，排版不合理，得 60~69 分 差：未完成，得 0 分
备注	共性问题：如何根据惠达广告有限公司所属行业的特点，设计识别度高的广告

活动任务序列（任务二）

任务二知识组块：

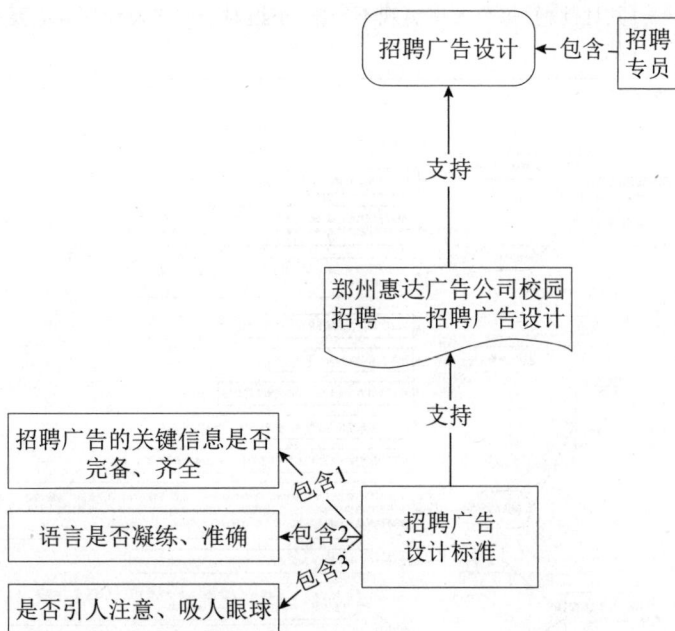

任务描述	运用所学知识，通过小组讨论设计郑州惠达广告有限公司的招聘广告
任务时长	180 分钟
学习地点	课下
教学策略 （学习策略）	□讲授 ☑小组讨论 □答疑 □实验 □实训 ☑自主学习 □其他（请填写）_____
师生交互过程	小组根据课堂任务完成情况，在课下继续讨论完善。后续班级微信群里会设置评价小程序，发布各小组作业成果，每小组对其他小组的作业进行评价，并阐述理由

续表

学习资源	PPT、招聘网站及公众号等
学习成果及评价标准	学生成果：小组完成郑州惠达公司招聘广告的设计 项目化任务完成标准： （1）招聘广告的关键信息是否完备、齐全，30分 （2）语言是否凝练、准确，30分 （3）是否引人注意、吸人眼球，40分 优秀：吸人眼球，语言凝练，关键要素完备，排版美观，得90~100分 良好：吸人眼球，语言不够凝练，广告关键要素缺失部分，得70~89分 基本合格：无亮点，排版不合理，得60~69分 差：未完成，得0分
备注	共性问题：每个人审美观不一样，小组对于广告设计任务需要沟通，统一小组观点

活动3 知识建模图（课上）：

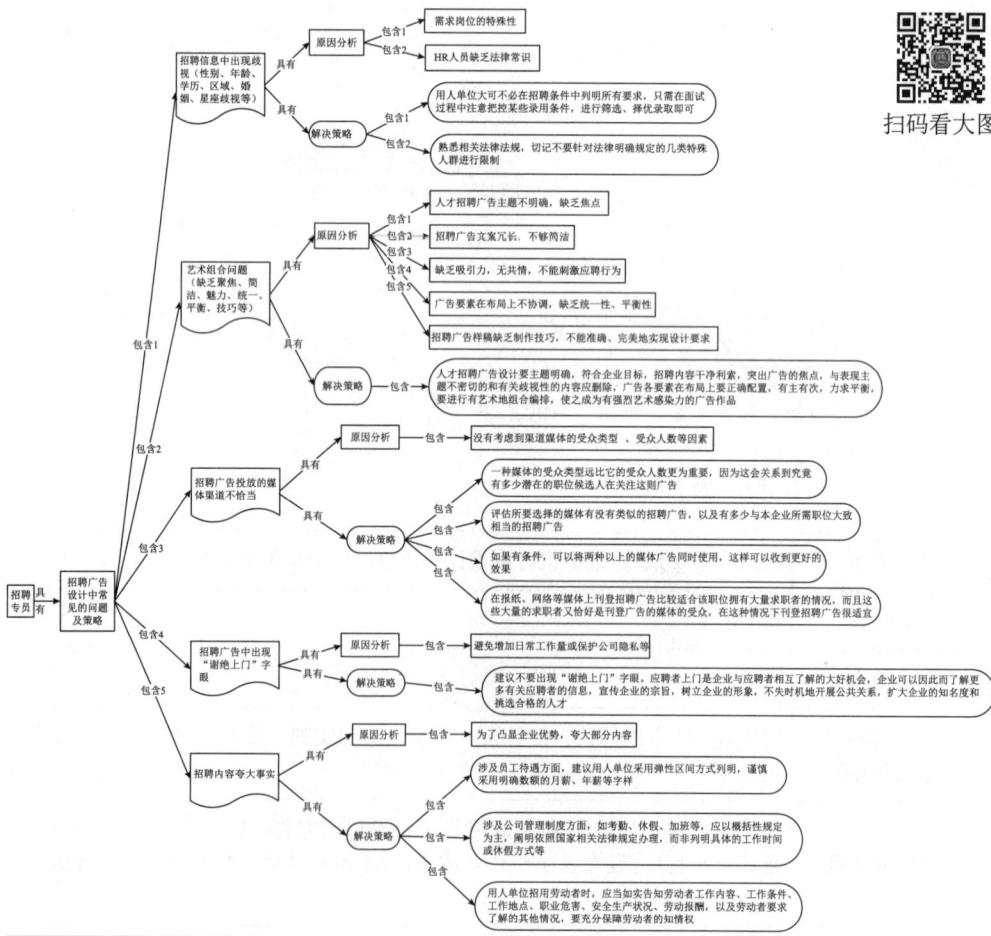

扫码看大图

续表

活动目标	招聘广告设计中的常见问题及策略(理解,运用)

活动任务序列(任务一)

任务一知识组块:

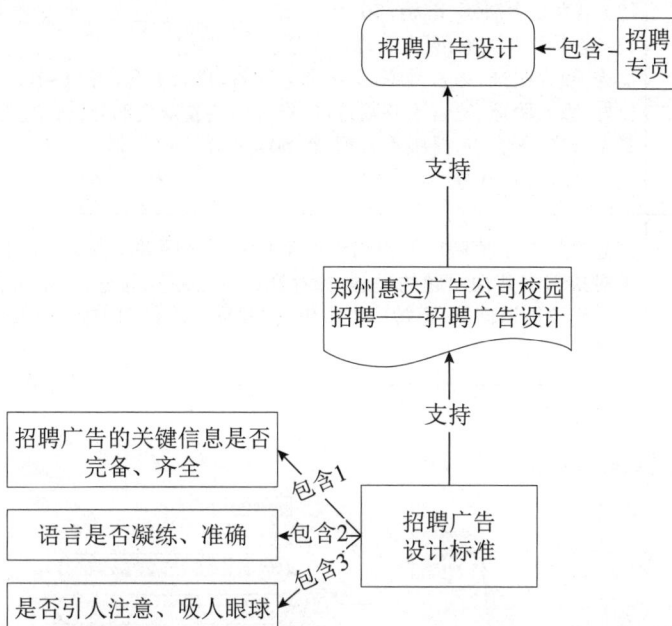

任务描述	根据招聘广告设计过程中常见问题进行分析,让学生能够更好对接未来岗位的需要
任务时长	30 分钟
学习地点	课上
教学策略 (或学习策略)	☑讲授 □小组讨论 ☑答疑 □实验 □实训 □自主学习 □其他 (请填写)_____
师生交互过程	教师根据小组作业完成及讨论情况,总结招聘广告设计过程中存在的问题及策略并让 2~3 名学生分享设计海报中出现的问题 学生回答:"如何在有限的篇幅里体现广告的关键要素,还有整体如何协调布局的问题,都想放上,感觉内容太紧凑,不放上又担心应聘者不了解公司情况。" 教师总结:"在招聘广告的设计注意事项中,我们已经提到了艺术组合问题,理论知识大家都已经知道,要协调、美观,关键在实际做的过程中如何解决呢?招聘广告设计要主题明确,符合企业目标,招聘内容干净利索,突出广告的焦点,与表现主题不密切的和有关歧视性的内容应删除,广告各要素在布局上要正确配置,有主有次,力求平衡,要进行艺术性的组合编排,使之成为有强烈艺术感染力的广告作品。" 教师根据实际工作过程中存在的五个问题,对招聘广告中存在的性别歧视问题、艺术组合问题、招聘广告的投放渠道问题、招聘广告中出现的"谢绝上门"问题、招聘内容夸大事实问题进行总结陈述
学习资源	课件

续表

学习成果及评价标准	成果:招聘广告设计 项目化任务完成标准: (1)招聘广告的关键信息是否完备、齐全,30 分 (2)语言是否凝练、准确,30 分 (3)是否引人注意、吸人眼球,40 分 优秀:吸人眼球,语言凝练,关键要素完备,排版美观,得 90~100 分 良好:吸人眼球,语言不够凝练,广告关键要素缺失部分,得 70~89 分 基本合格:无亮点,排版不合理,得 60~69 分 差:未完成,得 0 分
备注	部分学生对于招聘广告中出现的常见问题理解并不深刻,通过"做中学"加深了对招聘中共性问题的理解,如存在的性别歧视问题、艺术组合问题、招聘广告的投放渠道问题、招聘广告中出现的"谢绝上门"问题、招聘内容夸大事实问题等

活动 4 知识建模图(课上):

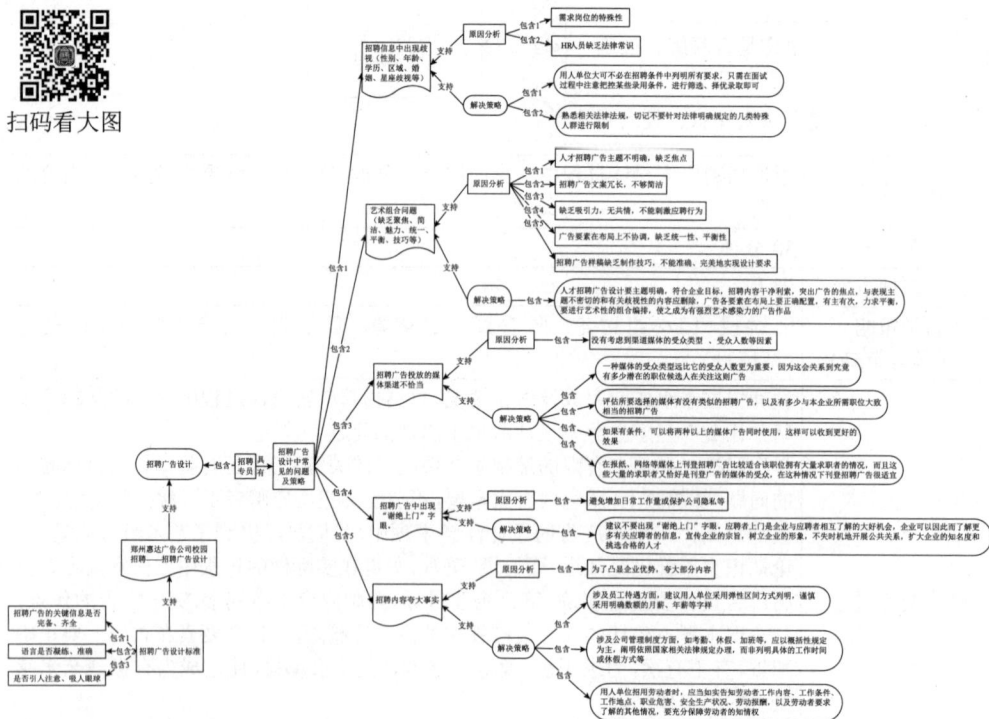

扫码看大图

活动目标	小组项目化作业成果分享(运用)

活动任务序列(活动一)

任务一知识组块:

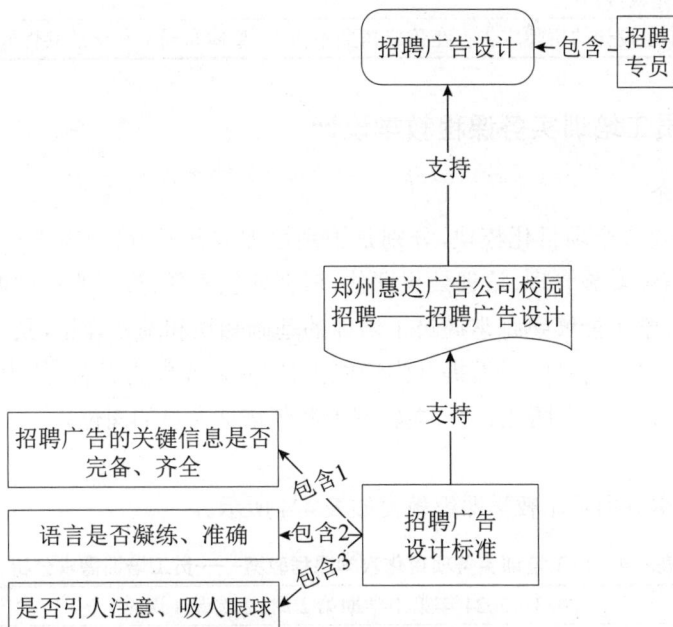

任务描述	采用小组分享的方式,使学生能够更好地对接未来岗位任务——招聘广告设计
任务时长	50 分钟
学习地点	课上
教学策略(或学习策略)	□讲授 □小组讨论 □答疑 □实验 □实训 □自主学习 ☑其他(请填写)小组分享+行业导师反馈结果
师生交互过程	围绕招聘广告设计海报进行小组分享,选出 3~4 个代表小组阐述招聘广告设计的思路,其他小组在自评小程序上进行互评 班内同学对汇报的广告设计进行点评。教师反馈两名行业导师的实践指导,并对每组学生作业进行总结 招聘广告设计中容易存在的问题,如不简洁、色彩搭配不协调、整体布局不和谐等,以及个别小组作业存在态度问题;要求学生进一步修改完善广告设计作业,针对个别学生提出的疑问进一步解答
学习资源	课件、两名行业导师对作业实践指导
学习成果及评价标准	项目化任务完成标准: (1)招聘广告的关键信息是否完备、齐全,30 分 (2)语言是否凝练、准确,30 分 (3)是否引人注意、吸人眼球,40 分 优秀:吸人眼球,语言凝练,关键要素完备,排版美观,得 90~100 分

续表

学习成果及评价标准	良好:吸人眼球,语言不够凝练,广告关键要素缺失部分,得 70~89 分 基本合格:无亮点,排版不合理,得 60~69 分 差:未完成,得 0 分
备注	部分小组设计的招聘广告存在色彩搭配不协调、整体布局不和谐的共性问题

4.2.4　员工培训实务课程教学设计

1. 课程简介

本课程涵盖 6 个项目化模块,分别是识别培训与开发、培训需求分析、培训计划与项目设计、培训实施管理、培训效果评估、培训外包管理、员工职业生涯管理。通过本课程的学习,学生能够熟练掌握员工培训的基础知识和基本理论,具备从事培训专员岗位所需要的核心技能,进而提升沟通能力、团队协作能力、写作能力、自主学习能力、数据分析能力等综合职业素质,能较好地胜任培训专员的岗位。

2. 教学设计

员工培训实务项目化教学课程教案如表 4-4 所示。

表 4-4　员工培训实务项目化教学课程教案——员工培训需求分析

2023—2024 年第 1 学期第 2 周(2 次课 4 课时)

知识建模图:

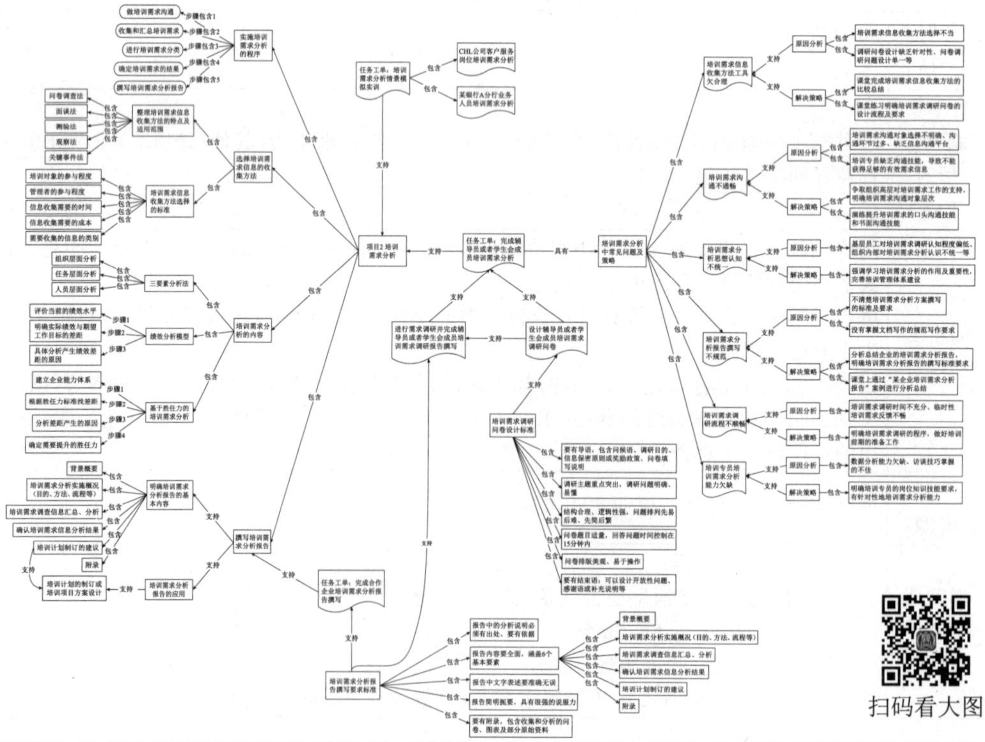

扫码看大图

续表

	知识点（学习水平）	能力目标	素质目标（课程思政点）
学习目标	（1）培训需求分析报告的撰写要求及评价标准（理解，运用） （2）完成学生会成员或者辅导员培训需求的调研任务（运用） （3）培训需求分析中常见问题与解决策略（理解，运用）	（1）具备完成员工培训需求分析的能力（运用） （2）具备撰写员工培训需求分析报告的能力（运用）	（1）具备培训岗位的职业素养、责任观 （2）具备团队意识，合作精神

学习先决知识技能	知识点（学习水平）
	培训需求三要素分析（运用）；调研信息的收集方法（运用）；胜任素质模型（运用）

课上资源	课下资源
（1）（参考教材）《员工培训与开发》，陈国海，清华大学出版社，2012 年 3 月，第二章 （2）（课件）课程 PPT （3）（题目资源库）24 道课程配套客观题 （4）（作业）学生完成的项目任务 PPT 或 Word 版本 （5）（评价表）任务评分表	（1）（参考教材）《员工培训与开发》，陈国海，清华大学出版社，2012 年 3 月，第二章 （2）（视频）华东交通大学人力资源培训与开发慕课资源第三部分 （3）（题目资源库）24 道课程配套客观题 （4）（课件）课程 PPT （5）（评价表）任务评分表 （6）（参考教材）《培训与开发》，李育辉，中国人民大学出版社，2022 年 1 月；《培训与开发》，石金涛，中国人民大学出版社，2003 年 1 月；《人力资源培训与开发》，吴颖群、姜英来，中国人民大学出版社，2023 年 5 月 （7）（基础课）基础课相关知识模块：调研信息的收集方法、胜任素质模型、三要素分析法、书面沟通与口头沟通、文书写作规范、统计数据整理分析

课上时间	100 分钟	课下时间	230 分钟

活动序列	活动目标	时间	学习资源	学习地点
活动 1	培训需求分析报告的撰写要求及评价标准（理解，运用）	课上 30 分钟 + 课下 50 分钟	慕课视频、教材、参考书、课件	课上 + 课下
活动 2	完成学生会成员或者辅导员培训需求调研任务（运用）	课上 50 分钟 + 课下 180 分钟	教材、小组完成的作业、任务评分表	课上 + 课下
活动 3	培训需求分析中常见问题与解决策略（理解，运用）	课上 20 分钟	教材、课件、小组完成的作业	课上 + 课下

续表

活动1 知识建模图（课上＋课下）：

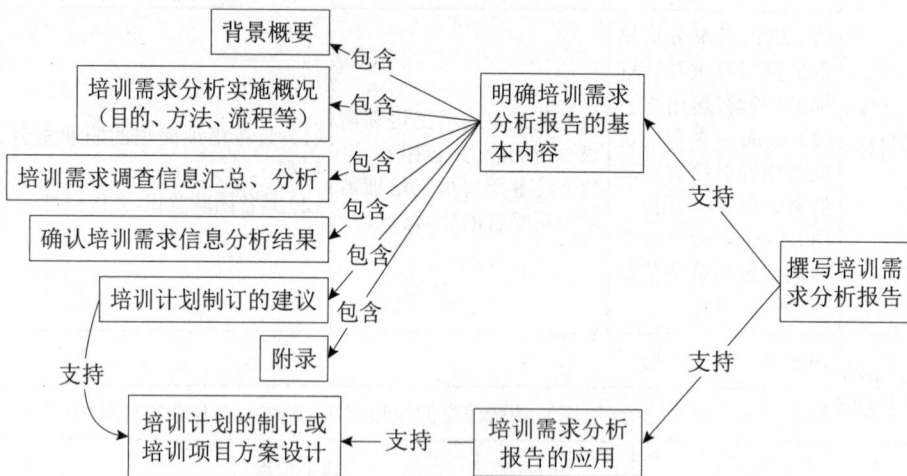

活动目标	培训需求分析报告的撰写要求及评价标准（理解，运用）
	活动任务序列（导入任务）
师生交互过程	教师课前发布"案例——三星集团2016年培训需求分析方案"，提问思考问题："培训需求分析在三星集团的员工培训与培训系统中占据什么地位？培训需求分析与培训系统中的其他部分关系如何？"
师生交互过程	学生进行思考后结合案例回答问题，教师引导学生认识到培训需求分析作为企业培训的首要环节，这也是培训计划和总结的决定性环节，决定着企业培训的价值与成本 最后结合学生的回答，教师引出本次课程的教学内容及教学要求
	活动任务序列（任务一）

任务一知识组块：

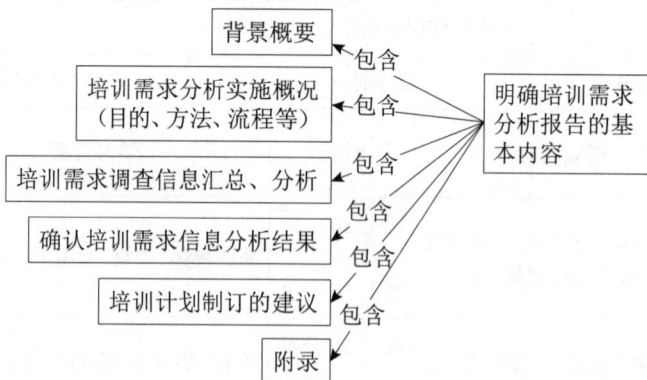

| 任务描述 | 任务一：预习教材"撰写培训需求分析报告"（第四节）并观看该模块对应的慕课视频（12分钟），完成对应的测试题（24道），掌握培训需求分析报告撰写要求
任务二：收集一份培训需求调研报告并总结其基本内容和特点，熟悉培训需求分析报告内容的要求 |

任务时长	50 分钟
学习地点	课下
教学策略（或学习策略）	□讲授　□小组讨论　□答疑　□实验　□实训　☑自主学习　☑其他（请填写）测试
师生交互过程	教师布置课前预习任务，在学习中心发布"培训需求分析报告撰写"对应的视频资源和测试题 学生自主观看视频，预习教材中关于培训需求分析报告撰写的知识，并按照要求完成对应的测试题，有问题可及时在线上或线下找教师进行沟通，务必在课前掌握培训需求分析报告撰写的基础知识
学习资源	慕课视频、教材、测试题
学习成果及评价标准	（1）完成学习中心视频学习任务：依据是否完成慕课视频的观看进行统计，完成视频学习得 100 分，计入课程过程性评价（课堂表现指标） （2）测试题成绩：测试题为客观题，有明确的评价标准，根据学生测试成绩可知学生是否掌握培训需求分析程序模块的相关基础知识

活动任务序列（任务二）

任务二知识组块：

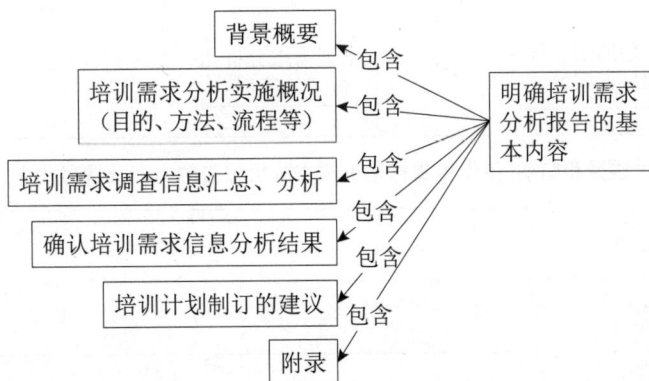

任务描述	采用讲解"培训需求分析调研报告"样例的方法，使学生熟练掌握培训需求调研报告撰写内容的基本要求
任务时长	25 分钟
学习地点	课上
教学策略（或学习策略）	☑讲授　□小组讨论　□答疑　□实验　□实训　□自主学习　☑其他（请填写）案例分析、提问
师生交互过程	教师在课堂上选取 1~2 组展示本组收集到的培训需求调研分析报告的样例，并提出问题："培训需求分析报告撰写的要素有哪些？这些培训需求分析报告有什么特点？"学生思考总结并回答，最后教师总结强调培训需求分析报告内容要包含六个方面的基本要素

续表

学习资源	教材、学生小组网络上收集的培训需求调研报告案例
学习成果及评价标准	学生小组在网络上收集的培训需求调研报告案例 按照课堂提供的评价标准对各组的案例总结作业进行打分,满分 100 分,按照一次小组作业计入成绩考核。 评价指标: 1. 案例内容全面,包含培训需求分析报告的基本要素(40%) 2. 小组总结内容全面清楚(50%) 3. 按时完成上交(10%)

活动任务序列(任务三)

任务三知识组块:

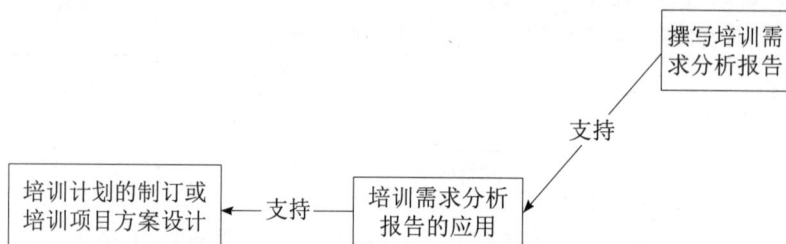

```
                                          ┌──────────┐
                                          │ 撰写培训需 │
                                          │ 求分析报告 │
                                          └──────────┘
                                        ↗
                                   支持
┌──────────┐         ┌──────────┐
│ 培训计划的制订或 │ ←─支持─ │ 培训需求分析 │
│ 培训项目方案设计 │         │ 报告的应用  │
└──────────┘         └──────────┘
```

任务描述	通过讲授和归纳,使学生掌握培训需求分析报告的内容及撰写要求
任务时长	5 分钟
学习地点	课上
教学策略 (或学习策略)	☑讲授 □小组讨论 □答疑 □实验 □实训 □自主学习 □其他(请填写)————
师生交互过程	教师在学生掌握培训需求分析报告撰写内容要求的基础上,进一步讲授归纳培训需求分析报告的应用,提问学生问题:"培训需求分析报告的主要应用是什么?"学生思考后回答问题:"制订培训计划或者设计培训项目。"最后教师分别阐释企业和员工对培训需求分析结果的应用,以及强调培训需求分析报告中体现出的培训计划制订的建议就是下一步培训计划制订的基础
学习资源	教材、案例
学习成果及评价标准	无

活动 2 知识建模图（课上＋课下）：

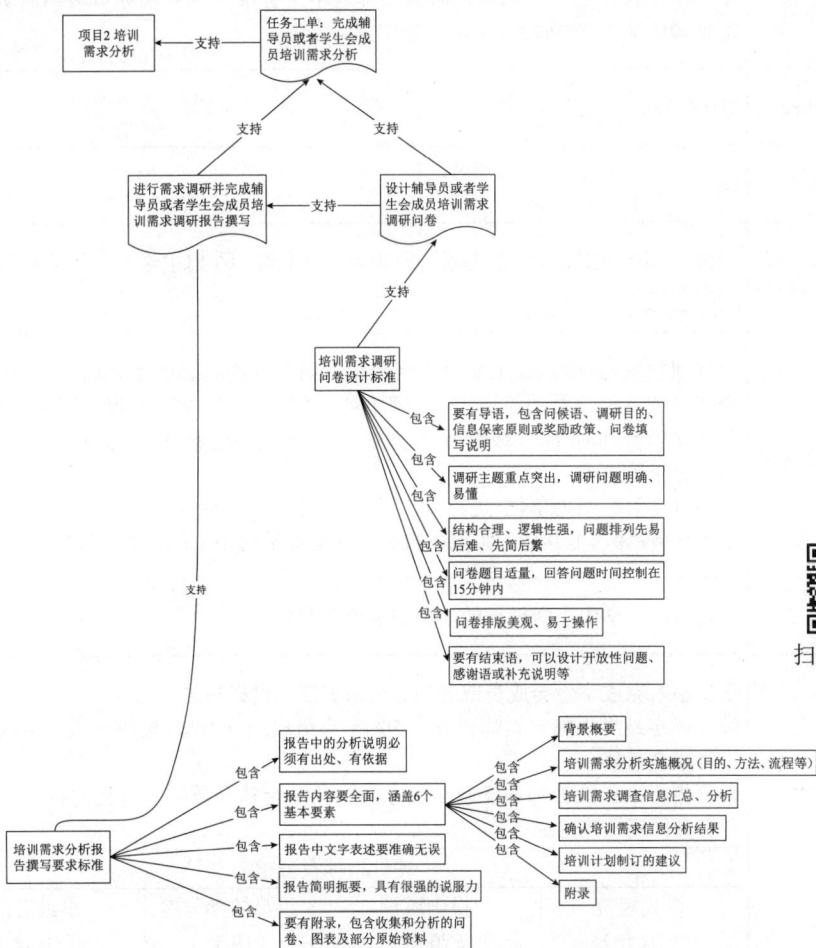

扫码看大图

活动目标	完成学生会成员或者辅导员培训需求调研任务（运用）

活动任务序列（任务一）

任务一知识组块：

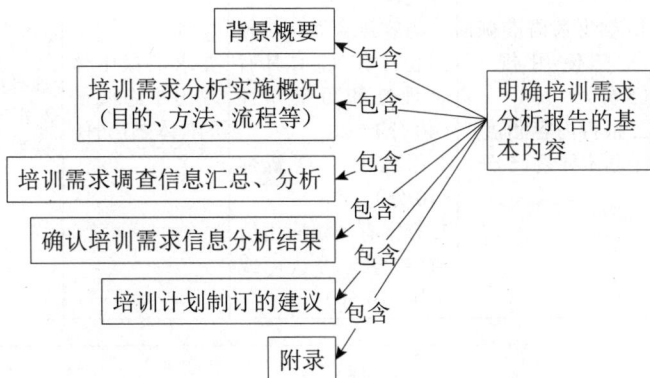

任务描述	采用本组设计的培训需求调研问卷开展学生会成员或者辅导员培训需求调研并汇报调研结果,锻炼培训需求分析的能力
任务时长	180 分钟
学习地点	课下
教学策略(或学习策略)	□讲授　☑小组讨论　□答疑　□实验　□实训　☑自主学习　☑其他(请填写)小组调研
师生交互过程	教师课前发布任务,要求学生小组根据本组设计的培训需求调研问卷,进行学生会成员或者辅导员的培训需求调研任务,并需要在课堂上汇报调研结果,汇报中要体现调研目的、调研对象、调研方式、调研的主要内容、调研数据分析、结论以及小组分工等内容 学生以学习小组为单位,进行分工讨论,完成小组调研作业,并指定代表负责课堂汇报任务;课堂上其他各组要积极参与课堂被抽选小组的作业点评打分
学习资源	教材、课件、学生小组设计的培训需求调研问卷

学生小组完成学生会成员或者辅导员培训需求调研报告
综合评定最终成绩＝教师评分×50%+小组成绩×50%,按照一次小组成绩计入平时成绩考核
评价指标由任课教师和党政学工办副主任结合辅导员和学生会的日常工作职责任务共同商议确定如下:

评价指标及分值			
格式规范 (10 分)	报告质量 (70 分)	组员的参与度 (10 分)	小组汇报 (10 分)
1. 专业术语准确,图表使用规范(5 分) 2. 报告内容涵盖 6个基本要素(5 分)	1. 能够运用所学理论完成报告(5 分) 2. 报告结构严谨,内容全面(5 分) 3. 内容符合调研对象岗位工作实际,具有合理性和可操作性(40 分) 4. 报告具有创新性(10 分) 5. 方案有一定应用价值,被学工办认可或采用(10 分)	要求汇报中体现出小组成员的具体分工责任	1. PPT 设计精美,语言表述准确(5 分) 2. 汇报内容全面、重点突出(5 分)

(上表左侧纵向表头:学习成果及评价标准)

续表

活动任务序列（任务二）	

任务二知识组块：

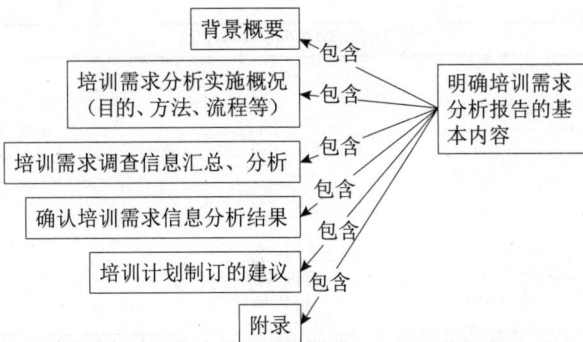

任务描述	通过教师讲解学生会成员或者辅导员培训需求调研任务展示的要求,使学生明确该项调研任务完成的标准要求
任务时长	10 分钟
学习地点	课上
教学策略 （或学习策略）	☑讲授　□小组讨论　□答疑　□实验　□实训　□自主学习　□其他（请填写）_____
师生交互过程	教师在课堂上强调本次小组任务布置的目的,并讲解能支撑学生会成员或者辅导员培训需求调研任务完成的基础知识。同时,公布小组任务的最终成绩由教师打分和小组评分两部分组成,给各个小组发放打分表格,要求其在汇报结束后进行打分并上交
学习资源	教材、课件、任务评分表
学习成果及评价标准	无

活动任务序列（任务三）	

任务三知识组块：

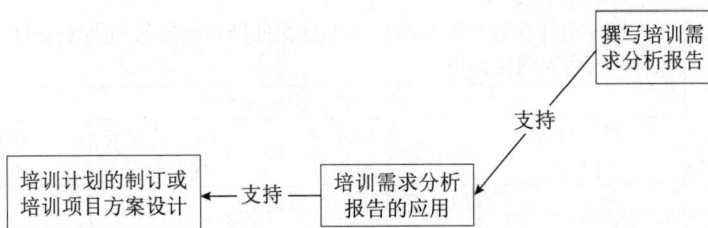

任务描述	通过选取代表小组进行学生会成员或者辅导员培训需求调研任务的展示,使学生具备培训需求分析的能力
任务时长	30 分钟
学习地点	课上
教学策略 （或学习策略）	□讲授　☑小组讨论　□答疑　□实验　□实训　□自主学习　☑其他（请填写） 小组任务汇报展示
师生交互过程	教师根据学生小组提交学生会成员或者辅导员培训需求调研报告的完成情况,在课堂选取 2~3 个小组代表进行小组作业课堂分享展示,小组代表依次分享本组的学生会成员或者辅导员培训需求调研报告,其他组认真听讲并在分享结束后进行点评

续表

学习资源	教材、课件、学生完成的 PPT 或 Word 版本的小组作业
学习成果及评价标准	无

活动任务序列（任务四）

任务四知识组块：

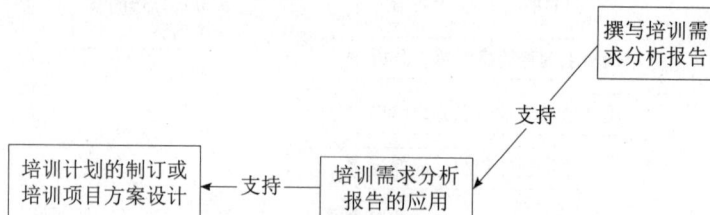

任务描述	通过学生代表对各组完成的调研报告进行点评打分的教学活动,使学生进一步掌握培训需求分析,能开展培训需求分析调研工作
任务时长	10 分钟
学习地点	课上
教学策略 （或学习策略）	□讲授　☑小组讨论　□答疑　□实验　□实训　□自主学习　☑其他（请填写） 评价打分
师生交互过程	教师先从各小组中选出代表对课堂汇报的小组作业进行点评,点评可以围绕以下问题:该组完成的培训需求调研报告存在什么问题,该组的优点有哪些;该组完成的调研报告不足的地方在哪儿等展开,学生代表思考并回答问题,教师对小组作业汇报进行总结 各组商议打分,提交小组评分表。最后教师让学生思考完成培训需求分析调研的过程中存在的问题有哪些? 有没有好的解决策略? 思考后在下一个教学环节进行分享
学习资源	教材、课件、网络资料、学生完成的 PPT 或 Word 版本的小组任务材料、任务评分表

| 学习成果及评价标准 | 学生小组完成学生会成员或者辅导员培训需求调研报告
综合评定最终成绩 = 教师评分 ×50%+ 小组成绩 ×50%,按照一次小组成绩计入平时成绩考核
评价指标由任课教师和党政学工办副主任结合辅导员和学生会的日常工作职责任务共同商议确定如下: |

评价指标及分值

格式规范 （10 分）	报告质量 （70 分）	组员的参与度（10 分）	小组汇报 （10 分）
（1）专业术语准确,图表使用规范（5 分） （2）报告内容涵盖 6 个基本要素（5 分）	（1）能够运用所学理论完成报告（5 分） （2）报告结构严谨,内容全面（5 分） （3）内容符合调研对象岗位工作实际,具有合理性和可操作性（40 分） （4）报告具有创新性（10 分） （5）方案有一定应用价值,被学工办认可或采用（10 分）	要求汇报中体现出小组成员的具体分工责任	（1）PPT 设计精美,语言表述准确（5 分） （2）汇报内容全面、重点突出（5 分）

活动 3 知识建模图（课上＋课下）：

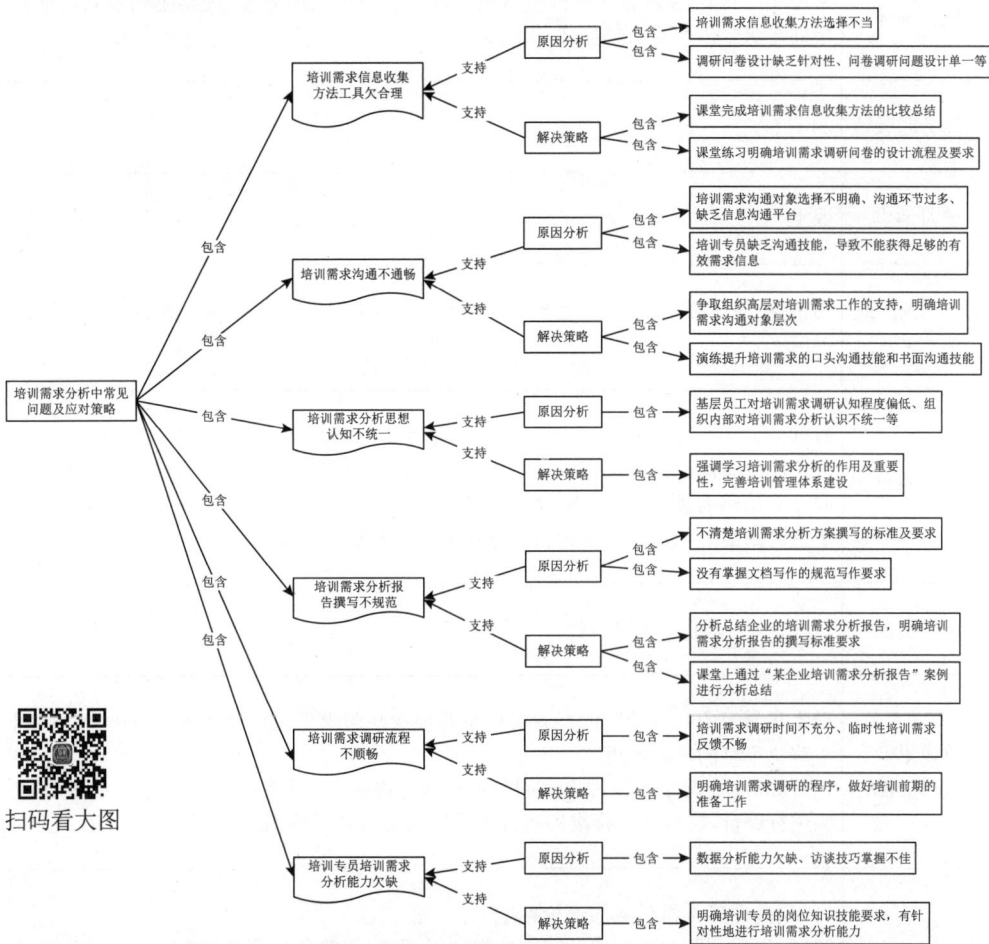

扫码看大图

活动目标	培训需求分析中常见问题与解决策略（理解，运用）

活动任务序列（任务一）

任务一知识组块：

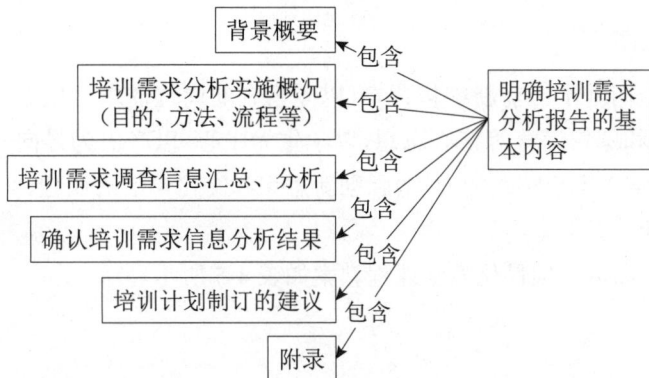

续表

任务描述	采用小组讨论培训需求分析中常见问题与解决策略的方法,使学生初步具备解决培训需求分析中存在的问题的能力
任务时长	20 分钟
学习地点	课上
教学策略(或学习策略)	□讲授　☑小组讨论　□答疑　□实验　□实训　□自主学习　☑其他(请填写)提问
师生交互过程	教师结合各小组完成的学生会成员或者辅导员培训需求调研作业,在学习中心的讨论区发布问题:"培训需求分析中常见问题有哪些?""解决培训需求分析中存在问题的策略有哪些?"引导学生开展小组讨论,学生参与讨论区讨论后,教师根据学生的回复总结培训需求分析中存在的问题与解决策略
学习资源	教材、学生小组完成的作业
学习成果及评价标准	学生在学习中心讨论区的回复可以很好地反映出学生对培训需求分析中常见问题与解决策略的掌握程度 评价标准:根据学生在讨论区回复留言是否准确、逻辑是否严谨、语言是否表达准确进行评价,符合 2 个标准即可计入平时成绩考核指标"课堂参与表现"1 次
备注	(1)明确课后小组任务的评价标准 (2)学生对规范文档写作的基本要求缺乏了解,需要在今后的教学中强调

4.2.5　新零售策划和运营课程教学设计

1. 课程简介

本课程是一门基于当前新零售背景,以零售企业岗位需求为依据,主要运用营销策划、品牌管理和零售运营等核心思想,以学生为中心,以产出为导向,结合零售企业实际业务,培养学生零售实践能力,增强创新意识和文化自信的课程。

2. 教学设计

新零售策划和运营项目化教学课程教案如表 4-5 所示。

表 4-5　新零售策划与运营项目化教学课程教案——零售企业认知

2023—2024 学年第一学期 第 1 周第 1 次 100 分钟

知识建模图：

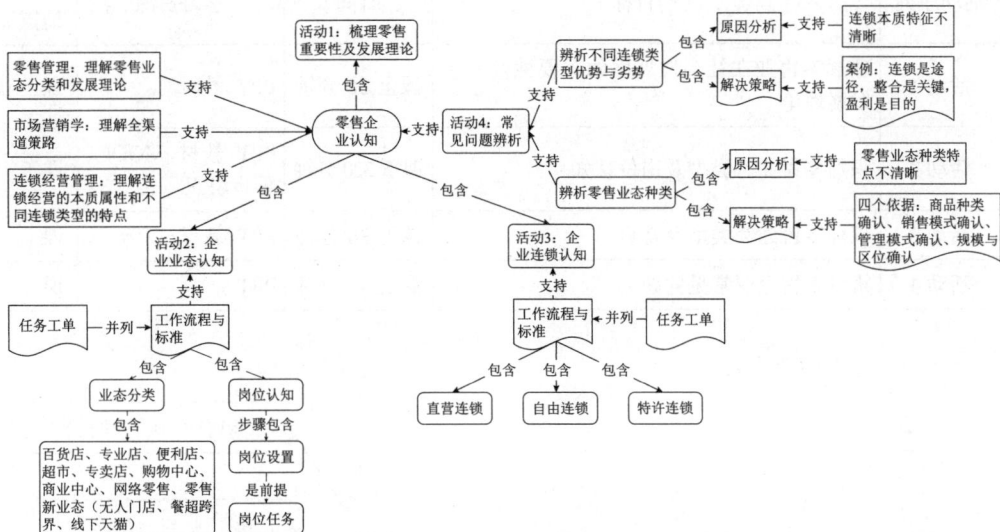

		知识点（学习水平）	能力目标	素质目标 （课程思政点）
学习目标		（1）理解零售业在社会发展中的重要性及零售发展理论 （2）识别零售业态类型及岗位认知 （3）识别零售连锁类型及特点 （4）辨析零售企业常见问题	完成零售企业认知	促进零售业发展，增强民族自信
学习先决知识技能		知识点（学习水平） （1）渠道策略（理解、运用，市场营销学） （2）零售业态分类和发展理论（理解、运用，零售学） （3）连锁经营的属性、类型和特点（理解、运用，连锁经营管理）		
课上资源		（1）课件 PPT 和案例 （2）（参考教材）《零售管理》，汪旭辉，中国人民大学出版社，2022 年 12 月 （3）和企业合作开发的任务工单和评价表	课下资源	（1）（参考书目）《零售管理》，汪旭辉，中国人民大学出版社，145~158 页；《连锁经营管理》，窦志铭，中国人民大学出版社，1~28 页 （2）（参考视频）MOOC，零售管理，陈立平，首都经济贸易大学 （3）（参考企业）时光里和太格茂购物中心各零售店铺及郑州其他零售业态

课上时间	100 分钟		课下时间	320 分钟	
活动序列	活动目标		时间	学习资源	学习地点
活动 1	理解零售业在社会发展中的重要性及零售发展理论		课上 30 分钟	PPT、教材	课上
活动 2	识别零售业态类型及岗位认知		课下 320 分钟	PPT、教材、MOOC、零售组织	课下
活动 3	识别零售连锁类型及特点		课上 30 分钟	PPT、教材、案例	课上
活动 4	辨析零售企业常见问题		课上 40 分钟	PPT	课上

活动 1 知识建模图（课上）：

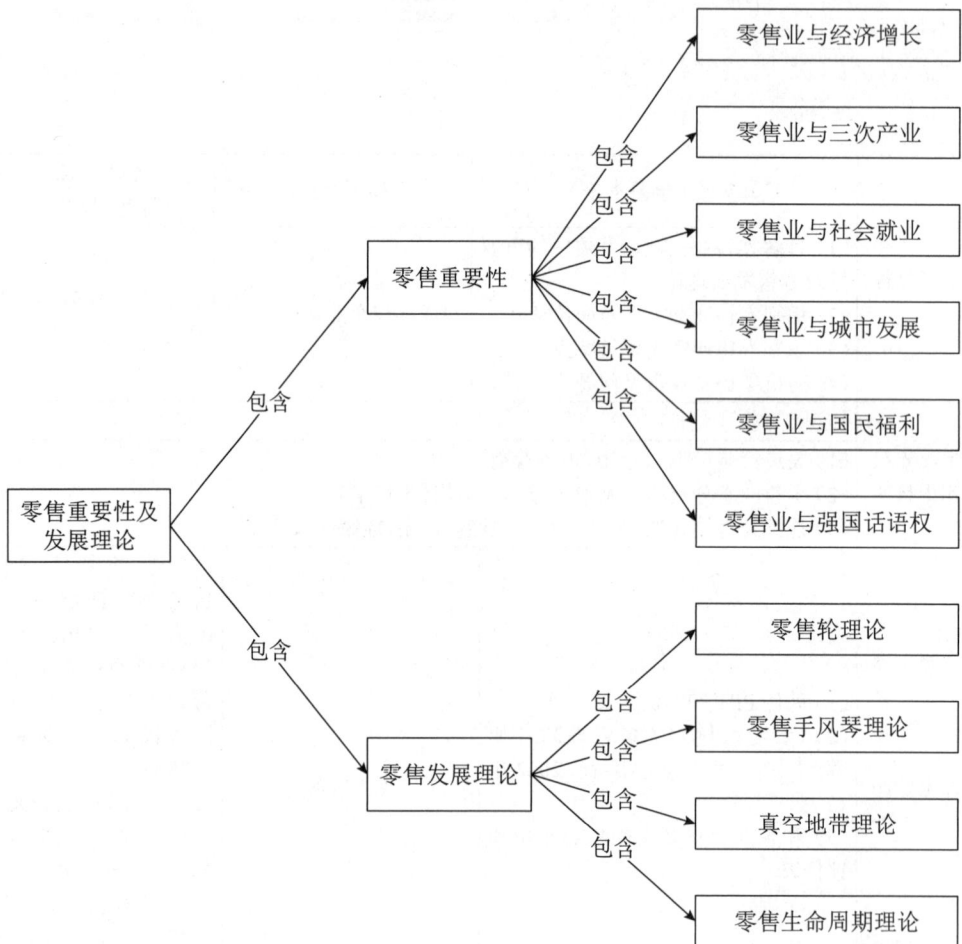

续表

	活动任务序列(任务一)
任务描述	通过学习零售重要性和发展理论的知识,了解零售业态发展的规律性,并增强民族自信心和自豪感
任务时长	30 分钟
学习地点	课上
教学策略 (或学习策略)	☑ 讲授　☑ 小组讨论　☑ 答疑　☐ 实验　☐ 实训　☐ 自主学习　☐ 其他(请填写)_____
师生交互过程	教师课前让学生阅读案例,并留下问题,引起学生对新零售的学习兴趣 学生初步表达自己的看法 教师课后布置作业,比如新零售本质是什么? 数字赋能的未来零售业是什么样的? 学生进一步表达自己的看法
学习资源	PPT、参考教材、导入案例
学习成果及评价标准	回答问题全面、专业、合理、创新,计入平时成绩,0~5 分
备注	注意事项:结合实际,明晰零售业、服务业和消费的范畴及其联系

活动 2 知识建模图(课下):

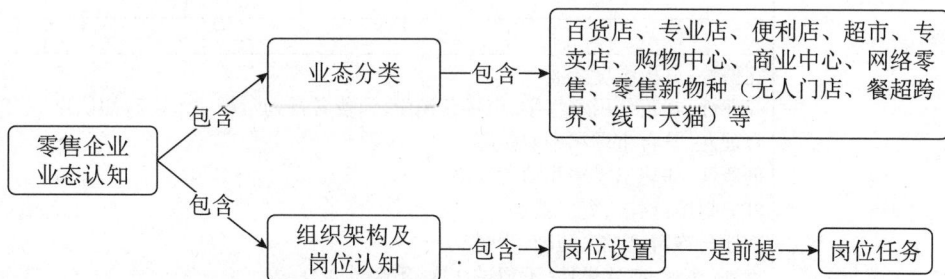

活动任务序列(任务一)

任务一知识组块:

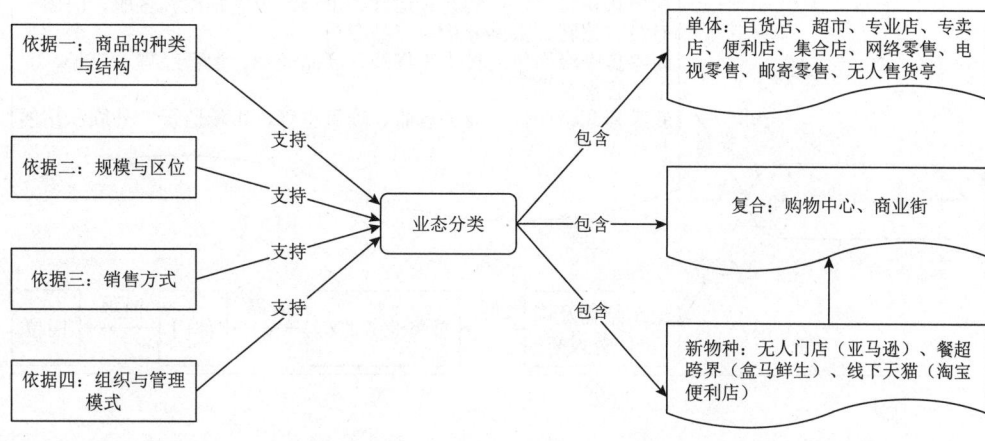

续表

任务描述	通过自主学习课件、教材和实际零售企业调研,能够辨析零售业态类型
任务时长	180 分钟
学习地点	课下
教学策略 (或学习策略)	☐讲授 ☑小组讨论 ☑答疑 ☐实验 ☑实训 ☑自主学习 ☐其他 (请填写)
师生交互过程	教师:提供学习资源、零售组织、任务工单和评价表 学生:自主学习并调研,为汇报学习和调研结果做准备
学习资源	PPT、参考教材、MOOC 和零售组织

学习成果及评价标准

(1)小组课堂汇报(每人汇报一部分)学习成果,计入平时成绩
(2)其他组个人进行点评,计入平时成绩
(3)附评价表:

组别	内容(80 分)				制作与表达(20 分)		总分
	完整性	专业性	合理性	创新性	PPT 制作	陈述与答辩	
1							
2							
3							

完整性:分析维度全面
专业性:规范使用零售学、市场营销学、消费者行为学相关术语和知识点
合理性:符合市场和企业实际
创新性:体现出零售和消费前沿
PPT 制作:整洁、突出重点
陈述与答辩:自然、清晰、流畅
点评:客观、有建设性,不超过 2 次,不超过 4 分

活动任务序列(任务二)

任务二知识组块:

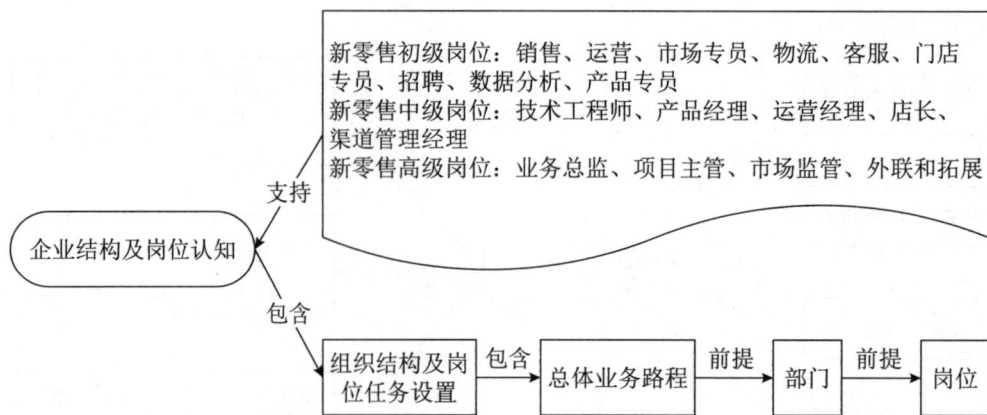

新零售初级岗位:销售、运营、市场专员、物流、客服、门店专员、招聘、数据分析、产品专员
新零售中级岗位:技术工程师、产品经理、运营经理、店长、渠道管理经理
新零售高级岗位:业务总监、项目主管、市场监管、外联和拓展

企业结构及岗位认知 —支持→
—包含→ 组织结构及岗位任务设置 —包含→ 总体业务路程 —前提→ 部门 —前提→ 岗位

任务描述	通过登录零售企业官网或其他招聘网站并调研零售组织,了解零售企业组织结构和岗位任务
任务时长	140 分钟
学习地点	课下
教学策略 (或学习策略)	□ 讲授　☑ 小组讨论　☑ 答疑　□ 实验　☑ 实训　☑ 自主学习　□ 其他 (请填写)_____
师生交互过程	教师:提供学习资源、零售组织、任务工单和评价表 学生:自主学习并调研,为汇报学习和调研结果做准备
学习资源	PPT、参考教材、MOOC、零售组织

学习成果及评价标准:

(1) 小组课堂汇报(每人汇报一部分)学习成果,计入平时成绩

(2) 其他组个人进行点评,计入平时成绩

(3) 附评价表:

组别	内容(80 分)				制作与表达(20 分)		总分
	完整性	专业性	合理性	创新性	PPT	陈述与答辩	
1							
2							
3							
⋮							

完整性:分析维度全面

专业性:规范使用零售学、市场营销学、消费者行为学相关术语和知识点

合理性:符合市场和企业实际

创新性:体现出零售和消费前沿

PPT 制作:整洁、突出重点

陈述与答辩:自然、清晰、流畅

点评:客观、有建设性,超过 2 次,不超过 4 分

备注	注意事项:结合实际调研,认识零售业态分类

活动 3 知识建模图(课上):

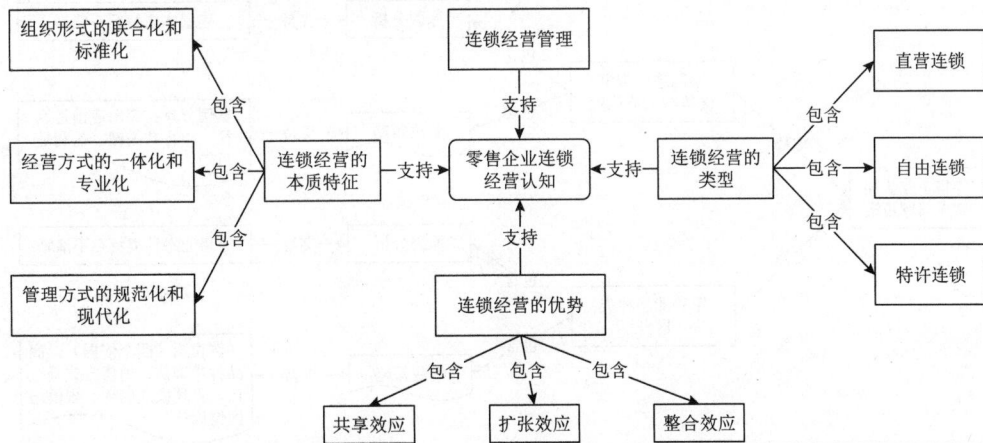

续表

活动任务序列(任务一)

任务描述	撰写连锁经营商业计划书
任务时长	30分钟
学习地点	课上
教学策略 (或学习策略)	☑讲授　☑小组讨论　☑答疑　□实验　☑实训　☑自主学习　□其他 (请填写)_____
师生交互过程	教师:讲解连锁经营基本知识点,演示连锁经营商业计划书写作范本 学生:为课下撰写连锁经营计划书作准备
学习资源	PPT、参考教材、MOOC、案例
学习成果及评价 标准	(1)小组课堂汇报学习成果,计入平时成绩 (2)其他组个人进行点评,计入平时成绩 (3)附评价表:

组别	内容(80分)				制作与表达(20分)		总分
	完整性	专业性	合理性	创新性	PPT	陈述与答辩	
1							
2							
3							
⋮							

完整性:分析维度全面

专业性:规范使用零售学、市场营销学、连锁经营管理相关术语和知识点

合理性:符合市场和企业实际

创新性:体现出零售和消费前沿

PPT制作:整洁、突出重点

陈述与答辩:自然、清晰、流畅

点评:客观、有建设性,不超过2次,不超过4分

备注	注意事项:结合案例,认识连锁经营类型

活动4知识建模图(课上):

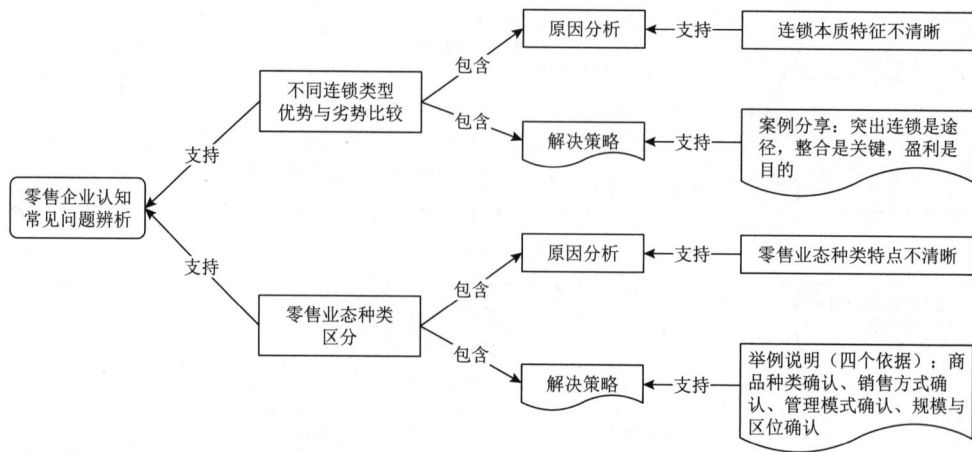

活动任务序列（任务一）	
任务描述	评价学生的零售企业认知报告，并根据学习和企业实践过程中存在的零售企业认知常见问题进行分析，使学生达到能够正确认知零售企业的目的
任务时长	40 分钟
学习地点	课上
教学策略（或学习策略）	□讲授　☑小组讨论　☑答疑　□实验　□实训　□自主学习　□其他（请填写）_____
师生交互过程	教师点评零售企业认知报告并提出零售企业认知中的常见问题（学生学习和企业实践） 学生汇报零售企业认知报告，并以举例、比较、绘制思维导图等方式回答问题
学习资源	PPT
学习成果及评价标准	（1）小组课堂汇报（每人汇报一部分）学习成果，计入平时成绩 （2）其他组个人进行点评，计入平时成绩 （3）附评价表： 完整性：分析维度全面 专业性：规范使用零售学、市场营销学、消费者行为学、连锁经营相关术语和知识点 合理性：符合市场和企业实际 创新性：体现出零售和消费前沿 PPT 制作：整洁、突出重点 陈述与答辩：自然、清晰、流畅 点评：客观、有建设性，不超过 2 次，不超过 4 分
备注	注意事项：学生不仅要汇报报告，而且要以合适方式（比较、举例或绘制思维导图等）表达对问题的理解

评价表（学习成果及评价标准栏内）：

组别	内容（80 分）				制作与表达（20 分）		总分
	完整性	专业性	合理性	创新性	PPT	陈述与答辩	
1							
2							
3							

4.2.6　员工关系实务课程教学设计

1. 课程简介

帮助学员了解和掌握构建积极、健康的员工关系的技巧和策略，内容涵盖了员工关系的基本概念、员工与雇主之间的关系、员工之间的关系、解决员工纠纷的方法、员工激励和激励方法等方面。学生将学会如何建立和维护良好的员工关系,提高员工的工作满意度和工作效率,进而推动组织的发展和壮大。

2. 教学设计

员工关系实务课程在职管理——安全生产健康保护教案如表 4-6 所示。

表 4-6　员工关系实务课程在职管理——安全生产健康保护教案

2024 年第 2 学期第 8 周

知识建模图:

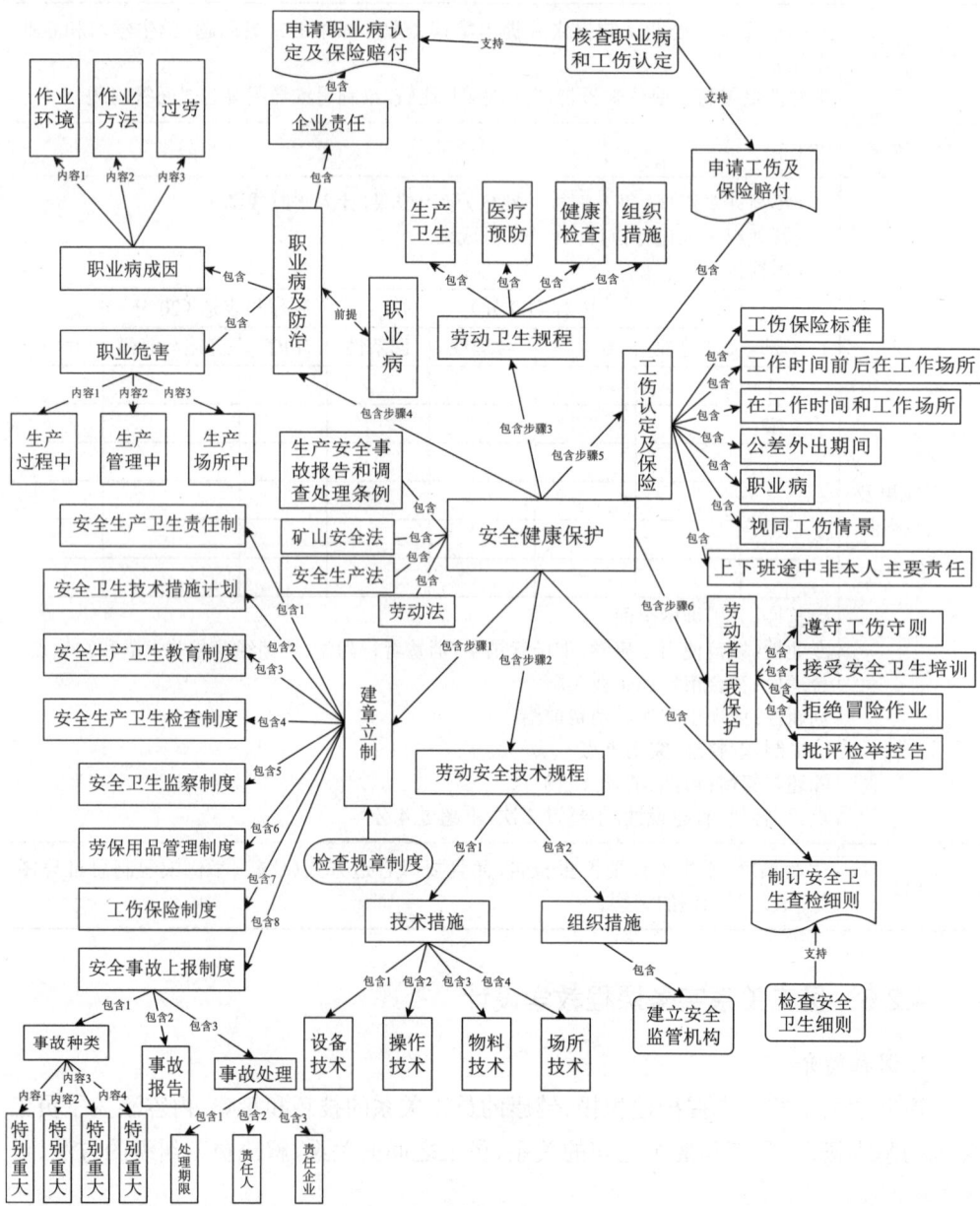

续表

	知识目标	能力目标	素质目标
学习目标	（1）了解安全生产、工伤，工伤认定，健康保护、职业病，工伤保险等知识点 （2）掌握安全生产管理的具体内容，记住安全生产规程和劳动卫生规程，掌握工伤和职业病的具体规定和事故的分类标准，能够根据事实判别事故种类、工伤和职业病，能够上报程序，具备办理工伤保险、申报工伤和职业病的能力	制定安全生产和劳动卫生制度和操作规程；判别安全生产事故类型及上报程序；认定工伤；办理工伤保险；申报职业病认定	（1）坚守原则 （2）认真负责 （3）实事求是 （4）换位思考
学习先决知识技能	知识点（学习水平） 《中华人民共和国劳动法》《中华人民共和国民法典》《中华人民共和国安全生产法》《生产安全事故报告和调查处理条例》《职业病分类和目录》《工伤保险条例》		
课上资源	教材；员工安全和健康管理知识建模图；课件；微课视频；案例	课下资源	微课视频、MOOC、国家应急管理网站、社保中心网站
课上时间	200 分钟	课下时间	700 分钟

活动序列	活动目标	地点	时间	学习资源
活动 1	员工安全管理	课上	50 分钟	微课（视频）、案例、PPT
		课下	200 分钟	MOOC、教材、网站
活动 2	员工健康管理	课上	25 分钟	微课（视频）、案例、PPT、
		课下	100 分钟	MOOC、教材、网站
活动 3	职业病防治	课上	50 分钟	微课（视频）、案例、PPT、
		课下	200 分钟	MOOC、教材、网站
活动 4	工伤认定	课上	50 分钟	微课（视频）、案例、PPT、
		课下	150 分钟	MOOC、教材、网站
活动 5	劳动者自我保护	课上	25 分钟	微课（视频）、案例、PPT、
		课下	50 分钟	MOOC、教材、网站

续表

活动 1 知识建模图（课上＋课下）：

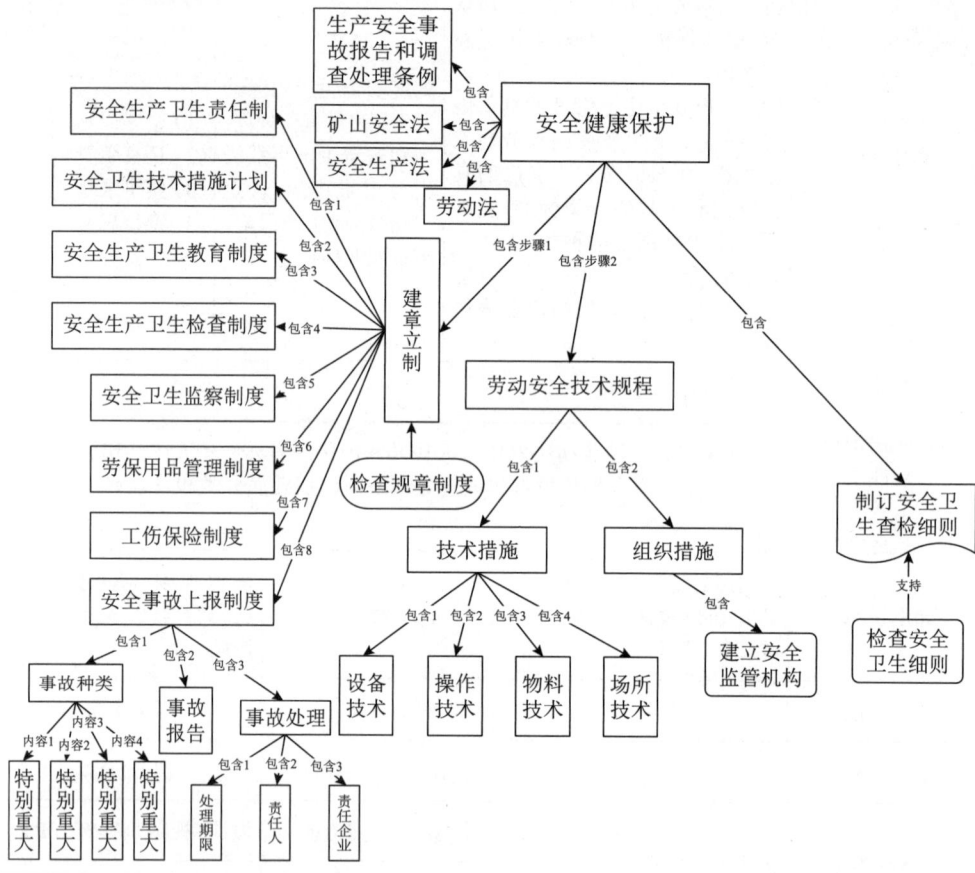

生产安全事故报告和调查处理条例

安全生产卫生责任制

矿山安全法 —包含→ 安全健康保护

安全卫生技术措施计划

安全生产法

劳动法

安全生产卫生教育制度

安全生产卫生检查制度

建章立制 —包含步骤1／包含步骤2→

安全卫生监察制度

劳保用品管理制度

检查规章制度

工伤保险制度

劳动安全技术规程

制订安全卫生查检细则

安全事故上报制度

技术措施　组织措施

检查安全卫生细则（支持）

事故种类　事故报告　事故处理

设备技术　操作技术　物料技术　场所技术

建立安全监管机构

特别重大　特别重大　特别重大　特别重大（内容1 内容2 内容3 内容4）

处理期限　责任人　责任企业（包含1 包含2 包含3）

包含1　包含2　包含3　包含4　包含5　包含6　包含7　包含8

活动目标	（1）理解员工安全的内涵，了解劳动安全技术规范和相关制度的内容、采取的技术措施和组织措施，掌握事故的种类及判断标准，根据数据可以判别事故的类型 （2）了解矿山安全法、安全生产法、劳动法中关于安全的有关内容 （3）了解事故报告的时限、事故处理的时限、技术措施的种类
活动任务序列（导入任务描述）	介绍安阳宝莲寺纺织厂火灾事故，观看微课视频"违纪受伤算工伤？"导入员工安全健康管理课程
师生交互过程	（1）通过介绍纺织厂火灾事故及伤亡人数，引入监管部门对事故的定性判断 （2）通过介绍案例"祸从天降"组织学生讨论当事人能否认定工伤 （3）通过观看微视频了解监管部门对工伤的认定原则 （4）通过介绍"三鹿奶粉"事件让学生了解安全的内涵 （5）通过介绍"渤海钻井平台沉没"事故，让学生了解监管部门对事故的处理

活动任务序列(任务一)

任务一知识组块:	任务描述	了解规章制度的类型和作用
	任务时长	20 分钟
	学习地点	课上

教学策略 (或学习策略)	☑ 讲授　☑ 小组讨论　☑ 答疑　□ 实验　□ 实训　□ 自主学习　□ 翻转课堂 □ 其他(请填写)_____
师生交互过程	本任务旨在了解安全规章制度的类别和作用,安全重在预防的概念,以及安全的全面的含义。同时也向学生介绍了监管部门对事故进行查处定性的标准。无论企业还是员工,都要对安全有理念、有认识,做到入脑入心,如对事故的定性,需要分别从死、伤、经济损失三个方面进行判断,让学生可以通过获取的数据对事故做出一个定性判断,知道事故上报的时限、处理的时限以及最终应当承担的责任
学习资源	教材、课件、"祸从天降"案例文本、微课视频 MP4、MOOC、网站
学习成果及 评价标准	学生可以通过数据判断事故的性质,了解"安全"的全面含义
备注	发现学生对安全生产的全面理解不到位,没有安全生产方面的法律印象,强调学生要提前学习预设知识

活动任务序列（任务二）

任务二知识组块：	任务描述	了解劳动技术规程的具体内容和国家标准，尝试针对技术规程提出自己的组织措施并建立方案
	任务时长	30 分钟
	学习地点	课上

教学策略（或学习策略）	☑讲授　☑小组讨论　☑答疑　□实验　□实训　□自主学习　□翻转课堂 □其他（请填写）
师生交互过程	学生自主学习国家技术规程安全生产标准，了解各项标准的具体规定，老师安排某一具体企业，学生尝试设计、组织和落实方案
学习资源	教材、课件、MOOC、国家应急网站信息
学习成果及评价标准	客观知识通过智慧黄科系统测试和课堂讨论检验；主观题目与具体要求的企业实际行为进行比对

活动 2 知识建模图（课上）：

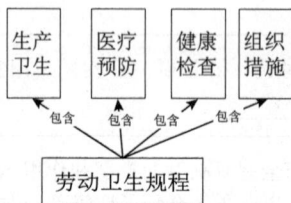

活动任务序列（任务一）

任务一知识组块：	任务描述	了解劳动卫生规程的具体内容和国家标准，尝试针对技术规程提出自己的组织措施并建立方案
	任务时长	10 分钟
	学习地点	课上

教学策略（或学习策略）	☑讲授　☑小组讨论　☑答疑　□实验　□实训　□自主学习　□翻转课堂 □其他（请填写）

续表

师生交互过程	学生自主学习国家技术规程安全生产标准,了解各项标准的具体规定,老师安排某一具体企业,让学生尝试设计、组织、落实方案 学生讨论餐饮业劳动卫生技术规程及落实措施
学习资源	教材、国标资料、PPT、MOOC、职业病网站信息
学习成果及评价标准	客观知识通过智慧黄科系统测试和课堂讨论检验;主观题目与具体要求的企业实际行为进行比对

活动任务序列(任务二)

任务二知识组块:		
	任务描述	知晓劳动卫生的具体项目,以及涉及病症的医学特征和预防措施,能够有针对性地组织员工进行专项检查,设计体检程序和检查项目
	任务时长	15 分钟
	学习地点	课上

教学策略(或学习策略)	☑ 讲授　☑ 小组讨论　☑ 答疑　☐ 实验　☐ 实训　☐ 自主学习　☐ 翻转课堂 ☐ 其他(请填写)_____
师生交互过程	学生自主学习国家技术规程、劳动卫生标准,了解各项标准的具体规定,以及涉及病症的医学特征和预防措施,有针对性地尝试设计、组织并落实员工专项检查和治疗方案。 师生共同讨论餐饮行业劳动卫生规程及特殊检查内容
学习资源	教材、国标资料、PPT、MOOC、职业病网站信息
学习成果及评价标准	客观知识通过智慧黄科系统测试和课堂讨论检验;设计方案对照国家行业标准找出差距

活动 3 知识建模图(课上 + 课下):

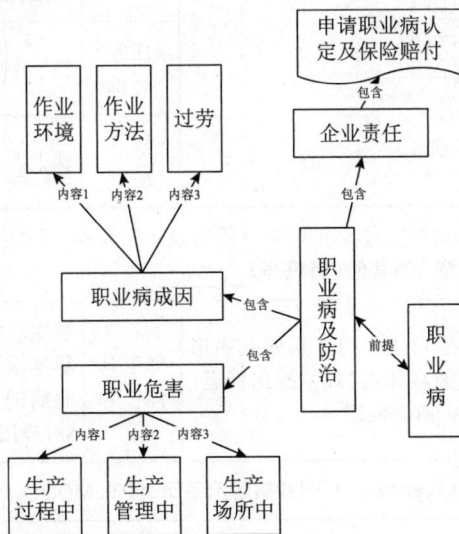

活动任务序列（任务一）

任务一知识组块：		任务描述	通过学习,学生可以了解职业病形成的因素,改进员工工作生产的环境因素,预防和消除导致病症的具体因素
职业危害 内容1 内容2 内容3 生产过程中 / 生产管理中 / 生产场所中		任务时长	15 分钟
		学习地点	课上
教学策略（或学习策略）	☑讲授 ☑小组讨论 ☑答疑 □实验 □实训 ☑自主学习 □翻转课堂 □其他（请填写）_____		
师生交互过程	学生自主学习了解职业病、职业危害的具体内容,并提出问题;老师解答问题	师生具体行为	改进员工工作环境,针对目标企业,提出环境改进建议
学习资源	教材、视频资料、职业病防治条例、PPT、MOOC、职业病网站信息		
学习成果及评价标准	客观知识通过智慧黄科系统测试和课堂讨论检验;设计方案对照国家标准进行比对		

活动任务序列（任务二）

任务二知识组块：		任务描述	通过学习,学生可以了解导致职业病形成的具体原因,并有针对性地提出预防措施
作业环境 / 作业方法 / 过劳 内容1 内容2 内容3 职业病成因		任务时长	25 分钟
		学习地点	课上
教学策略（或学习策略）	☑讲授 ☑小组讨论 ☑答疑 □实验 □实训 □自主学习 □翻转课堂 □其他（请填写）_____		
师生交互过程	学生自主学习了解职业病形成的具体内容,并提出问题;老师解答问题	师生具体行为	学生理解能够消除职业病形成的基本因素,最大限度减少出现职业病的现象。同时,针对目标企业,提出职业病防治的方案
学习资源	教材、视频资料、职业病防治条例、PPT、MOOC、职业病网站信息		

续表

学习成果及评价标准	客观知识通过智慧黄科系统测试和课堂讨论检验；设计方案由企业导师进行评价

活动任务序列（任务三）

任务三知识组块： 	任务描述	了解企业职业病防治中的责任，包括预防、教育、培训、帮助和认定工伤以及享受待遇
	任务时长	10 分钟
	学习地点	课上

教学策略 （或学习策略）	☑ 讲授 □ 小组讨论 □ 答疑 □ 实验 □ 实训 □ 自主学习 □ 翻转课堂 □ 其他（请填写）_____
师生交互过程	老师介绍企业在职业病防治过程责任：为员工办理保险、提供预防材料、培训自我保护知识、告知危害、监督执行、提供鉴定资料、处置职业病、落实待遇
学习资源	教材、视频资料、PPT、MOOC、职业病防治条例、职业病网站信息
学习成果及评价标准	无

活动 4 知识建模图（课上）：

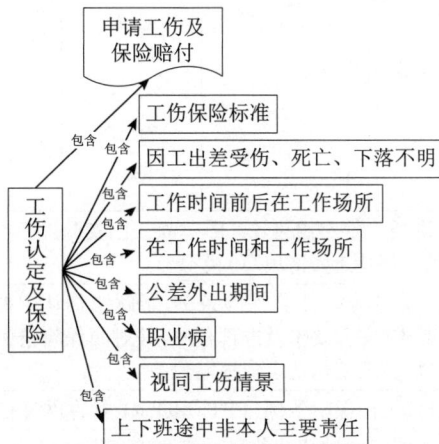

续表

活动任务序列（任务一）		
任务一知识组块：	任务描述	通过学习,学生可以依据规定,对是否属于工伤做出初步判断
	任务时长	25分钟
	学习地点	课上
教学策略（或学习策略）	☑讲授　☑小组讨论　☑答疑　□实验　□实训　□自主学习　□翻转课堂　☑其他（请填写）模拟判断	
师生交互过程	老师以案例和视频导入,引导学生对案例和视频中的情景进行讨论,同时结合学生自主学习工伤保险条例的内容,使学生了解工伤认定的各项规定,并能够依据员工出现的情景做出是否为工伤的基本判定 老师举出案例,由学生讨论做出判断,并对照仲裁委和高法的结论分析原因	
学习资源	教材、工伤保险条例、PPT、MOOC、社保网站信息	
学习成果及评价标准	客观知识通过智慧黄科系统测试和课堂讨论检验;案例分析判断由企业导师进行评价	

活动任务序列（任务二）		
任务二知识组块：	任务描述	使学生了解工伤出现后办理工伤认定的程序、具体的国家赔付项目和国家标准,掌握企业员工关系专员的基本技能
	任务时长	25分钟
	学习地点	课上
教学策略（或学习策略）	☑讲授　☑小组讨论　☑答疑　□实验　□实训　□自主学习　□翻转课堂　☑其他（请填写）模拟	
师生交互过程	学生自主学习工伤保险条例,了解工伤认定的基本程序,办理工伤的时限要求、文件要求及办理程序,并对照保险条例,列出赔付清单 模拟:员工工伤认定申报赔付	
学习资源	教材、工伤保险条例、PPT、MOOC、社保网站信息	
学习成果及评价标准	客观知识通过智慧黄科系统测试和课堂讨论检验;模拟分析判断对照工伤保险条例标准进行评价	

续表

活动 5 知识建模图（课上）：

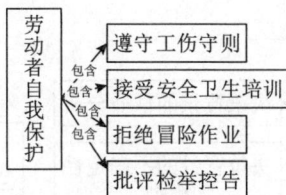

活动任务序列（任务一）

任务一知识组块：	任务描述	通过学习，学生可以知道作为企业，应该从哪些方面强化管理；作为员工，应该从哪些方面严格要求自己
	任务时长	25 分钟
	学习地点	课上

教学策略（或学习策略）	☑ 讲授 ☑ 小组讨论 ☑ 答疑 □ 实验 □ 实训 □ 自主学习 □ 翻转课堂 □ 其他（请填写）_____
师生交互过程	教师讲授知识 学生阅读教材，观看视频资料，掌握员工在安全生产和健康保护中的责任并以小组为单位进行安全分析讨论
学习资源	教材、微课资料、PPT、MOOC、国家应急网站信息
学习成果及评价标准	无

4.3 专业基础课程教学设计

4.3.1 管理学课程教学设计

1.课程简介

管理学课程主要研究和探讨如何有效地管理各类组织。它涵盖了诸如组织行为、人力资源管理、领导力培养等多个方面。通过学习这门课程，学生可以了解管理的基本原理，掌握管理技巧和方法，提升解决实际问题的能力。同时，管理学课程也注重培养学生的团队合作、创新思维和决策能力等，为他们未来的职业发展打下坚实基础。

2.教学设计

管理学课程专业基础课程教案如表 4-7 所示。

表 4-7 管理学课程专业基础课教案——决策方法

2023 年第一学期第 3 周

知识建模图:

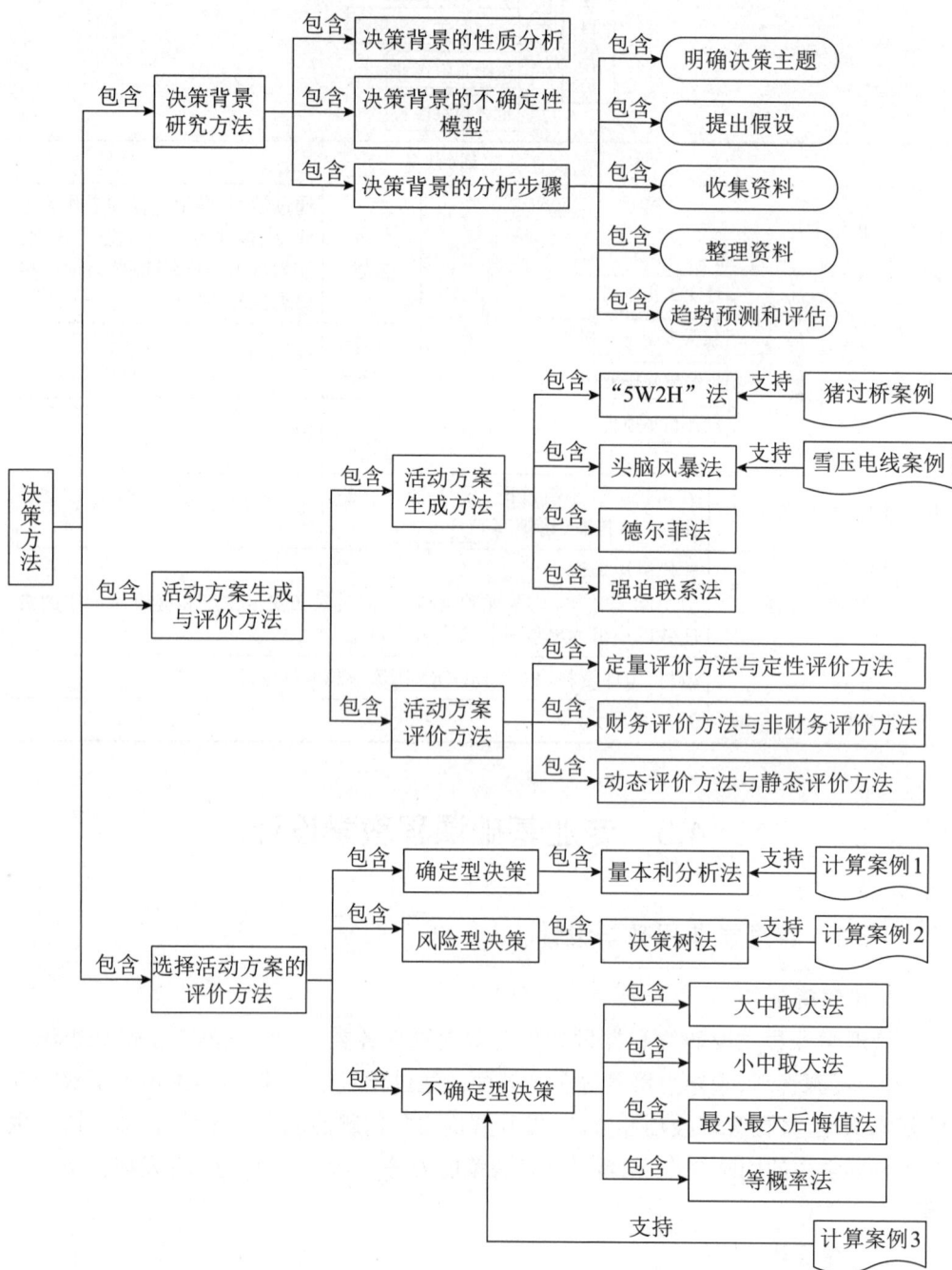

续表

	知识点（学习水平）		素质目标（课程思政点）	
学习目标	（1）决策背景的性质（理解） （2）决策背景的不确定性模型（理解） （3）"5W2H"法（掌握、运用） （4）头脑风暴法（掌握、运用） （5）德尔菲法（掌握、运用） （6）强迫联系法（掌握、运用） （7）活动方案评价方法（理解） （8）量本利分析法（掌握、运用） （9）决策树法（掌握、运用） （10）不确定型决策方案的选择准则 （掌握、运用）		（1）培养学生的团队协作和沟通能力 （2）全面培养并深化学生的创新意识，使他们具备独立思考、勇于探索和创新实践的能力	
学习先决知识技能	知识点（学习水平）			
	期望公式			
课上资源	（1）《管理学》，陈传明，高等教育出版社，马工程教材，2019 年 1 月 （2）《管理学》，周三多，复旦大学出版社，2024 年 2 月	课下资源	"书来泡面"视频、10 道课下自测题（5 道选择、3 道判断、2 道计算）	
课上时间	100 分钟	课下时间	145 分钟	
活动序列	活动目标	时间	学习资源	学习地点
活动 1	点评学生作业，帮助学生对环境分析知识点查漏补缺	课上 10 分钟	学生作业	课上
活动 2	（1）决策背景的性质（理解） （2）决策背景的不确定性模型（理解）	课上 8 分钟 + 课下 30 分钟	5 道课下自测题	课上 + 课下
活动 3	（1）"5W2H"法（掌握、运用） （2）头脑风暴法（掌握、运用） （3）德尔菲法（掌握、运用） （4）强迫联系法（掌握、运用） （5）活动方案评价方法（理解）	课上 37 分钟 + 课下 35 分钟	案例："猪过桥"案例、"雪压电线"案例、班级举手投票法案例、学生发布的案例 视频："书来泡面"视频 习题：3 道课下自测题	课上 + 课下
活动 4	（1）量本利分析法（掌握、运用） （2）决策树法（掌握、运用） （3）不确定型决策方案选择准则（掌握、运用）	课上 45 分钟 + 课下 80 分钟	3 道课堂训练习题、2 道课下训练习题	课上 + 课下

活动1知识建模图（课上）：

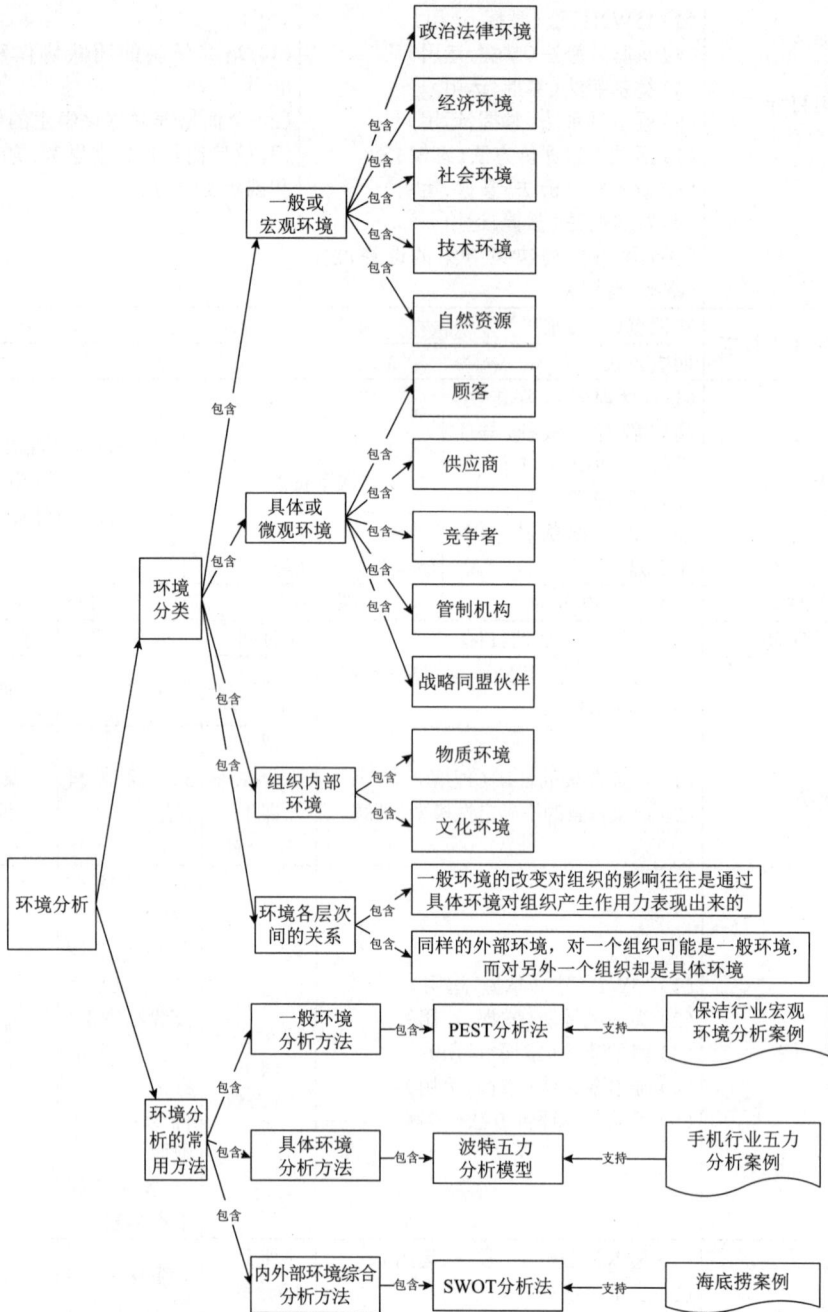

续表

活动目标	点评学生作业,帮助学生对环境分析知识点查漏补缺

活动任务序列(任务一)

任务一知识组块:

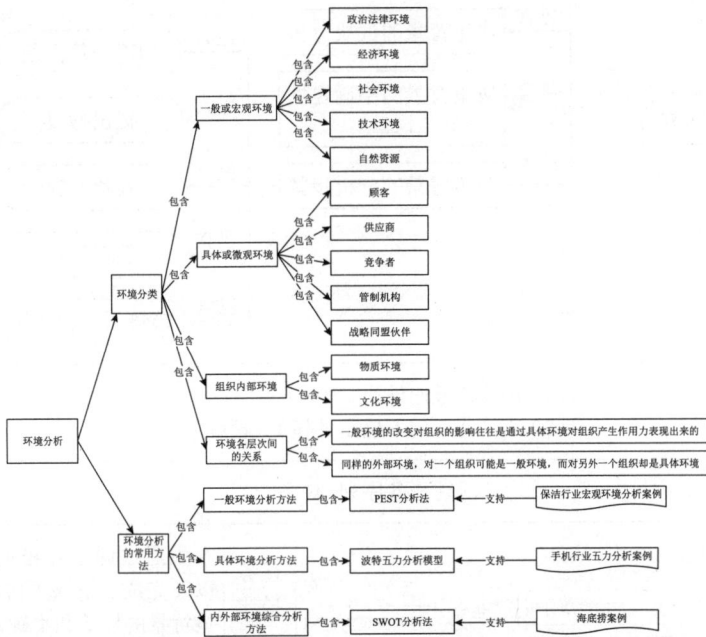

任务描述	通过对学生作业的点评,帮助学生对环境分析相关知识点进行查漏补缺
任务时长	10 分钟
学习地点	课上
教学策略(或学习策略)	☑讲授　□小组讨论　☑答疑　□实验　□实训　☑自主学习　☑翻转课堂　□其他(请填写)_____
师生交互过程	(1)优秀作业展示:在获得学生同意的基础上,对优秀作业进行展示,供大家学习和思考 (2)教师点评和总结:教师对本次作业完成优秀的小组提炼出亮点供大家学习,然后再针对此次作业各小组出现的共性问题进行引导讲解
学习资源	各学习小组作业
学习成果及评价标准	成果:各学习小组提交的环境分析报告 考核标准: (1)PEST、五力分析模型、SWOT 等方法使用准确度(50 分) (2)资料收集充实度(10 分) (3)团队合作度(10 分) (4)分析问题深入度(10 分) (5)课件制作精美度(5 分) (6)观点创新度(10 分) (7)提交作业准时度(5 分)

续表

备注	学生作业整体完成度比较高,分享时积极性也比较高

活动 2 知识建模图(课上 + 课下):

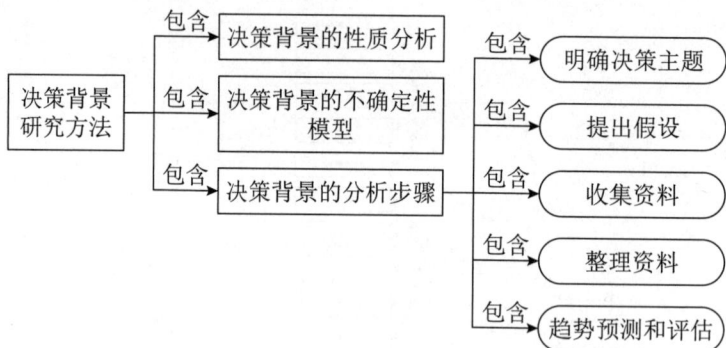

活动目标	(1)决策背景的性质(理解) (2)决策背景的不确定性模型(理解)

活动任务序列(任务一)

任务一知识组块:

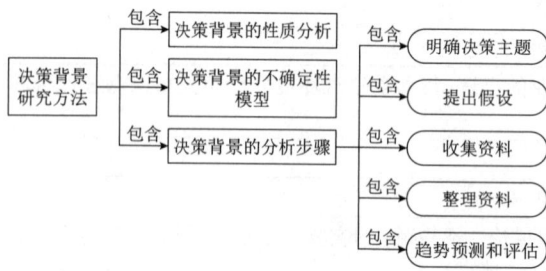	任务描述	学生通过课下对相关知识的自学以及完成 5 道课下自测题,理解决策背景的性质和不确定性模型
	任务时长	30 分钟
	学习地点	课下

教学策略(或学习策略)	□讲授　□小组讨论　☑答疑　□实验　□实训　☑自主学习　☑翻转课堂　□其他(请填写)_____
师生交互过程	(1)教师下发课下学习任务,让学生课下自主学习决策背景研究方法的相关知识,通过班级微信群提醒学生学习,并沟通约定时间,将 5 道自测题上传至智慧黄科平台,设置时间为 10 分钟,提醒学生及时完成 (2)教师答疑:通过班级微信群、各小组讨论群,对学生提出的问题进行解答和针对性辅导
学习资源	5 道课下自测题
学习成果及评价标准	根据学生完成自测题的成绩进行评价
备注	学生自测题的完成度很高,成绩较好

续表

活动任务序列（任务二）			
任务二知识组块： 		任务描述	通过测试、提问等方式检测学生知识点掌握情况，帮助学生查漏补缺
		任务时长	8 分钟
		学习地点	课上
师生交互过程	教师根据之前课下学生对 5 道自测题的完成情况，有针对性地挑选同学进行分析讲解，并进行补充延伸，帮助学生对决策背景研究方法相关知识点进行查漏补缺		
学习资源	5 道课下自测题		
学习成果及评价标准	（1）学生完成自测题的成绩 （2）学生课堂对习题的讲解情况		
备注	通过学生讲解和课堂反馈发现学生对自学知识掌握较好		

活动 3 知识建模图（课上＋课下）：

活动目标	（1）"5W2H"法（掌握、运用） （2）头脑风暴法（掌握、运用） （3）德尔菲法（掌握、运用） （4）活动方案评价方法（理解）

续表

活动任务序列（任务一）

任务一知识组块：		任务描述	通过"猪过桥"案例使学生理解和掌握"5W2H"法
		任务时长	10分钟
		学习地点	课上

教学策略（或学习策略）	☑讲授 □小组讨论 ☑答疑 □实验 □实训 □自主学习 □翻转课堂 □其他（请填写）_____
师生交互过程	（1）教师分解"5W2H"法，使学生理解该方法所涉及的7个方面 （2）教师提问学生：如何让一头300斤的猪过一个只能承载200斤的桥？引导学生分别从why、what、where、when、who、how、how much 7个方面进行分析解答，使学生理解和掌握"5W2H"分析法
学习资源	"猪过桥"案例
学习成果及评价标准	学生使用"5W2H"法解决"猪过桥"问题的程度
备注	学生对案例比较感兴趣，能够使用"5W2H"法解决实际问题

活动任务序列（任务二）

任务二知识组块：		任务描述	通过"雪压电线"实操演练使学生理解头脑风暴法的原则并学会运用该方法
		任务时长	20分钟
		学习地点	课上

教学策略（或学习策略）	☑讲授 ☑小组讨论 □答疑 □实验 □实训 □自主学习 □翻转课堂 □其他（请填写）_____
师生交互过程	（1）教师提问学生："一支粉笔可以做什么？"，鼓励学生独立思考，发挥奇思妙想，不要否定和嘲笑同学，可以补充和延伸，以此引入头脑风暴法的原则，帮助学生理解和掌握该分析方法 （2）小组实操演练、融入思政：美国北部某地区冬季格外寒冷，大雪纷飞，电线上积满冰雪，大跨度的电线常被积雪压断，严重影响了通信。许多人试图解决这一问题，但都未能如愿以偿。请各小组使用头脑风暴法来解决这一问题（最终电信公司采用的方案是依靠高速旋转的螺旋桨扇落电线上积雪的主意） （3）教师总结评价各小组的建议，使学生理解和掌握头脑风暴法，并鼓励学生积极探索，培养学生创新意识
学习资源	"雪压电线"案例

续表

学习成果及评价标准	针对"雪压电线"具体案例,从学生讨论的过程和解决方案等方面是否符合头脑风暴法的原则进行评价
备注	学生积极性很高,提出了很多创新性措施,基本掌握了头脑风暴法

活动任务序列(任务三)

任务三知识组块: 德尔菲法	任务描述	通过班级举手投票法和德尔菲法的对比分析,使学生理解和掌握德尔菲法
	任务时长	7 分钟
	学习地点	课上

教学策略(或学习策略)	☑讲授　□小组讨论　□答疑　□实验　□实训　□自主学习　□翻转课堂　□其他(请填写)_____
师生交互过程	通过班级举手投票法和德尔菲法的对比分析,使用提问引导学生思考,比如"如果我问不想上课的请举手,你会举手吗?"提炼德尔菲法在决策正确度等方面的优点,然后再问,"你以后有问题需要解决的时候会不会用德尔菲法?"引导学生认识到德尔菲法在时间和费用等方面的不足
学习资源	课件、班级举手投票法案例
学习成果及评价标准	学生在班级举手投票法和德尔菲法对比过程中对德尔菲法优劣势的提炼是否准确全面
备注	学生对两种方法的对比积极性很高,能够通过对比提炼德尔菲法的优缺点

活动任务序列(任务四)

任务四知识组块: 强迫联系法	任务描述	学生通过观看视频和完成学习平台讨论,掌握且能运用强迫联系法
	任务时长	20 分钟
	学习地点	课下

教学策略(或学习策略)	□讲授　□小组讨论　☑答疑　□实验　□实训　☑自主学习　☑翻转课堂　□其他(请填写)_____
师生交互过程	(1)教师下发课下学习任务,让学生课下自主学习强迫联系法 (2)为学生提供"书来泡面"的视频,激发学生创意 (3)在智慧黄科平台发布讨论"请列举使用强迫联系法的案例(视频)",鼓励学生把自己在生活中使用强迫联系法的案例或者于其他平台学习到的经典案例在智慧黄科讨论区进行分享和交流,教师对出现的问题及时进行回复和答疑 (4)教师通过班级微信群、各小组讨论群,对学生提出的个性化问题进行解答和针对性辅导

续表

学习资源	"书来泡面"视频、学生发布的案例
学习成果及评价标准	学生在智慧黄科讨论区发布的案例是否符合强制联系法
备注	(1)学生对"书来泡面"的视频讨论热烈,并能举出生活中的案例 (2)后期在教学中多举一些学生感兴趣或者身边的案例,以便于激发学生的学习兴趣

活动任务序列(任务五)

任务五知识组块:		任务描述	学生通过课下自学,理解活动方案的评价方法
活动方案评价方法 —包含→ 定量评价方法与定性评价方法 —包含→ 财务评价方法与非财务评价方法 —包含→ 动态评价方法与静态评价方法		任务时长	15 分钟
		学习地点	课下
教学策略(或学习策略)	□讲授 □小组讨论 ☑答疑 □实验 □实训 ☑自主学习 ☑翻转课堂 □其他(请填写)_____		
师生交互过程	(1)教师下发课下学习任务,让学生课下自主学习活动方案评价方法的相关知识点,并完成配套的 3 道自测题 (2)教师通过班级微信群、各小组讨论群,对学生提出的个性化问题进行解答和针对性辅导		
学习资源	3 道自测题		
学习成果及评价标准	试题库习题,结合学生完成习题的成绩进行评价		
备注	学生自学能力较强,均能完成自学任务,且自测题成绩平均分较高		

活动 4 知识建模图(课上 + 课下):

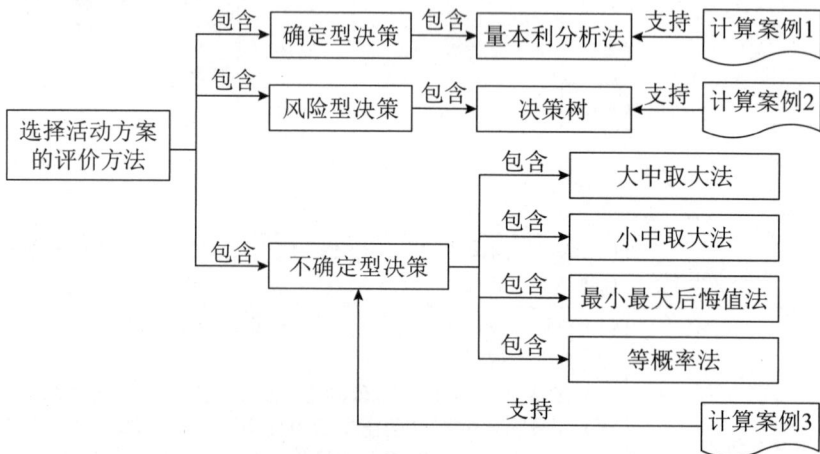

活动目标	(1)量本利分析法(掌握、运用) (2)决策树法(掌握、运用) (3)不确定型决策方案选择准则(掌握、运用)

<table>
<tr><td colspan="3">活动任务序列(任务一)</td></tr>
<tr><td rowspan="3">任务一知识组块:

确定型决策 —包含→ 量本利分析法 —支持→ 计算案例1</td><td>任务描述</td><td>通过具体案例讲授,使学生理解并掌握量本利分析法</td></tr>
<tr><td>任务时长</td><td>10 分钟</td></tr>
<tr><td>学习地点</td><td>课上</td></tr>
<tr><td>教学策略(或学习策略)</td><td colspan="2">☑讲授 □小组讨论 □答疑 □实验 □实训 □自主学习 □翻转课堂 □其他(请填写)＿＿＿＿</td></tr>
<tr><td>师生交互过程</td><td colspan="2">(1)教师通过逻辑推导,从学生高中已掌握的知识"利润＝收入－成本"入手,进行逻辑推理及引导,使学生理解量本利分析法的公式,即利润＝产销量×单价－产销量×单位变动成本－固定成本。盈亏平衡点公式为总收入＝总成本,即 $PQ=F+VQ$,此时保本产量 $Q=F/P-V$。因此该方法也叫盈亏平衡分析法
(2)试题练习:某企业每年固定成本为 900 万元,单位产品每年的变动费用为 0.7 万元,产品售价是 1 万元,则企业保本的销量应是多少? 若该企业拟获得年利润 900 万元,则该企业的年销量又应该是多少?
通过试题练习暴露学生对该知识点的掌握情况,教师针对性地进行讲解,帮助学生理解和掌握量本利分析法</td></tr>
<tr><td>学习资源</td><td colspan="2">试题案例</td></tr>
<tr><td>学习成果及评价标准</td><td colspan="2">通过学生对练习试题的解答程度进行评价</td></tr>
<tr><td>备注</td><td colspan="2">学生练习题的正确率比较高,能够理解和掌握量本利分析法</td></tr>
<tr><td colspan="3">活动任务序列(任务二)</td></tr>
<tr><td rowspan="3">任务二知识组块:

风险型决策 —包含→ 决策树 —支持→ 计算案例2</td><td>任务描述</td><td>通过发布课下自学任务,使学生自行学习、理解和掌握期望公式,完成对决策树先行知识的补充与巩固</td></tr>
<tr><td>任务时长</td><td rowspan="2">40 分钟</td></tr>
<tr><td>学习地点</td><td>课下</td></tr>
<tr><td>教学策略(或学习策略)</td><td colspan="2">□讲授 □小组讨论 ☑答疑 □实验 □实训 ☑自主学习 ☑翻转课堂 □其他(请填写)＿＿＿＿</td></tr>
<tr><td>师生交互过程</td><td colspan="2">(1)教师通过前期学情调研,了解到多数学生高中数学已学习期望知识,少数同学没有学过,因此课下提前安排学生自学补充,并为学生安排一道期望计算试题进行检测:
某企业打算生产某产品,根据市场预测分析,产品销路有三种可能性:销路好、销路一般和差。这三种情况出现的概率分别是 0.3、0.45、0.25,生产该产品有三种方案:改进生产线、新建生产线、外包生产。各种方案的收益值在下表中表示,请适应期望方法做出选择</td></tr>
</table>

续表

	项目	销路好	销路一般	销路差
师生交互过程	改进生产线	180	120	−40
	新建生产线	240	100	−80
	外包生产	100	70	16
	（2）教师通过班级微信群、各小组讨论群，对学生提出的个性化问题进行解答和针对性辅导			

学习资源	期望自测题
学习成果及评价标准	学生完成期望自测题的正确率
备注	部分学生自学期望知识存在一定困难，需要课堂进行进一步讲解

活动任务序列（导入任务描述）

师生交互过程	教师提问："通过前期调研，我发现部分同学对期望的相关知识比较熟悉，有些同学则可能需要继续学习巩固，之前也让大家在课下先自学了期望的内容，接下来请大家说说，期望的计算公式是什么？"

活动任务序列（任务三）

任务三知识组块：		任务描述	结合具体案例，通过和学生提问互动使学生掌握决策树方法
		任务时长	15 分钟
		学习地点	课上

教学策略（或学习策略）	☑ 讲授　□ 小组讨论　□ 答疑　□ 实验　□ 实训　□ 自主学习　□ 翻转课堂　□ 其他（请填写）＿＿＿＿＿
师生交互过程	（1）教师结合课下习题检测情况进行提问，并结合反馈进行有针对性的答疑解惑，使学生理解并掌握期望公式：$E(x) = \int xf(x)\mathrm{d}x$ （2）决策树是一种以树形图来辅助进行各方案期望收益计算和比较的决策方法。教师通过分解演绎分别从决策点、方案枝、状态点和状态枝等方面为学生完整呈现一个阶段的决策树 （3）试题练习：某公司为满足市场对某种新产品的需求，拟规划建设新厂。预计市场对这种新产品的需求量比较大，但也存在销路差的可能性。公司有两种可行的扩大生产规模方案：一是新建一个大厂，预计需投资 30 万元，销路好时可获利 100 万元，销路不好时亏损 20 万元；二是新建一个小厂，需投资 20 万元，销路好时可获利 40 万元，销路不好仍可获利 30 万元。假设市场预测结果显示，此种新产品销路好的概率为 0.7，销路不好的概率为 0.3。根据这些情况，请用决策树法说明如何选择最佳的方案 （4）教师通过案例引导学生一起画出决策树，使学生理解决策树的使用方法。然后提问高中未学过期望的同学，鼓励他们使用期望值的方法来进行选择，并针对学生选择过程中出现的问题进行讲解，帮助学生掌握期望和决策树方法

续表

师生交互过程	
学习资源	练习试题
学习成果及评价标准	（1）学生是否结合案例画出了正确的决策树 （2）学生是否准确使用期望做出选择
备注	通过课下自学和课上的讲解与练习，学生基本掌握并能运用期望值和决策树

活动任务序列（任务四）

任务四知识组块： 	任务描述	通过讲解具体案例引导学生理解并掌握不确定型决策方案选择的准则
	任务时长	20 分钟
	学习地点	课上
教学策略（或学习策略）	☑ 讲授　□ 小组讨论　□ 答疑　□ 实验　□ 实训　□ 自主学习　□ 翻转课堂　□ 其他（请填写）＿＿＿＿＿	
师生交互过程	教师通过实际案例，根据学生做出的不同选择进行比较分析，逐步引出大中取大法、小中取大法、最小最大后悔值法和等概率法等选择准则。例如： （1）分别邀请选择改进生产线、新建生产线和外包生产的同学发言，解释选择的原因 （2）根据学生的发言，引出小中取大法（悲观准则）和大中取大法（乐观准则）原则。比如学生说："我就选新建，未来就是好，而且新建挣得最多"，引导学生理解乐观准则。有学生可能会说："选外包，外包稳赚不赔"，引导学生理解悲观原则 （3）假设未来情况明朗，销量就是好，提问选择外包生产的同学，"和新建生产线的方案相比，你少收入了 140，你后悔吗？"以此引出后悔值，进而使学生理解最小最大后悔值法 （4）因为不确定型决策对未来的结果难以估计，那就给他们每个可能赋一个相同的概率，回归风险型决策，并使用期望值进行选择 试题：某企业打算生产某产品，根据市场预测分析，产品销路有三种可能性：销路好、一般和差。生产该产品有三种方案：改进生产线、新建生产线和外包生产	

续表

项目	销路好	销路一般	销路差
改进生产线	180	120	−50
新建生产线	240	100	−80
外包生产	100	70	16

<table>
<tr><td rowspan="30">师生交互过程</td></tr>
</table>

（1）小中取大法（悲观准则）

选择在最差自然状态下仍能带来最大收益的方案作为实施方案

$\max(-40, -80, 16)=16$

（2）大中取大法（乐观准则）

决策时，对各种方案都按它带来的最高收益考虑，然后比较哪种方案的最高收益更高

$\max(180, 240, 100)=240$

（3）最大后悔值最小法

项目	销路好	销路一般	销路差	最大后悔值
改进生产线	60	0	66	66
新建生产线	0	20	96	96
外包生产	140	50	0	140

选择改进生产线

（4）等概率法

因每种方案结果可能发生的概率为 1/3，则

$E_1=(180+120-50)\times 1/3=83.33$

$E_1=(240+100-80)\times 1/3=86.67$

$E_1=(100+70+16)\times 1/3=62$

所以，新建生产线的期望值最大，即新建生产线为最优方案

学习资源	试题
学习成果及评价标准	学生对各选择原则使用是否正确
备注	通过对比学生选择结果的方法进行讲授，学生积极性比较高

活动任务序列（任务五）

任务五知识组块：

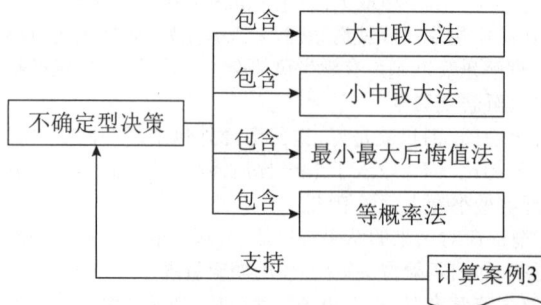

任务描述	学生通过对课下习题的练习进一步掌握不确定型决策方案的选择准则
任务时长	40 分钟
学习地点	课下

教学策略（或学习策略）	□讲授　□小组讨论　☑答疑　□实验　□实训　☑自主学习　□翻转课堂　□其他（请填写）_____

师生交互过程	（1）发布课下习题:某工厂以批发方式销售其生产的产品,每件产品的成本为 0.03 元,批发价格为 0.05 元 / 件。如果每天生产的产品当天销售不完,每天要损失 0.01 元。已知该工厂每天的产量可以是 0 件、1000 件、2000 件、3000 件、4000 件;根据市场需求,每天销售的数量可能为 0 件、1000 件、2000 件、3000 件、4000 件。则该工厂的决策者应如何安排每天的生产量才能满意？ （2）提出作业要求 ① 本次为个人作业,每人均需完成 ② 下次课准时提交作业 ③ 作业提交在学习中心系统 （3）向学生明确作业检测方法 ① 教师查看学习中心后台,审阅每人作业 ② 学生课堂讲解 由于本次测试题较难,预测部分同学课下完成具有一定的难度,同时为了更好地激励学生,提前告知学生下节课会邀请同学上台为大家讲解该习题 ③ 教师补充讲授 （4）向学生明确作业考核标准 ① 按时提交作业（10 分） ② 乐观准则选择正确（10 分） ③ 悲观准则选择正确（10 分） ④ 等概率方法使用正确（30 分） ⑤ 最小最大后悔值法使用正确（40 分） 另外:主动上台进行作业讲解的同学额外加 5 分作为奖励 （5）教师通过班级微信群、各小组讨论群,对学生提出的疑问进行解答和有针对性的辅导。比如"后悔值怎么计算？" 本习题选择思路: 根据条件,有五种备选方案,分别为每天生产 0 件、1000 件、2000 件、3000 件、4000 件,问题的关键在于计算出每种方案的收入。由于每一种方案又面对五种可能的市场需求,所以每种可行方案共有五种可能的收益。 设产量为 Q,销量为 S,收益为 R,则 当 $Q > S$ 时,$R=S\times(0.05-0.03)-(Q-S)\times 0.01$ 当 $Q \leqslant S$ 时,$R=Q\times(0.05-0.03)$ 计算结果如下:

R/ 元		销售量 S/ 件				
		0	1000	2000	3000	4000
产量 Q / 件	0	0	0	0	0	0
	1000	−10	20	20	20	20
	2000	−20	10	40	40	40
	3000	−30	0	30	60	60
	4000	−40	−10	20	50	80

师生交互过程	按照乐观准则,决策者将找出每个可行方案的最大值,然后选出各个最大值中的最大值即 80 元,这个最大值对应的方案即产量为 4000 件的方案是最满意方案 按照悲观准则,决策者选择产量为 0 件的方案 按照等概率准则,方案 2 即产量为 1000 件的方案的期望值=$(-10+20+20+20+20) \div 5=14$(元),依次算出各方案的期望值分别为 0 元、14 元、22 元、24 元、20 元。所以,选择产量为 3000 件的方案

R/元		销售量 S/件					最大机会损失
		0	1000	2000	3000	4000	
产量 Q/件	0	0	20	40	60	80	80
	1000	10	0	20	40	60	60
	2000	20	10	0	20	40	40
	3000	30	20	10	0	20	30
	4000	40	30	20	10	0	40

	按照最小后悔准则,机会损失矩阵如上表所示。从中可以看出,第四个方案即产量为 3000 件时,决策者最满意
学习资源	习题
学习成果及评价标准	成果:每位同学提交的习题答案 评价标准: (1)按时提交作业(10 分) (2)乐观准则选择正确(10 分) (3)悲观准则选择正确(10 分) (4)等概率方法使用正确(30 分) (5)最小最大后悔值法使用正确(40 分) 另外,主动上台进行作业讲解的同学额外加 5 分作为奖励
备注	此作业存在一定难度,部分同学完成度不高

4.3.2　组织行为学课程教学设计

1. 课程简介

本课程是工商管理专业的一门基础课,支撑了员工招聘实务、绩效与薪酬管理、运营管理等项目化教学课程。该课程综合运用了心理学、社会学、人类学、经济学和政治学等多门学科的知识,研究组织情境中人的心理和行为的规律。本课程力求将理论与实践相结合,集中研究探讨组织行为学的主要概念、理论、实务和案例,不仅能使学生全面了解组织行为学的相关概念和理论,了解人在组织中的行为特点和规律,了解哪些个体、群体、组织因素会对这些行为产生影响以及如何影响,而且能使学生逐步具有创新能力,能够发现、辨析、质疑、评价与人的行为有关的现象和问题,对人的管理的问题表达个人见解,提高解释、理解、预测、引导、控制、改变和培养人的行为的能力,即具有解决人的管理方面复杂问题的能力,能够对人的行为管理等诸多复杂问题进行综合分析和研究,并提出适合组织、人的行为特点的对策或解决方案,从而提升组织绩效。

2. 教学设计

组织行为学课程专业基础课教案如表 4-8 所示。

表 4-8　组织行为学课程专业基础课教案——如何有效激励员工

2023—2024 学年第一学期第 5~6 周

知识建模图:

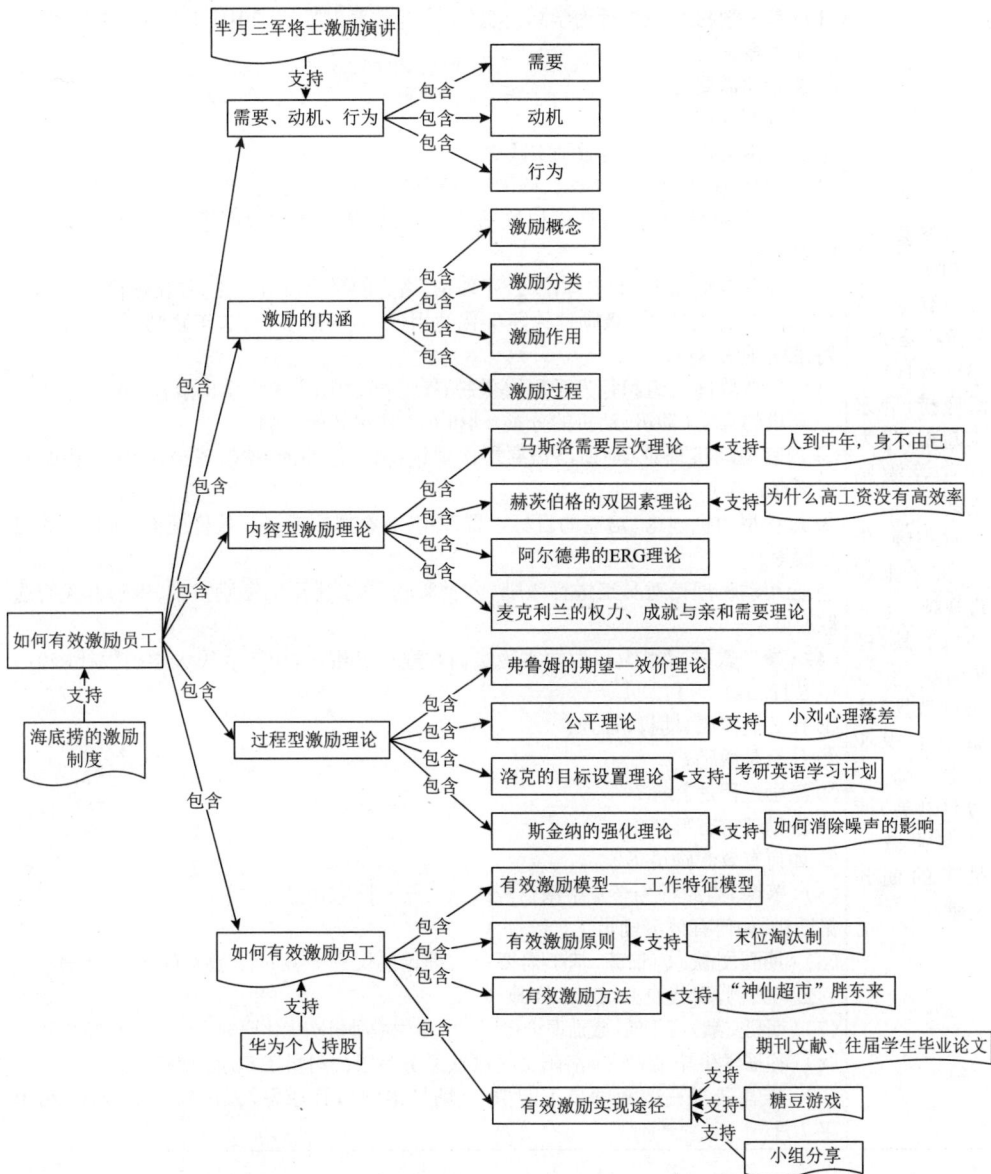

续表

学习目标	知识点（学习水平）		素质目标（课程思政点）
学习目标	（1）需要、动机、行为（记忆，理解） （2）激励的内涵（记忆，理解） （3）内容型激励理论（理解，运用） （4）过程型激励理论（理解，运用） （5）激励理论实践应用（理解，运用）		（1）培养学生公平公正的意识 （2）培养学生以人为本的管理思想
学习先决知识技能	知识点（学习水平）		
学习先决知识技能	激励相关理论内容（记忆，理解）；语言表达（运用）；办公软件（运用）		
课上资源	课下资源		
（1）（教具）课件 PPT （2）（作业）智慧黄科测试 （3）（教具）海底捞、胖东来超市、华为企业等激励案例 （4）（视频）华为、胖东来超市视频 （5）（教具）糖果游戏 （6）（教具）往届学生毕业论文 （7）（教具）两篇有关激励员工的期刊文献	（1）（参考教材）《组织行为学》，孙健敏，高等教育出版社，2019 年 8 月，58～87 页 ① 基本概念 ② 激励的需要理论 ③ 激励的过程理论 ④ 在中国文化背景下的激励实践 （2）（参考教材）《组织行为学》，陈国海，清华大学出版社，2013 年 6 月，142～187 页 ① 内容型激励理论（马斯洛层次需要理论、赫茨伯格的双因素理论、阿尔德弗的 ERG 理论等） ② 过程型激励理论（期望理论、公平理论、洛克的目标设置理论、强化理论） ③ 激励理论的应用（激励理论跨文化适用性、激励的多样化、年薪制、员工持股计划、股票期权制） （3）（参考教材）《组织行为学》，孙健敏、徐世勇，中国人民大学出版社，79～104 页 ① 动机的含义（动机、动机的分类、动机对工作绩效的影响） ② 内容型动机理论（马斯洛需要层次理论、阿尔德弗的 ERG 理论、赫茨伯格的双因素理论等） ③ 过程型动机理论（洛克的目标设置理论、弗鲁姆的期望—效价理论、斯金纳的强化理论） ④ 应用动机理论对员工进行激励（六种激励方式、常用的激励技术、激励方式的选取原则） （4）（参考教材）《组织行为学实验实训教程》，薛继东，中国人民大学出版社，2019 年 6 月，141～172 页 ① 什么是需要、动机、行为？ ② 什么是激励？ ③ 激励过程是怎样？ ④ 激励理论有哪些？ ⑤ 如何有效激励员工？ （5）（慕课）组织行为学－中南财经政法大学－国家精品 第四讲，如何有效激励员工（上、下） （6）（期刊文献）郭雅芬，基于需要层次理论的国有企业员工激励问题分析——以 Y 公司为例，现代企业，2023（10） （7）（期刊文献）盛于航，激励理论视域下大学生激励机制优化研究，南方论刊，2023（10） （8）（往届学生毕业论文）洛阳文亮餐饮服务有限公司员工激励问题研究 （9）（推荐书）《有效激励员工的 70 个场景案例》，任康磊，人民邮电出版社，2020 年 7 月

续表

课上时间	200 分钟		课下时间	570 分钟	
活动序列	活动目标		时间	学习资源	学习地点
活动 1	需要、动机、行为（记忆，理解）		课下 50 分钟 + 课上 15 分钟	（1）（视频）组织行为学－中南财经政法大学－国家精品－需要、动机与行为 （2）（参考教材）《组织行为学》，孙健敏，高等教育出版社，58~60 页 （3）（参考教材）《组织行为学》，孙健敏、徐世勇，中国人民大学出版社，79~81 页 动机的含义（动机、动机的分类、动机对工作绩效的影响） （4）（教具）课件 PPT （5）（网络资源）搜集了解海底捞如何激励员工的相关资料 （6）（参考教材）《组织行为学实验实训教程》，薛继东，中国人民大学出版社，2019 年 6 月，141~143 页 什么是需要、动机、行为？	课下 + 课上
活动 2	激励的内涵（记忆，理解） 激励的概念（记忆，理解） 激励分类（记忆，理解） 激励作用（记忆，理解） 激励过程（记忆，理解）		课下 25 分钟 + 课上 8 分钟	（1）（教具）课件 PPT （2）（参考教材）《组织行为学实验实训教程》，薛继东，中国人民大学出版社，2019 年 6 月，143~145 页 什么是激励？	课下 + 课上

续表

活动序列	活动目标	时间	学习资源	学习地点
活动3	内容型激励理论(理解,运用) 马斯洛需要层次激励理论(理解,运用) 赫茨伯格的双因素理论(理解,运用) 阿尔德弗的ERG理论(理解,运用) 麦克利兰的权力、成就与亲和需要理论(理解,运用)	课下115分钟 + 课上27分钟	(1)(案例)人到中年,身不由己? (2)(案例)为什么高工资没有高效率? (3)(参考教材)《组织行为学实验实训教程》,薛继东,中国人民大学出版社,2019年6月,145~150页 激励理论有哪些? (4)(视频)组织行为学-中南财经政法大学-国家精品-需要与ERG理论(上、下)-双因素理论-麦克利兰的需要层次理论 (5)(教具)课件PPT	课下+课上
活动4	过程型激励理论(理解,运用) 弗鲁姆的期望—效价理论(理解,运用) 公平理论(理解,运用) 洛克的目标设置理论(理解,运用) 斯金纳的强化理论(理解,运用)	课下160分钟 + 课上50分钟	(1)(案例)小刘心理落差 (2)(案例)考研英语学习计划 (3)(案例)如何消除噪声的影响 (4)(视频)组织行为学-中南财经政法大学-国家精品-期望理论(上、下)-强化理论-公平理论-目标设置理论 (5)(教具)课件PPT (6)(参考教材)《组织行为学实验实训教程》,薛继东,中国人民大学出版社,2019年6月,150~155页 激励理论有哪些?	课下+课上

活动序列	活动目标	时间	学习资源	学习地点
活动 5	如何有效激励员工(理解,运用) 有效激励模型－工作特征模型(理解,运用) 有效激励原则(理解,运用) 有效激励方法(理解,运用) 有效激励实现途径(理解,运用) 培养学生公平公正的意识(理解,运用) 培养学生以人为本的管理思想(理解,运用)	课下 220 分钟 + 课上 100 分钟	(1)(小组作业)大学生如何进行自我管理 (2)(小组作业)设计问卷、访谈大纲了解大学生需要,如何对大学生进行激励管理 (3)(期刊文献)郭雅芬,基于需要层次理论的国有企业员工激励问题分析——以 Y 公司为例,现代企业,2023(10) (4)(期刊文献)盛于航,激励理论视域下大学生激励机制优化研究,南方论刊,2023(10) (5)(参考教材)《组织行为学实验实训教程》,薛继东,中国人民大学出版社,2019 年 6 月,155~161 页 如何有效激励员工?(工作特征模型、激励方法、激励途径) (6)(往届学生毕业论文)洛阳文亮餐饮服务有限公司员工激励问题研究	课下 + 课上

活动 1 知识建模图(课上 + 课下):

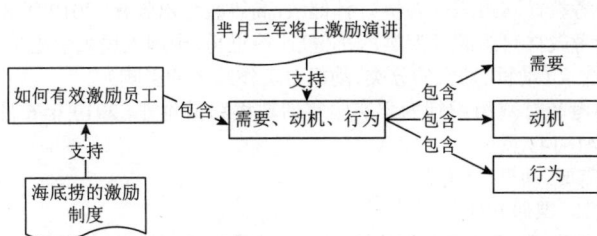

活动目标	需要、动机、行为(记忆,理解)
活动任务序列(导入任务描述)	激励理论在生活中的应用
师生交互过程	教师陈述:"咱们在大一第一学期已学习过管理学过程中的激励理论,大家对激励相关理论知识已经初步了解,而且在咱们从小到大的学习成长中,父母及学校老师也会采取各种各样的方式激励大家学习,结合个人实际,大家思考思考,父母或者老师采取的激励措施在什么情况下有效,什么情况下无效?为什么?另外,在组织中,作为一名管理者,如何激发员工的工作积极性和主动性呢?"

活动任务序列(任务一)

任务一知识组块:

	任务描述	采用大学慕课、网络资源、教材自主学习、小组讨论等教学策略,达到使学生了解需要、动机、行为三者之间关系的学习结果
	任务时长	50分钟
	学习地点	课下

教学策略(或学习策略)	□讲授　☑小组讨论　☑答疑　□实验　□实训　☑自主学习　☑智慧黄科　☑其他(请填写)大学慕课、网络资源、案例分析
师生交互过程	教师通过课程微信群发布课下任务,小组组长进行督促完成,学生有疑问可以及时在群里沟通分享 (1)智慧黄科视频(慕课——需要、动机、行为)的学习(8分钟) (2)结合课件,预习教材《组织行为学》,孙健敏,高等教育出版社,2019年8月,58～60页(12分钟) (3)(网络资源)收集了解海底捞如何激励员工的相关资料,并在智慧黄科讨论区分享海底捞进行员工激励的方法(30分钟) 学生及时完成学习任务,小组长在组长群里及时与老师沟通本组学生的学习进度 教师根据智慧黄科后台参与情况,及时在群里反馈
学习资源	(1)(智慧黄科视频)组织行为学 - 中南财经政法大学 - 国家精品——需要、动机与行为 (2)(参考教材)《组织行为学》,孙健敏,高等教育出版社,2019年8月,58～60页 (3)(参考教材)《组织行为学》,孙健敏、徐世勇,中国人民大学出版社,79～81页动机的含义(动机、动机的分类、动机对工作绩效的影响) (4)(参考教材)《组织行为学实验实训教程》,薛继东,2019年6月,中国人民大学出版社,141~143页 什么是需要、动机、行为? (5)(教具)课件PPT (6)(网络资源)搜集了解海底捞如何激励员工的相关资料

学习成果 及评价 标准	(1) 视频(需要、动机、行为)完成情况 评价标准:根据智慧黄科后台数据,完成得 10 分,完不成得 0 分 (2) 智慧黄科讨论区——分享海底捞如何激励员工 评价标准:围绕激励相关理论进行分析,逻辑清晰,语句通顺,得 8~10 分 围绕激励相关理论进行分析,逻辑比较混乱,语句不通,得 3~7 分 未完成,得 0 分
备注	无

活动任务序列(任务二)

任务二知识组块:	任务 描述	采用视频导入及案例分析的教学方法,达到使学生掌握"需要、动机、行为"之间关系的学习结果
	任务 时长	15 分钟
	学习 地点	课上
教学策略 (或学习 策略)	☑讲授　□小组讨论　☑答疑　□实验　□实训　□自主学习　☑智慧黄科　☑其他 (请填写)视频 + 案例分析	
师生交互 过程	教师播放"芈月激励三军的视频"(8 分钟) 教师引导:"芈月说了哪些话,能得到三军将士满满的回应?" 学生回答:"芈月说了大家参军打仗的目的是让自己活得更好,人前显贵,荫及家人,并且承诺将士们从今以后所付出的一切血汗都能够得到回报,秦国的一切属于将士们和子女们,并且取消世袭制。" 教师赞同:"幼儿嬴稷登基,芈月掌权,在政权不稳、军心不齐、内忧外患之际,她的出行甚至遭到了行刺。她不顾魏冉他们的反对,召集大伙开始了这段演讲。我每每看这段芈月面对众将士震撼人心的演讲,都会激情澎湃,热血沸腾。想要沙场出征、建功立业,勇攀业绩高峰的决心和豪情喷涌而出。大家回味一下这段话,芈月从开始就反问大家'为何从军''为何造反'等问题,引导将士思考自己行为的初心是什么,需要是什么?参军打仗这一行为的目的是什么?进而使将士们行为的目标发生了改变,为她效力,为秦国效力,不费一兵一卒,重整秦国军威,重建秦国虎狼之师,稳定朝局,开创大秦繁荣基业。" 教师补充:"前几天看网上'科目三'的梗,一搜才知道,来自海底捞。'没有最好,只有更好'。海底捞的服务往往超乎预期,那么海底捞公司又是如何进行员工激励呢?" 学生分享:"与同行业相比,薪酬激励、福利待遇(住宿)、培训、授权、晋升通道等都更优越"。 教师总结:"无论是'芈月激励三军'还是'海底捞王勇激励员工',都没有讲'你们要为我怎么样',而是'你们要为你自己怎么样',站在对方的立场上,去分析员工(士兵)的需要,并且用赞美和尊重去激励对方,引导员工工作的动机发生转变,从而使员工的个人目标和组织目标趋于一致。"

续表

学习资源	（1）（视频）芈月激励三军视频 （2）（教具）课件 PPT （3）（网络资源）海底捞如何激励员工的相关资料 （4）（智慧黄科）智慧黄科讨论区"海底捞如何激励员工"的分享
学习成果 及评价 标准	（1）课堂回答——芈月视频观后感想 评价标准：围绕需要、动机、行为进行回答，思维严谨，语言能力强，得 6~10 分 未围绕需要、动机、行为进行回答，思维不够，清晰严谨，得 3~5 分 未回答，得 0 分 （2）课堂回答——分享海底捞如何激励员工的相关资料 评价标准：围绕激励理论且结合海底捞实际分析，逻辑清晰，语句通顺，得 6~10 分 未围绕激励理论，逻辑比较混乱，语句不通，得 3~5 分 未回答，得 0 分
备注	通过视频及对海底捞的了解，学生增强了对激励本质的了解

活动 2 知识建模图（课上＋课下）：

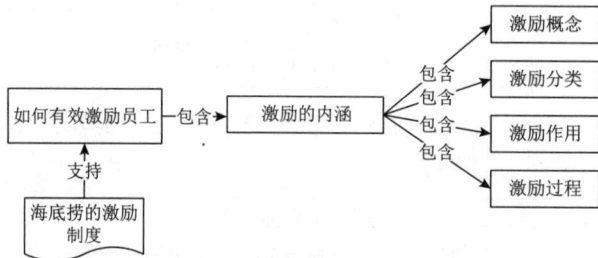

活动目标	激励的内涵（记忆，理解）；激励的概念（记忆，理解）；激励分类（记忆，理解）；激励作用（记忆，理解）；激励过程（记忆，理解）
活动任务序列（导入任务描述）	海底捞的激励制度
师生交互过程	教师陈述："从海底捞激励员工的案例入手，请大家进一步思考海底捞的激励措施都产生了哪些作用？调动员工工作积极性的影响因素都有哪些？"

活动任务序列（任务一）

任务一知识组块：

任务描述	采用小组讨论、自主学习教材及课件 PPT 的教学方法，达到使学生能够运用激励的分类、作用及过程等知识点进行海底捞案例分析的学习结果
任务时长	25 分钟
学习地点	课下

教学策略（或学习策略）	□讲授 ☑小组讨论 ☑答疑 □实验 □实训 ☑自主学习 □智慧黄科 □其他（请填写）_____

师生交互过程	教师通过课程微信群发布课下任务,小组进行内部讨论并完成,学生有疑问可以及时群里沟通 教师引导:"围绕"海底捞激励员工"的案例,请大家分析海底捞激励员工的方式都有哪些?有什么作用?调动员工工作积极性的影响因素都有哪些?" 学生以小组为单位,围绕激励概念、激励分类、激励作用及过程进行案例分析,并在班级课程微信群里分享
学习资源	(1)(教具)课件 PPT (2)(参考教材)《组织行为学实验实训教程》,薛继东,中国人民大学出版社,2019 年6 月,143~145 页 什么是激励? (3)(网络资源)搜集了解海底捞如何激励员工的相关资料
学习成果及评价标准	班级课程微信群——分享海底捞激励员工的方式及作用 评价标准:围绕外在、内在激励、激励作用等分析,逻辑清晰,语句通顺,得 6~10 分 围绕外在、内在激励、激励作用等分析,逻辑混乱,语句不通,得 3~5 分 未分享,得 0 分
备注	学生通过收集资料更加了解海底捞公司文化及发展历程,激发了自己的学习动力

活动任务序列(任务二)

任务二知识组块: 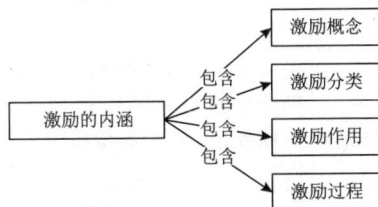	任务描述	采用课堂互动的教学方法,达到使学生巩固理解激励的分类及作用的学习结果
	任务时长	8 分钟
	学习地点	课上

教学策略(或学习策略)	☑ 讲授　□ 小组讨论　□ 答疑　□ 实验　□ 实训　□ 自主学习　□ 智慧黄科　☑ 其他(请填写)课堂提问
师生交互过程	教师选取 2~3 组代表,围绕海底捞激励员工的案例,让他们分析海底捞激励员工的方式都有哪些?激励措施都产生了哪些作用?调动员工工作积极性的影响因素都有哪些? 学生分享:"海底捞的员工工作积极性和满意度非常高的原因在于外部激励诸如薪酬、员工分红、年终奖等,内在激励诸如授权、工作的晋升空间等。激励使海底捞的服务越来越变态,能够激发员工的创造力和无限创意,使海底捞的员工保持良好的工作绩效。" 教师赞同:学生分析到位,强调激励的本质:"第一,激励的出发点是满足需要。需要引起动机,动机导致行为。第二,激励的对象是产生某种行为的个体或群体,目的在于引导该类行为的重复与强化,以实现组织的目标。第三,动机激发的过程涉及三个要素,即需要——自个体生理或心理上的不满足;动机——力求实现需要的满足,消除这种不满足状况;目标——满足需要的事物。"
学习资源	(1)(教具)课件 PPT (2)(课程微信群)大家对于海底捞的讨论分享 (3)(网络资源)海底捞如何激励员工的相关资料

续表

学习成果及评价标准	课堂提问——分享海底捞激励员工的方式及作用 评价标准:围绕外在、内在激励、激励本质等分析,逻辑清晰,语句通顺,得 6~10 分 围绕外在、内在激励、激励本质等分析,逻辑混乱,语句不通,得 3~5 分 未回答,得 0 分

活动 3 知识建模图(课上 + 课下):

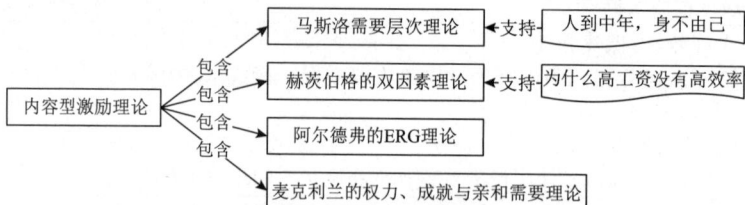

活动目标	内容型激励理论(理解,运用);马斯洛需要层次激励理论(理解,运用);赫茨伯格的双因素理论(理解,运用);阿尔德弗的 ERG 理论(理解,运用);麦克利兰的权力、成就与亲和需要理论(理解,运用)
活动任务序列 (导入任务描述)	内容型激励理论的内容
师生交互过程	教师陈述:"前面大家分析了芈月将士演讲、海底捞激励员工的案例,可知激励的本质是满足员工的需要,那么围绕员工的需要的激励理论都有哪些代表性理论呢?"

活动任务序列(任务一)

任务一知识组块:			
	任务描述	采用大学慕课、教材自主学习及案例分析的教学方法,达到使学生初步理解并运用内容型激励理论解决问题的学习结果	
	任务时长	115 分钟	
	学习地点	课下	

教学策略 (或学习策略)	□讲授　☑小组讨论　☑答疑　□实验　□实训　☑自主学习　☑智慧黄科　☑其他 (请填写)大学慕课、网络资源
师生交互过程	教师通过课程微信群发布课下任务,小组组长进行督促完成,学生有疑问可以在微信群里及时进行沟通分享。主要包括视频的学习、教材预习及智慧黄科讨论区分析案例 学生及时完成学习任务,小组长与老师反馈、沟通本组学生的学习进度 教师根据智慧黄科后台参与情况,及时在群里反馈
学习资源	(1)(智慧黄科视频)组织行为学 - 中南财经政法大学 - 国家精品——需要与 ERG 理论(上、下)、双因素理论、麦克利兰的三需要理论 (2)(参考教材)《组织行为学实验实训教程》,薛继东,中国人民大学出版社,2019 年 6 月,145~150 页 激励理论有哪些? (3)(教具)课件 PPT (4)(案例)人到中年,身不由己? (5)(案例)为什么高工资没有高效率?

学习成果及评价标准	(1) 内容型激励视频学习完成情况 评价标准:根据智慧黄科后台数据,完成得 10 分,完不成得 0 分 (2) 智慧黄科讨论区案例——人到中年,身不由己 评价标准:围绕需要层次理论进行分析,逻辑清晰,语句通顺,得 6~10 分 围绕需要层次理论进行分析,逻辑混乱,语句不通,得 3~5 分 未回答,得 0 分 (3) 智慧黄科讨论区案例——为什么高工资没有高效率 评价标准:围绕双因素理论进行分析,逻辑清晰,语句通顺,得 6~10 分 围绕双因素理论进行分析,逻辑混乱,语句不通,得 3~5 分 未回答,得 0 分
备注	无

活动任务序列(任务二)

任务二知识组块:		任务描述	采用案例分析的教学方法,达到学生综合运用内容型激励理论解决问题的学习结果
		任务时长	27 分钟
		学习地点	课上

教学策略 (或学习策略)	☑ 讲授　□ 小组讨论　☑ 答疑　□ 实验　□ 实训　□ 自主学习　☑ 智慧黄科　☑ 其他 (请填写)案例分析
师生交互过程	教师提问:"马斯洛的需要层次理论是什么?大家认为自己处于哪个层次?马斯洛需要层次理论有什么局限性?" 学生回答:"五个层次,分别是生理、安全、社交、尊重、自我需要。我们认为自己处于尊重和自我需要层次。人的需要不局限于这五个需要,另外也不一定只有满足低层次需要才有高层次需要,这种需要不一定是逐级递进的。" 教师选取 2~3 名不同小组学生分享案例"人到中年,身不由己"和"为什么高工资没有高效率。" 学生综合应用围绕马斯洛需要层次理论、双因素理论进行分析 教师根据学生回答情况,给予提示进行案例引导补充 教师总结:阐述阿尔德弗的 ERG 理论、麦克利兰的三需要理论与马斯洛需要层次理论、赫兹伯格双因素理论的关系 学生分析案例的思路中未阐述激励相关理论,未结合案例本身提出有效方案
学习资源	(1)(教具)课件 PPT (2)(案例)人到中年,身不由己? (3)(案例)为什么高工资没有高效率? (4)(智慧黄科)智慧黄科讨论区大家的分享
学习成果及评价标准	(1) 课堂随机提问案例——人到中年,身不由己 评价标准:围绕需要层次及双因素理论进行分析,逻辑清晰,要点突出,得 6~10 分 围绕需要层次及双因素理论进行分析,逻辑混乱,语句不通,得 3~5 分 未回答,得 0 分 (2) 课堂随机提问案例——为什么高工资没有高效率 评价标准:围绕双因素理论进行分析,逻辑清晰,要点突出,得 6~10 分 围绕双因素理论进行分析,逻辑混乱,语句不通,得 3~5 分 未回答,得 0 分

续表

备注	学生关于双因素理论解决实践案例的掌握存在问题,需要提升

活动4知识建模图(课上+课下):

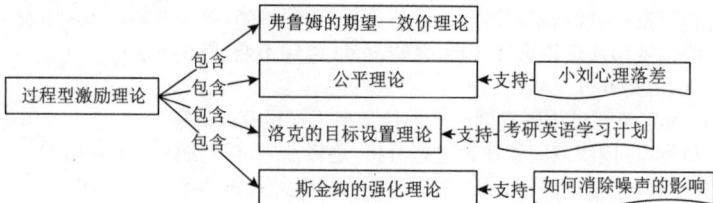

弗鲁姆的期望—效价理论

公平理论 ←支持— 小刘心理落差

过程型激励理论 —包含→

洛克的目标设置理论 —支持→ 考研英语学习计划

斯金纳的强化理论 —支持→ 如何消除噪声的影响

活动目标	过程型激励理论(理解,运用);弗鲁姆的期望—效价理论(理解,运用);公平理论(理解,运用);洛克的目标设置理论(理解,运用);斯金纳的强化理论(理解,运用)
活动任务序列(导入任务描述)	过程型激励理论的内容
师生交互过程	教师与学生互动,简单温习前面已学习的内容型激励理论 教师陈述:"大家都知道努力会有好成绩,好成绩会有三好学生、奖学金及毕业证书等的奖励,但为什么还是有人不愿意努力学习呢?可以运用哪些过程型激励理论进行分析?"

活动任务序列(任务一)

任务一知识组块:

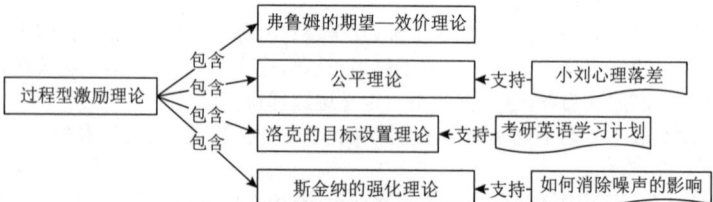

弗鲁姆的期望—效价理论

公平理论 ←支持— 小刘心理落差

过程型激励理论 —包含→

洛克的目标设置理论 —支持→ 考研英语学习计划

斯金纳的强化理论 —支持→ 如何消除噪声的影响

任务描述	采用大学慕课、教材自主学习及案例分析的教学方法,达到使学生初步理解并能够运用过程型激励理论解决问题的学习结果
任务时长	160分钟
学习地点	课下
教学策略(或学习策略)	□讲授 ☑小组讨论 ☑答疑 □实验 □实训 ☑自主学习 ☑智慧黄科 ☑其他(请填写)大学慕课、网络资源
师生交互过程	教师通过微信群布置课下任务,学生有疑问可以在微信群里及时进行沟通反馈。主要包括视频的学习、教材预习及智慧黄科讨论区案例分析 学生及时完成学习任务,小组长与老师反馈沟通本组学生的学习进度 教师根据智慧黄科后台参与情况,及时群里反馈
学习资源	(1)(智慧黄科视频)组织行为学-中南财经政法大学-国家精品——期望理论(上、下)、强化理论、公平理论、目标设置理论 (2)(参考教材)《组织行为学实验实训教程》,薛继东,中国人民大学出版社,2019年6月,150~155页

学习资源	激励理论有哪些？ （3）（教具）课件PPT （4）（案例）小刘心理落差 （5）（案例）考研英语学习计划 （6）（案例）如何消除噪声的影响
学习成果 及评价 标准	（1）过程型激励视频学习完成情况 评价标准：根据智慧黄科后台数据，完成得10分，完不成得0分 （2）智慧黄科讨论区案例——小刘心理落差 评价标准：围绕期望、公平理论进行分析，逻辑清晰，语句通顺，得6~10分 围绕公平、目标、强化理论进行分析，逻辑混乱，语句不通，得3~5分 未完成，得0分 （3）智慧黄科讨论区案例——考研英语学习计划 评价标准：围绕目标理论的SMART原则进行分析，计划具体可行，得6~10分 围绕目标理论的SMART原则进行分析，计划部分粗放不可行，得3~5分 未完成，得0分 （4）智慧黄科讨论区案例——如何消除噪声的影响 评价标准：围绕期望、强化理论进行分析，逻辑清晰，语句通顺，得6~10分 围绕期望、强化理论进行分析，逻辑清晰，语句通顺，得3~5分 未完成，得0分
备注	无

活动任务序列（任务二）

任务二知识组块： 	任务 描述	采用案例分析的教学方法，达到使学生能够运用期望及公平激励理论解决问题的学习结果
	任务 时长	25分钟
	学习 地点	课上

教学策略 （或学习 策略）	☑讲授 ☑小组讨论 ☑答疑 □实验 □实训 □自主学习 ☑智慧黄科 ☑其他 （请填写）案例分析+小组分享+对比分析
师生交互 过程	教师陈述："大家都知道努力会有好成绩，好成绩会有三好学生、奖学金以及毕业证书等的奖励，那么为什么还是有人不愿意努力学习呢？" 有的学生回答和自己职业生涯规划不符合；有的学生回答即使努力也得不到奖学金等 教师补充："我们总是在预期自己的行动将会有助于达到某个目标的情况下才会被激励起来去做某些事情以达到这个目标。人们从事任何工作的激励程度将取决于经其努力后取得的成果的价值与他对实现目标的可能性的看法的乘积。在任何组织中，员工会注意三个问题，即第一，如果我努力的话，我能不能达到组织要求的工作绩效水平？第二，如果我尽力达到了这一绩效水平，组织会给我什么样的报酬或奖赏？第三，我对这种报酬或奖赏有何感想，是不是我所迫切希望得到的？因此，大家可以思考一下，在组织中，应该如何运用期望理论进行激励？"

续表

师生交互过程	学生回答:"设定员工可以实现的目标和标准、奖励员工所需要的、兑现承诺等。" 教师总结:"第一,建立公正的奖酬制度;第二,管理者要信守诺言;第三,对所有下属一视同仁;第四,建立一套完善的机制,以解决员工的工作成绩与奖励的关系;第五,提高效价水平,解决对员工的奖励与满足个人需要的关系。" 教师提问:"请大家分析案例中小刘产生心理落差的原因。" 学生分享:"运用期望理论及公平理论进行分析,发现期望越大,失望越大。小刘认为自己工作非常努力,那么努力就对应高报酬,结果一比较,同岗位的薪酬比她高,明显感觉不公平。" 教师追问:"如果你是小刘,如何与人力资源部进行沟通呢?" 学生回答:有的学生直接说自己工资低;有的学生说那个小王为什么比我工资高;有的学生直接说达不到要求就跳槽 教师根据学生回答情况,引导学生思考沟通的目的是什么?这样的沟通方式是否能解决问题?并给予相应的提示 教师总结:"我们应先了解公司的薪酬制度,再了解本岗位薪酬构成,进而了解自己的薪酬处于什么等级,达到什么样的标准可以提升工资。这样了解情况之后提出为什么别人工资比我工资高的效果要更好些。"
学习资源	(1)(教具)课件 PPT (2)(智慧黄科)讨论区小组分享——(案例)小刘心理落差
学习成果及评价标准	课堂随机提问案例——小刘心理落差 评价标准:围绕期望理论、公平理论进行分析,逻辑清晰,语句通顺,得 6~10 分 围绕期望理论、公平理论进行分析,逻辑混乱,语句不通,得 3~5 分 未回答,得 0 分
备注	学生能运用期望理论和公平理论进行案例分析,但是解决问题的技巧需要在实践中提高

活动任务序列(任务三)

任务三知识组块:

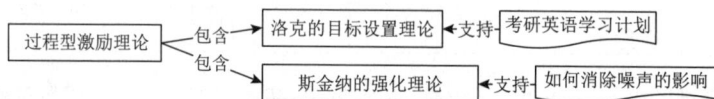

任务描述	采用案例分析的教学方法,达到使学生能够运用洛克目标设置理论及斯金纳强化激励理论解决问题的学习结果
任务时长	25 分钟
学习地点	课上
教学策略 (或学习策略)	☑ 讲授　□ 小组讨论　☑ 答疑　□ 实验　□ 实训　□ 自主学习　☑ 智慧黄科　☑ 其他 (请填写)案例分析＋小组分享＋对比分析
师生交互过程	教师提问:"大四要进行考研的同学应如何进行考研英语的学习计划?" 教师随机选 2~3 名学生进行分享,并围绕洛克目标设置理论的 SMART 原则进行分析,给予学生提示 教师运用具体考研成功案例分享某学生的英语学习阶段计划,并让学生对比分析自己所制订的英语学习计划

续表

师生交互过程	教师选 2~3 名学生分享（案例）——如何消除噪声的影响 学生运用期望理论和斯金纳的强化理论进行分析 教师总结："用外在报酬刺激内在动机，将内在动机转化为外在动机，然后撤销外在刺激，外在动机将不再持续。因此，如何实现从'鱼—渔—欲'的转变，是组织管理者的关注点。"
学习资源	（1）（教具）课件 PPT （2）（智慧黄科）智慧黄科讨论区小组分享——（案例）考研英语学习计划 （3）（智慧黄科）智慧黄科讨论区小组分享——（案例）如何消除噪声的影响
学习成果及评价标准	（1）课堂随机提问案例——考研英语学习计划 评价标准：围绕目标设置理论的 SMART 原则，量化计划，具体可行，得 6~10 分 围绕目标设置理论的 SMART 原则，计划粗放，不可行，得 3~5 分 未回答，得 0 分 （2）课堂随机提问案例——如何消除噪声的影响 评价标准：围绕强化和期望理论进行综合分析，逻辑清晰，语句通顺，得 6~10 分 围绕强化和期望理论进行综合分析，逻辑混乱，语句不通，得 3~5 分 未回答，得 0 分
备注	学生通过考研英语学习计划的分享，更加深刻理解了目标管理的相关知识

活动 5 知识建模图（课上＋课下）：

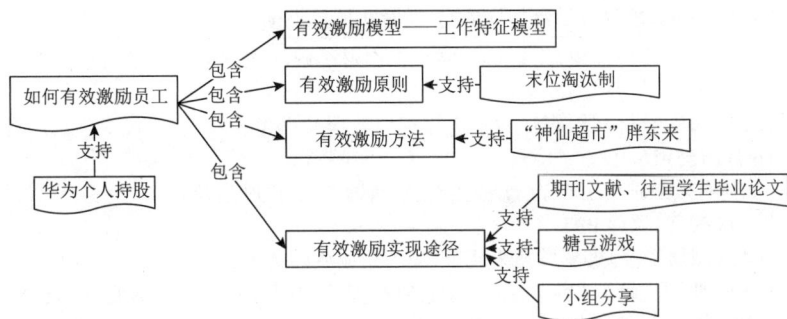

活动目标	如何有效激励员工（理解，运用）；有效激励模型——工作特征模型（理解，运用） 有效激励原则（理解，运用）；有效激励方法（理解，运用）；有效激励实现途径（理解，运用）
活动任务序列（导入任务描述）	华为个人持股
师生交互过程	教师陈述："大家都知道华为公司是员工持股，员工工作绩效越好，公司效益越好，意味着年终分红越高，但员工一进去公司，公司就会分配股份吗？华为公司员工的股份是如何进行具体分配的呢？"

续表

活动任务序列(任务一)	
任务一知识组块：	

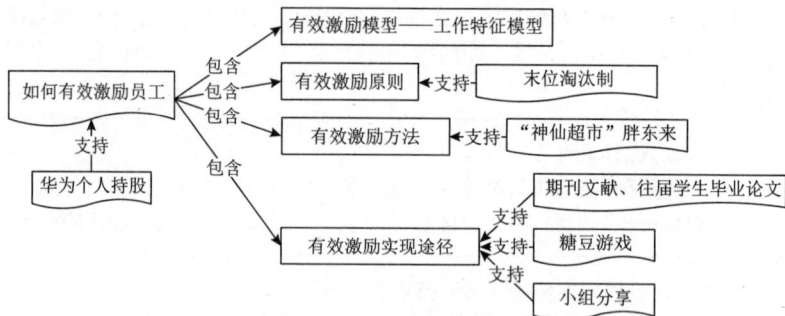

任务描述	采用案例分析及自主学习的教学方法,达到使学生初步理解并能够综合运用激励理论解决问题的学习结果
任务时长	180分钟
学习地点	课下
教学策略 (或学习策略)	□讲授　☑小组讨论　☑答疑　□实验　□实训　☑自主学习　☑智慧黄科　☑其他(请填写)大学慕课、网络资源、PPT设计
师生交互过程	教师通过课程微信群发布课堂任务,组长组织本小组完成华为员工持股讨论和胖东来公司员工激励资料收集 学生及时完成学习任务,小组长与老师沟通本组学生的学习进度 教师根据智慧黄科后台参与情况,及时在群里反馈
学习资源	(1)(智慧黄科视频)组织行为学-中南财经政法大学-国家精品——工作特征模型(上、下) (2)(参考教材)《组织行为学实验实训教程》,薛继东,中国人民大学出版社,2019年6月,155~161页 如何有效激励员工?(工作特征模型、激励方法、激励途径) (3)(教具)课件PPT (4)(网络资源)搜集胖东来超市、华为企业激励员工的方式 (5)(期刊文献)郭雅芬,基于需要层次理论的国有企业员工激励问题分析——以Y公司为例,现代企业,2023(10) (6)(期刊文献)盛于航,激励理论视域下大学生激励机制优化研究,南方论刊,2023(10) (7)(往届毕业论文)洛阳文亮餐饮服务有限公司员工激励问题研究 (8)(推荐书)《有效激励员工的70个场景案例》,任康磊,人民邮电出版社,2020年7月 (9)(小组作业)数据调研、整理、制作及汇报PPT
学习成果及评价标准	(1)智慧黄科后台——(视频)工作特征模型(上、下)学习完成情况、两篇期刊文献、一篇毕业论文 评价标准:根据智慧黄科后台数据,完成得10分,完不成得0分 (2)以小组为单位,智慧黄科平台讨论区分享华为员工、胖东来公司员工激励情况 评价标准:分享内容翔实,逻辑清晰,语句通顺,得6~10分

续表

学习成果及评价标准	分享内容简单,逻辑混乱,语句不通,得 3~5 分 (3) 大学生激励管理的 PPT 汇报 评价标准: 第一,内容丰富性(是否调研大学生的需要、动机,并进行相应激励管理),25 分 第二,PPT 美观新颖性(版面设计及创新性),25 分 第三,汇报流畅性(是否准备充分),25 分 第四,汇报互动性(是否与同学互动,有效互动 8 分 / 次),25 分 四项指标总分:90 分以上为优秀;70~89 分为良好;60~69 分为基本合格;59 分以下为差 (4) 大学生自我管理的 PPT 汇报 评价标准: 第一,内容丰富性(是否调研大学生的自我管理习惯,样本数据,并提出解决方案),25 分 第二,PPT 美观新颖性(版面设计及创新性),25 分 第三,汇报流畅性(是否准备充分),25 分 第四,汇报互动性(是否与同学互动,有效互动 8 分 / 次),25 分 四项指标总分:90 分以上为优秀;70~89 分为良好;60~69 分为基本合格;59 分以下为差 (5)《有效激励员工的 70 个场景案例》,任康磊,人民邮电出版社,2020 年 7 月读后感分享(自选) 评价标准:根据书中内容,读后感认真翔实,得 10 分 读后感简单应付,质量较差,得 3~5 分 未完成,得 0 分
备注	无

活动任务序列(任务二)

任务二知识组块:

任务描述	采用视频导入的教学方法,达到使学生能够利用工作特征模型的方法来有效激励员工工作的学习结果
任务时长	15 分钟
学习地点	课上
教学策略 (或学习策略)	☑ 讲授　□ 小组讨论　☑ 答疑　□ 实验　□ 实训　□ 自主学习　□ 智慧黄科　☑ 其他 (请填写)视频导入 + 对比分析 + 归纳总结
师生交互过程	教师播放(视频)华为员工持股分析(8 分钟),引导学生思考从工作本身出发,大家所注重的工作因素都有什么? 学生回答:"工作的挑战性、自主性、工作能否获得个人提升等。"

师生交互过程	教师总结:"以华为公司为例,应届生毕业之后可以在华为大学进行长时间培训学习,并且可通过轮岗实习找到自己的专长和职业兴趣点,贡献越大,薪酬越高,还有员工股份。对比小公司的岗位,工作岗位技能多样性、岗位任务完整性、任务重要性、工作自主性、工作及时反馈等都会影响员工的心理状态。员工如果能够体验到工作的价值和意义,就可以激发员工的内在动机,员工的积极性、工作绩效、满意度就越高,员工缺勤和离职的可能性就越低。"
学习资源	(1)(教具)课件 PPT (2)(视频)华为员工持股分析
学习成果及评价标准	课堂随机提问——华为员工持股分析视频分析 评价标准:围绕工作特征模型进行分析,逻辑清晰,语句通顺,得 6~10 分 围绕工作特征模型进行分析,逻辑混乱,语句不通,得 3~5 分
备注	学生通过视频更加深刻地了解了通过员工持股进行员工激励的本质

活动任务序列(任务三)

任务三知识组块:

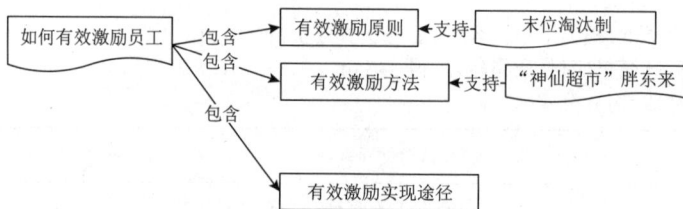

任务描述	采用案例分析及视频的教学方法,达到使学生掌握有效激励原则和方法的学习结果
任务时长	25 分钟
学习地点	课上
教学策略 (或学习策略)	☑讲授　☑小组讨论　☑答疑　□实验　□实训　□自主学习　☑智慧黄科　☑其他 (请填写)案例分析＋小组讨论
师生交互过程	教师播放视频"神仙超市"胖东来(8 分钟) 教师组织以小组为单位,就"神仙超市"胖东来和末位淘汰制的激励手段,分析讨论如何进行有效激励。学生讨论过程中,教师为学生进行答疑,并记录讨论过程中表现积极的学生 学生进行讨论:"物质激励和精神激励相结合,外在激励与内在激励相结合,正负激励相结合,组织目标与个人目标相结合等,提供员工轮岗的机会、鼓励员工参与企业管理、提供有竞争力的薪酬福利待遇和对员工职业生涯规划管理等。" 教师选 1~2 名学生进行回答,学生针对海底捞、胖东来、华为等企业的激励制度进行具体分析。全体同学认真听讲,对不全面或者不正确的地方给予补充或纠正 教师:对学生分享不全面的地方给予补充,并强调任何激励方法都要根据具体情景、具体的激励对象等进行分析,激励要及时,激励要体现差异化,激励手段要多样化

学习资源	（1）（教具）课件 PPT （2）（视频）神仙超市胖东来 （3）（案例）末位淘汰制
学习成果 及评价 标准	完成有效激励的方法、实现途径等小组讨论 评价标准：讨论积极得 2 分 围绕有效激励的原则、方法等进行综合分析，逻辑清晰，语句通顺，得 6~10 分 围绕有效激励的原则、方法等进行综合分析，逻辑混乱，语句不通，得 3~5 分
备注	无

活动任务序列（任务四）

任务四知识组块： 期刊文献、往届学生毕业论文 支持↓ 有效激励实现途径	任务 描述	采用学习期刊文献及往届学生毕业论文的教学方法，达到使学生初步了解如何应用激励理论进行组织管理的学习结果
	任务 时长	10 分钟
	学习 地点	课上

教学策略 （或学习 策略）	☑讲授　□小组讨论　☑答疑　□实验　□实训　□自主学习　☑智慧黄科　☑其他 （请填写）期刊文献＋往届学生毕业论文
师生交互 过程	教师提问："大家课下已预习两篇期刊及一篇往届学生毕业论文，那么大家有没有发现写论文的写作范式是什么？" 学生回答："包括激励理论的阐述、存在的问题分析、解决问题等。" 教师针对往届毕业论文进行展开，引导大家要注意写论文的逻辑框架，学生对激励理论的实际运用有初步了解
学习资源	（1）（教具）课件 PPT （2）（期刊文献）郭雅芬，基于需要层次理论的国有企业员工激励问题分析——以 Y 公司为例，现代企业，2023（10） （3）（期刊文献）盛于航，激励理论视域下大学生激励机制优化研究，南方论刊，2023（10） （4）（往届学生毕业论文）洛阳文亮餐饮服务有限公司员工激励问题研究
学习成果 及评价 标准	阅读期刊文献，了解激励管理理论在组织管理中的运用，并总结论文写作范式 评价标准：围绕激励的理论知识，阐述写作的范式，思路清晰，语言通顺，得 6~10 分 围绕激励的理论知识，阐述写作的范式，思路比较清晰，语言比较通顺，得 3~5 分
备注	无

活动任务序列（任务五）

任务五知识组块： 有效激励实现途径 ←—支持— 糖豆游戏	任务描述	采用课堂游戏的教学方法,达到使学生体验精神激励对自我和对他人重要性的学习结果
	任务时长	15 分钟
	学习地点	课上

教学策略（或学习策略）	☑讲授　□小组讨论　☑答疑　□实验　□实训　□自主学习　☑智慧黄科　☑其他（请填写）课堂游戏＋归纳总结
师生交互过程	教师组织学生如实地、尽可能多地对班级其他同学,或者自己的亲朋好友在纸上写出赞扬(糖豆),然后相互交换写下的赞扬,并说出赞扬的话,当然也可以是匿名的或折起来的,在允许的情况下,得到"糖豆"最多的同学大声念出自己的赞扬,并分享自己的感受 3~5 同学互动分享自己写给爸爸、妈妈,或者班级某同学等的赞扬 教师根据学生的分享,进行引导如何进行赞美 教师总结:"每个人都渴望被认可,被赞美。赞美是管理者激励员工的一项重要技巧。大家工作不仅是为了生活、金钱和职位等方面的愿望也是为了追求个人荣誉的体现。而赞美只需要动动嘴就能奏出华美的乐章。因此我们在日常生活中不要吝惜自己对别人的赞美,而且赞美要走心、具体、适当,否则容易过犹不及。"
学习资源	(1)(教具)课件 PPT (2)(教具)学生相互之间的赞美分享
学习成果及评价标准	糖果游戏——学生的赞美分享 评价标准:完成得 10 分,未完成 0 分
备注	学生通过游戏能够更加了解用表扬及赞美等方式进行精神激励的重要性

活动任务序列（任务六）

任务六知识组块： 有效激励实现途径 支持 小组分享	任务描述	采用小组分享及智慧黄科测试的教学方法,达到使学生巩固激励管理相关理论的学习结果
	任务时长	35 分钟
	学习地点	课上

教学策略（或学习策略）	□讲授　☑小组讨论　□答疑　□实验　□实训　☑自主学习　☑智慧黄科　☑其他（请填写）小组分享＋课下完善

续表

师生交互过程	教师组织小组分享,首先,强调小组分享的标准;其次,要求其他小组在汇报的过程中认真听讲,并对汇报小组进行评价 教师根据汇报情况进行小组共性问题和个性问题的点评 教师发布激励单元小测试
学习资源	(1)(教具)课件 PPT (2)(学生作业)设计问卷、访谈大纲了解大学生需要,探讨如何对大学生进行激励管理 (3)(学生作业)设计问卷、访谈大纲了解大学生自我管理意识及自我管理习惯,对调研数据进行分析与评估,并据此提出干预措施 (4)(智慧黄科)激励单元小测试
学习成果及评价标准	(1)完成智慧黄科测试 评价标准:单元测试满分 100 分,期末按照所有单元测试的平均成绩计入平时成绩 测试成绩:90 分以上为优秀;70~89 分为良好;60~69 分为基本合格;59 分以下为差 (2)大学生激励管理的 PPT 汇报 评价标准: 第一,内容丰富性(是否调研大学生的需要、动机,并进行相应激励管理),25 分 第二,PPT 美观新颖性(版面设计及创新性),25 分 第三,汇报流畅性(是否准备充分),25 分 第四,汇报互动性(是否与同学互动,有效互动 8 分/次),25 分 四项指标总分:90 分以上为优秀;70~89 分为良好;60~69 分为基本合格;59 分以下为差 (3)大学生自我管理的 PPT 汇报 评价标准: 第一,内容丰富性(是否调研大学生的自我管理习惯,是否有足够样本数据,是否提出解决方案),25 分 第二,PPT 美观新颖性(版面设计及创新性),25 分 第三,汇报流畅性(是否准备充分),25 分 第四,汇报互动性(是否与同学互动,有效互动 8 分/次),25 分 四项指标总分:90 分以上为优秀;70~89 分为良好;60~69 分为基本合格;59 分以下为差
备注	学生 PPT 中的样本数据量偏少;文字太多,应尽量能用图表简化文字内容;缺少对调研数据的量化分析

4.3.3　商务写作课程教学设计

1. 课程简介

商务写作课程是工商管理等经济管理类专业的学科选修课程,是培养学生基本的专业商务写作能力及各类文书分析与处理能力的课程,具有实践性强、实用性突出的特点。通过教学和实践,本课程能够使学生了解商务文书与写作的类型,掌握商业文书的基础概念,了解撰写不同类型商务文书的基本规范和要求,学会不同类型商务应用文书的写作。通过本课程中各类文书写作的系统训练,学生能够掌握必要的写作技能技巧,获得较完备的应用文写作的理论知识,提高专业写作的实际能力,从而为将来商务活动中需要用到的商务写作能力奠定基础。

2.教学设计

商务写作专业基础课程教案如表 4-9 所示。

表 4-9　商务写作专业基础课程教案——党政机关十五种公文

2023—2024 年第一学期第 2 周

知识建模图：

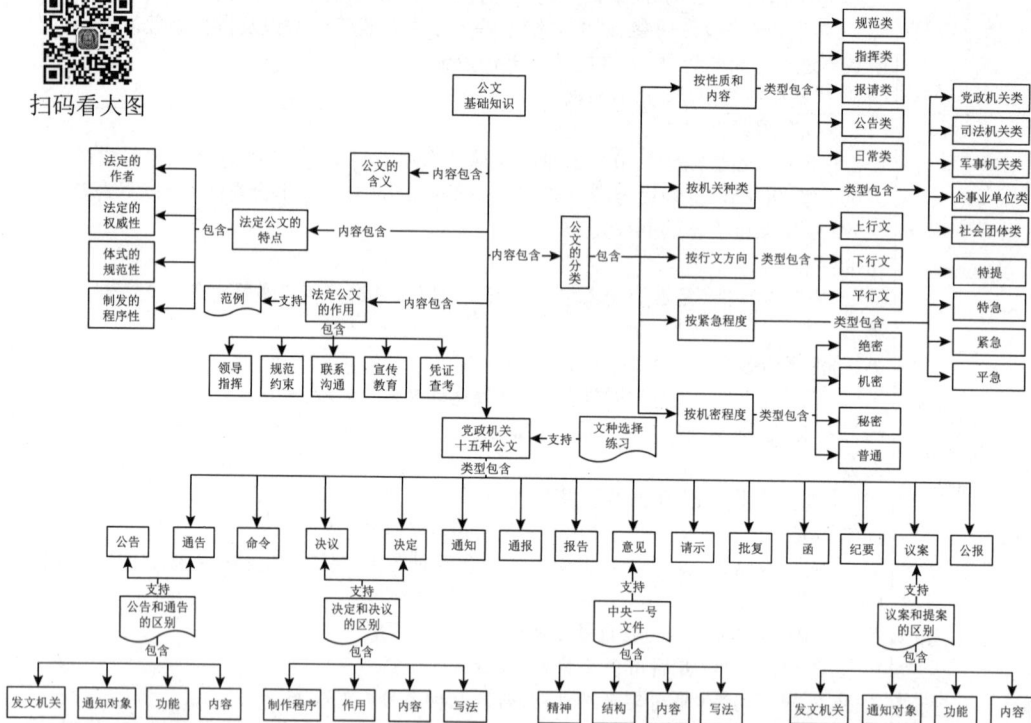

扫码看大图

	知识点（学习水平）	素质目标（课程思政点）
学习目标	（1）公务文书的含义、特点和作用（掌握） （2）党政机关 15 种公务文书的适用范围（掌握） （3）辨析易混淆的公文（运用） （4）公文的分类（熟悉）	（1）培养把握国家政策导向的政治素养 （2）培养端正的公文写作态度 （3）培养良好的公文写作素养
学习先行知识技能	知识点（学习水平） 财经应用文的含义和特点（掌握）；财经应用文的分类（熟悉）；财经应用文的写作过程（应用）	
课上资源	课件、学习材料、练习题、教材	课下资源　视频资源、课件、学习材料、网站资源
课上时间	100 分钟	课下时间　320 分钟

活动序列	活动目标	时间	学习资源	学习地点
课前活动	课前学习课件、视频资源,查阅搜集网站文件材料,了解公务文书的含义、特点、适用范围	课下 320 分钟	视频、课件、网站资源、文件资料	课下
活动 1	掌握公务文书的含义、特点和作用,理解公务文书的作用	课上 20 分钟	课件、视频、网站资源	课上
活动 2	掌握党政机关的十五种公文"决议、决定、命令(令)、公报、公告、通告、意见、通知、通报、报告、请示、批复、议案、函、纪要"的适用范围	课上 40 分钟	课件、视频、网站资源	课上
活动 3	能够辨析易混淆的公文,学会在不同情境中选择正确的文种	课上 30 分钟	课件、视频、网站资源	课上
活动 4	熟悉公文的分类	课上 10 分钟	课件、网站资源	课上

活动 1 知识建模图(课上):

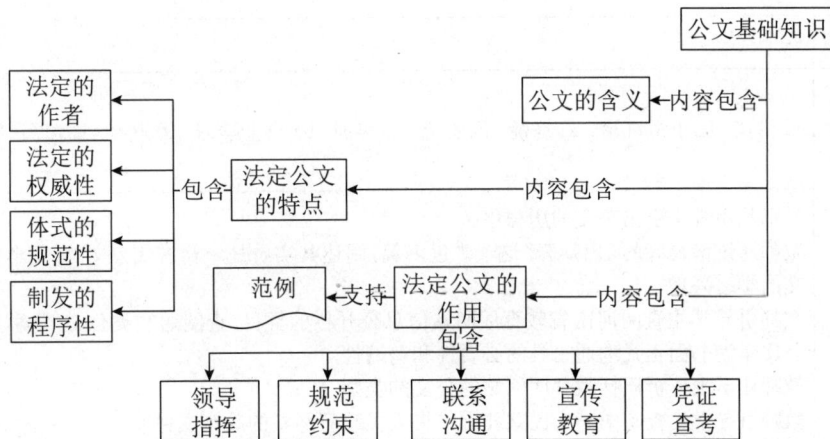

活动目标	掌握公务文书的含义、特点和作用,理解公务文书的作用

活动任务序列(导入任务描述)

师生交互过程	教师询问学生在查阅黄河科技学院网站上各部门的页面内容里,信息都是通过什么类型的载体来呈现的? 学生回答有新闻稿,有文件 教师说明文件是上下沟通信息的正式工具和载体 教师再引导学生查阅国务院网站和专有文件库。引导学生理解公文的重要性。启发学生举例说明我们平时在了解国家时政时都学习了哪些重要文件? 根据学生的回答导入要学习的公文知识

续表

活动任务序列(任务一)

任务一知识组块:

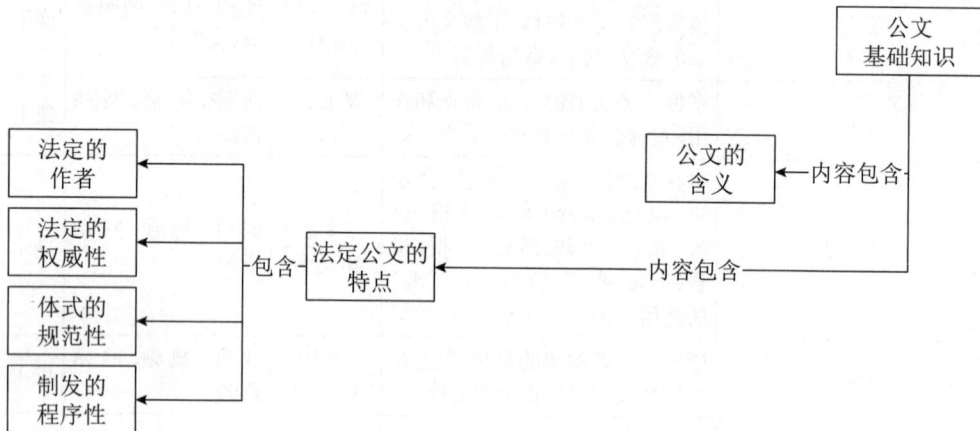

任务描述	学生结合公文实例分析法定公文的含义和特点
任务时长	15 分钟
学习地点	课上
教学策略(或学习策略)	☑讲授　□小组讨论　☑答疑　□实验　□实训　☑自主学习　☑其他(请填写)提问
师生交互过程	教师从甲骨文引出公文的历史悠久 教师通过诸葛亮的《出师表》这一旷世名篇,阐述其实质是一篇古代公文,激发学生对公文的学习兴趣 教师引导学生查阅河南省教育厅网站信息公开栏的类目,查阅通知类公文,让学生认识公文作为书面正式沟通工具的必要性和普遍性 教师让学生分析概括教育厅网站的公文的类别 教师引导学生查阅中华人民共和国中央人民政府网站的政策文件库 教师提问:"国务院所发布公文的类别都有什么?" 教师以国务院发布的文件和河南省教育厅的文件为例,让学生认识公文,能够阅读公文,了解公文的使用情境和公文作者 教师让学生比较国务院公文和河南省教育厅公文,在主体性上、对象上和内容上有哪些不同? 根据学生的回答,教师归纳总结公文的特点:法定的作者、法定的权威性、体式的规范性、制发的程序性 教师补充说明公文办理的"七要诀",阐述公文制发的程序性 教师教育学生应该从正规的官方渠道搜集信息,涉及行政公务方面的信息应以文件为准,不要听信小道消息,更不能肆意传播未经官方公布的信息

学习资源	学习资料:课件、教材、文件资料、文章"公文办理'七要诀'" 视频资源:了解公文四特点,掌握行文五关系 网络资源: 文件通知:河南省教育厅 国务院政策文件库			

学习成果及评价标准

学生能够掌握公文的含义和特点
定量评价标准:学习中心测试。优秀(90~100 分),良好(80~90 分),中等(60~79 分),差(60 分以下)
定性评价标准:

评分依据 (满分 10 分)	优秀 (9~10 分)	良好 (7~8 分)	一般 (5~6 分)	较差 (0~4 分)
回答问题整体准确性	学生回答问题准确	学生回答问题较准确	学生回答问题基本准确	学生回答问题错误
分析陈述	能够针对问题准确指出重点原因,分析到位,理由充分	能够较准确地阐明原因,理由较充分	基本能够说明原因,有一定理由	原因表达不清楚,理由不充分
语言表达	语言表达通顺,用词准确	语言表达较通顺,用词较准确	语言表达基本通顺,用词基本准确	语言表达不通顺,用词不够准确

任务二知识组块:

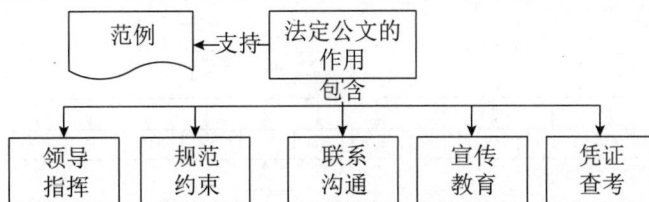

任务描述	学生认识公文的作用
任务时长	5 分钟
学习地点	课上
教学策略(或学习策略)	☑讲授　☑小组讨论　☑答疑　□实验　□实训　□自主学习　☑其他(请填写) 提问、举例
师生交互过程	教师引导学生列举出辅导员进行班级管理,高校学生中心对广大在校学生进行各类活动、文明评比、奖学金评定、纪律管理等各种管理场景 教师提问:"这些活动都是通过什么类型的信息沟通方式进行管理的?" 学生回答:"开会、文件通知、规章制度等。" 教师以学生的奖学金评定为例,阐述奖学金评定过程中所用到的通知、评定规则、公示、结果公布、证书等文件载体,概括总结管理除了口头沟通的方式,更重要的是书面沟通方式

续表

师生交互过程	教师引导学生联系扩展到社会经济生活各类活动中接触到的公文 教师总结强调书面沟通中公文在各类组织主体之间的领导指挥、规范约束、联系沟通、宣传教育、凭证查考等重要作用			
学习资源	学习资料:教材、课件 网站资源:文件通知——河南省教育厅			
学习成果及评价标准	学生能够结合实际阐述公文的五大作用 回答问题的定性评价标准:			
	评分依据 （满分 10分）	优秀 （9~10分）	良好 （7~8分）	一般 （5~6分）	较差 （0~4分）
	回答问题整体准确性	学生回答问题准确	学生回答问题较准确	学生回答问题基本准确	学生回答问题错误
	分析陈述	能够针对问题准确指出重点原因,分析到位,理由充分	能够较准确地阐明原因,理由较充分	基本能够说明原因,有一定理由	原因表达不清楚,理由不充分
	语言表达	语言表达通顺,用词准确	语言表达较通顺,用词较准确	语言表达基本通顺,用词基本准确	语言表达不通顺,用词不够准确
备注	(1)学生平时接触公文较少,对公文的认识不足,需要通过亲自查阅各类行政机构的网站才能充分认识公文的重要性 (2)教师需要加强对学生关于国家文件政策方面学习的引导			

活动2知识建模图（课上）:

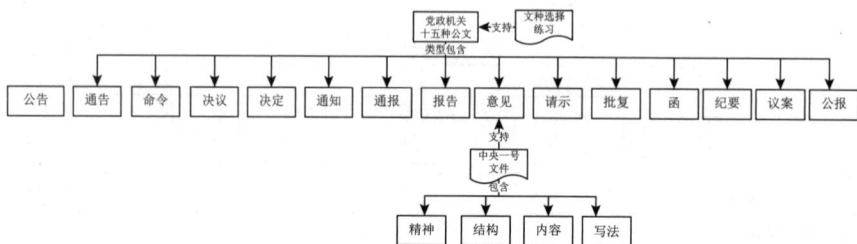

活动目标	掌握党政机关的十五种公文"决议、决定、命令（令）、公报、公告、通告、意见、通知、通报、报告、请示、批复、议案、函、纪要"的适用范围

活动任务序列（任务一）

任务一知识组块:

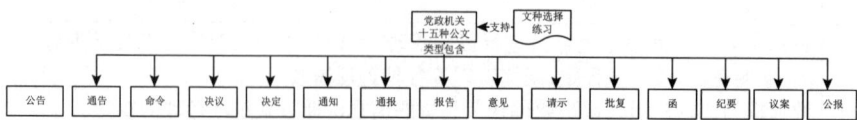

任务描述	了解学生对十五种文种的含义和适用范围的理解情况并答疑
任务时长	35分钟
学习地点	课上

教学策略（或学习策略）	☑讲授 ☑小组讨论 ☑答疑 □实验 □实训 □自主学习 ☑其他（请填写）提问、实例分析
师生交互过程	教师了解学生对于十五种文种的理解和掌握情况,包括"决议、决定、命令（令）、公报、公告、通告、意见、通知、通报、报告、请示、批复、议案、函、纪要" （1）决议 教师询问学生对于决议适用范围的关键词的理解,强调决议适用于重要事项,且必须经过会议讨论这一程序。其性质是指导性公文 教师提问:"党的历史上的三个重大决议是什么？"要求学生简要阐述决议背景和内容,包括《中共中央关于党的百年奋斗重大成就和历史经验的决议》 （2）决定 教师提问:"决定的三种适用情况是什么？" 教师强调决定适用于"重要事项",并总结三种适用情况 教师让学生举例说明 （3）令 教师提问:"令的适用范围和令的类型是什么？" （4）公报 教师提问:"公报的适用范围是什么？"根据学生回答强调公报的新闻性特点。其性质是报道性公文 （5）公告 教师提问:"我们在新闻中听到过哪些公告？为什么在这样的场合下采用公告这一文种形式？" 教师总结强调公告适用于重大事项或法定事项,可以面向国内外发布 （6）通告 教师提问:"通告的适用范围是什么？"进一步引导学生比较公告和通告的区别 （7）意见 教师提问:"意见的适用范围是什么？"强调意见属于比较典型的指导性公文,可以是上行文、下行文和平行文 （8）通知 教师提问:"请大家举例说明通知的适用范围和行文方向是什么？"教师补充说明这一文种将在后续课程重点讲解 （9）通报 教师提问:"通报的适用范围和使用通报的三种情况是什么？" 教师补充说明这一文种将在后续课程重点讲解 （10）报告 教师提问:"报告的适用范围和报告常用的三种类型是什么？"并强调报告不是指向上级请示 教师补充说明这一文种将在后续课程重点讲解 （11）请示 教师提问:"请示的适用范围和请示的三种常用情况是什么？请示和申请有区别吗？" 教师总结说明请示是公文,申请是事务文书 教师补充说明这一文种将在后续课程重点讲解

师生交互过程	（12）批复 教师提问："批复的适用范围是什么？"同时，补充说明请示和批复是一对对应的文种，没有请示，就没有批复，批复是被动发文 （13）议案 教师提问："议案的适用范围是什么？" 教师强调说明议案和提案使用情况不同，不能混用 （14）函 教师提问："函的使用范围是什么？"并要求学生举出平时接触到函的例子 教师重点强调函适用于各不相隶属的机关之间，指明其使用的广泛性 （15）纪要 教师提问："纪要的适用范围是什么？"并补充说明纪要和会议记录不同
学习资源	视频资源：党政机关十五种公文分类 学习资料：课件、教材、学习强国平台 文件资料： 《中华人民共和国主席令（第一号）》 《中华人民共和国全国人民代表大会公告（第一号）》 《中国共产党百年历史上的三个历史决议》 《中共中央关于建立社会主义市场经济体制若干问题的决定》 中央一号文件《中共中央 国务院关于做好2023年全面推进乡村振兴重点工作的意见》

学生能够掌握十五种文种的适用范围

定量评价标准：学习中心测试。优秀（90~100分），良好（80~90分），中等（60~79分），差（60分以下）

定性评价标准：

评分依据（满分10分）	优秀（9~10分）	良好（7~8分）	一般（5~6分）	较差（0~4分）
回答问题整体准确性	学生回答问题准确	学生回答问题较准确	学生回答问题基本准确	学生回答问题错误
对于内容分析的陈述	陈述内容充分，重点突出，思路清楚，条理清晰	陈述内容较充分，能突出重点，思路较清楚，条理较清晰	基本能够陈述相关内容，有一定思路，条理基本清晰	陈述内容混乱，抓不住重点，条理性差
语言表达	语言表达通顺，用词准确	语言表达较通顺，用词较准确	语言表达基本通顺，用词基本准确	语言表达不通顺，用词不够准确

学习成果及评价标准

续表

活动任务序列(任务二)

任务二知识组块:

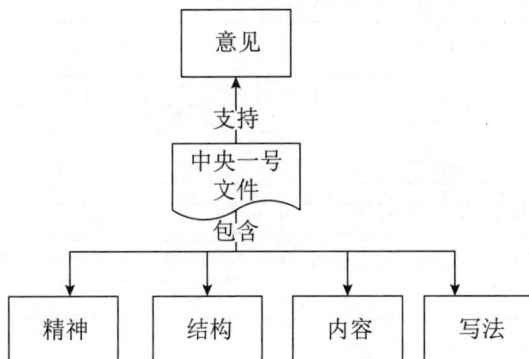

任务描述	通过学习中央一号文件,让学生理解不同文种的选用和特点
任务时长	5 分钟
学习地点	课上
教学策略(或学习策略)	☑讲授　☑小组讨论　□答疑　□实验　□实训　☑自主学习 ☑其他(请填写)小组分享
师生交互过程	教师提前发布中央一号文件的材料,供学生课前学习 教师提问:"为什么这个文件简称'中央一号文件'?中央一号文件的作用是什么?中央一号文件采用了什么文种?为什么选用这一文种?" 学生思考,由小组代表根据中央一号文件精神做出回答 教师阐述中央一号文件的目的和重大意义
学习资源	视频资源:2023 年中央一号文件 网站资源:学习强国平台专题"聚焦中央一号文件" 文件资料:中央一号文件《中共中央　国务院关于做好 2023 年全面推进乡村振兴重点工作的意见》

学习成果及评价标准	定性评价标准:				
	评分依据 (满分 10 分)	优秀 (9~10 分)	良好 (7~8 分)	一般 (5~6 分)	较差 (0~4 分)
	回答问题整体准确性	学生回答问题准确	学生回答问题较准确	学生回答问题基本准确	学生回答问题错误
	对于内容分析的陈述	陈述内容充分,重点突出,思路清楚,条理清晰	陈述内容较充分,能突出重点,思路较清楚,条理较清晰	基本能够陈述相关内容,有一定思路,条理基本清晰	陈述内容混乱,抓不住重点,条理性差
	语言表达	语言表达通顺,用词准确	语言表达较通顺,用词较准确	语言表达基本通顺,用词基本准确	语言表达不通顺,用词不够准确

续表

备注	中央一号文件是关于农业领域的重大方针政策,但学生对于这方面了解较少。教师需要采用多种方式加强学生的学习积极性,促进学生深入学习

活动3 知识建模图(课上+课下):

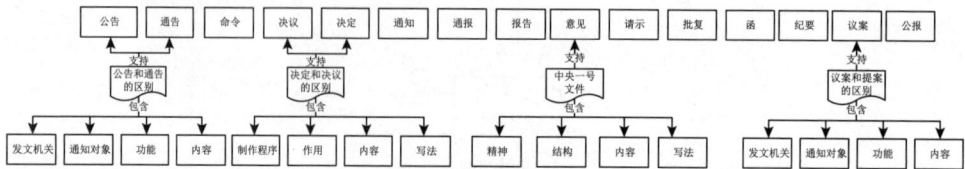

活动目标	能够辨析易混淆的公文,学会在不同情境中选择正确的文种

活动任务序列(任务一)

任务一知识组块:

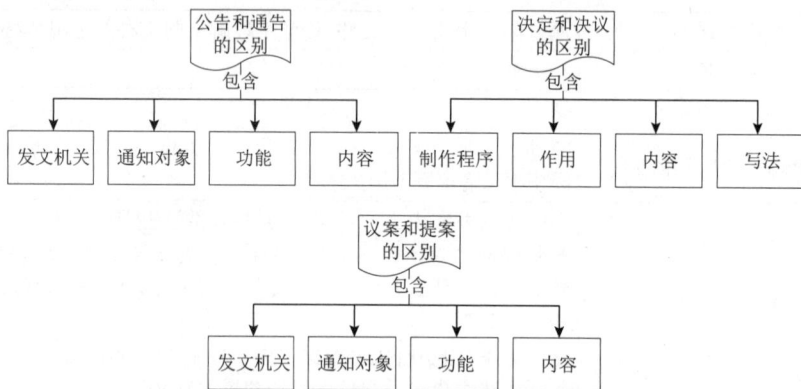

任务描述	通过比较相似文种的区别,让学生完成考公考编真题,准确掌握几类易混淆文种的适用情况
任务时长	15分钟
学习地点	课上
教学策略 (或学习策略)	☑讲授　□小组讨论　☑答疑　□实验　□实训　□自主学习　☑其他 (请填写)提问、辨析练习
师生交互过程	教师先行给出学生关于公告和通告、决定和决议、议案和提案的相关材料,引发学生思考各文种的不同适用情况 (1)辨析决定和决议的区别 教师提问:"同样都是对重要事项进行决策,什么情况下用决定?什么情况下用决议?" 教师启发学生进行决定和决议的适用情况的比较 教师对两种文种在制作程序、作用、内容和写法上的区别进行总结 (2)辨析公告和通告的区别 教师给出具体情境:某港务局需要告知在某水域通过的船只,注意减速避让水文测验船只,此时应该发什么文?全国人大需要告知有关职务的选举结果,此时应该发什么文?

师生交互过程	学生回答,教师点评。 教师强调通告适用于向社会面公布的事项,这些事项需要大家周知或遵守 教师归纳总结公告和通告在发布机关、通知对象、实际功能、内容侧重上的不同 (3)议案和提案的区别 教师提问:"议案和提案能够混用吗?什么场合下用议案的形式?什么场合下用提案的方式?" 学生回答,教师归纳总结议案和提案在提出主体、要求范围、立案方法、法律效力上有明显不同
学习资源	课件、题库 视频资源:议案和提案的区别
学习成果及评价标准	能够准确区分通告和公告、决定和决议、议案和提案的区别 定量评价标准:学习中心测试;优秀(90~100 分),良好(80~90 分),中等(60~79 分),差(60 分以下) 定性评价标准:

评分依据 (满分 10 分)	优秀 (9~10 分)	良好 (7~8 分)	一般 (5~6 分)	较差 (0~4 分)
回答问题整体准确性	学生回答问题准确	学生回答问题较准确	学生回答问题基本准确	学生回答问题错误
对于原因的陈述	能够针对问题准确指出重点原因,分析到位,理由充分	能够较准确地阐明原因,理由较充分	基本能够说明原因,有一定理由	原因表达不清楚,理由不充分
语言表达	语言表达通顺,用词准确	语言表达较通顺,用词较准确	语言表达基本通顺,用词基本准确	语言表达不通顺,用词不够准确

活动任务序列(任务二)

任务二知识组块:

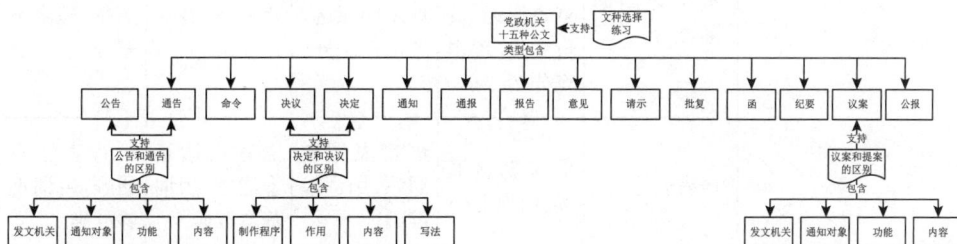

任务描述	给出设定的任务情境,让学生选择适当的文种沟通工作、传达信息

续表

任务时长	15 分钟
学习地点	课上
教学策略 （或学习策略）	☑讲授　□小组讨论　☑答疑　□实验　□实训　□自主学习　☑其他 （请填写）提问、课堂练习
师生交互过程	教师给出以下几种类型的题目，学生回答 （1）教师给出一组不同的任务情境，让学生选用适当的文种 例如，国务院宣布采取新税制的有关事项，应该用什么文种发文？ （2）教师给出一组文件标题，让学生进行改错 例如，××省教育厅关于制止中小学乱收学杂费的函 2 （3）教师给出一组公文病文，让学生进行改错 例如，《关于同意开设新专业的通知》一文 （4）教师给出一组较为复杂的情景任务，让学生选用正确的文种行文 例如，某省人民政府收到《某省教委关于加强农村教师队伍建设问题的意见》以后，经研究认为该文件针对的问题十分重要，文中的建议切实可行，决定对该文加注批语后下发施行，为此，制发一文件。 学生思考以上任务的发文机关、主送机关、发文目的，并选择合适的文种 教师根据学生的回答，进行讲评
学习资源	课件、习题
学习成果及评价标准	能够根据给定情境选用正确文种，并指出问题公文中的文种错误 定量评价标准：学习中心测试。优秀（90~100 分），良好（80~90 分），中等（60~79 分），差（60 分以下） 定性评价标准：

评分依据 （满分 10 分）	优秀 （9~10 分）	良好 （7~8 分）	一般 （5~6 分）	较差 （0~4 分）
回答问题整体准确性	学生回答问题准确	学生回答问题较准确	学生回答问题基本准确	学生回答问题错误
对于原因的陈述	能够针对问题准确指出重点原因，分析到位，理由充分	能够较准确地阐明原因，理由较充分	基本能够说明原因，有一定理由	原因表达不清楚，理由不充分
语言表达	语言表达通顺，用词准确	语言表达较通顺，用词较准确	语言表达基本通顺，用词基本准确	语言表达不通顺，用词不够准确

备注	党政机关的十五种分类的文种选择非常重要，需要加强对于文种的选择的训练和练习

活动4知识建模图(课上+课下):

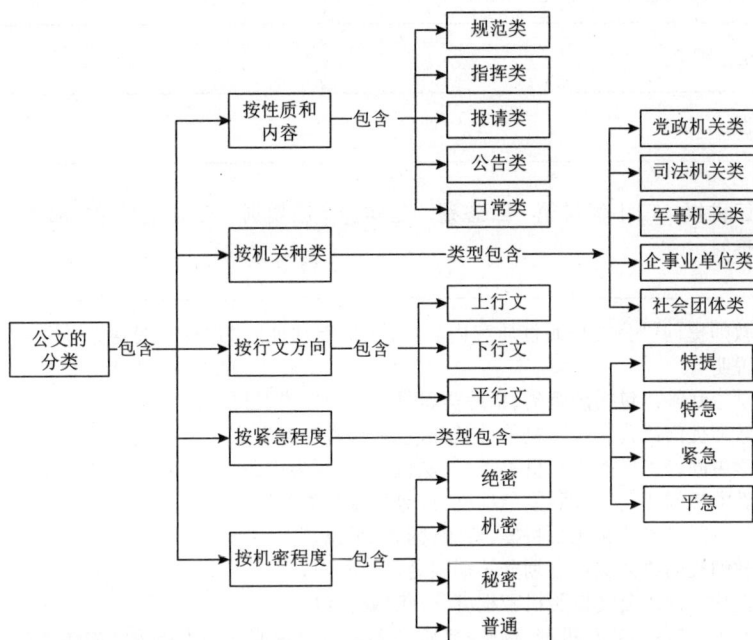

```
                                    ┌─→ 规范类
                                    │
                                    ├─→ 指挥类
                    按性质和         │
                ┌─→ 内容      ─包含─┼─→ 报请类
                │                   │
                │                   ├─→ 公告类
                │                   │
                │                   └─→ 日常类        ┌─→ 党政机关类
                │                                     │
                │                                     ├─→ 司法机关类
                │   按机关种类  ─────类型包含─────────┼─→ 军事机关类
                │                                     │
                ├─→                                   ├─→ 企事业单位类
    公文的               │                            │
    分类    ─包含─┤                                   └─→ 社会团体类
                │                   ┌─→ 上行文
                │   按行文方向 ─包含─┼─→ 下行文
                ├─→                 │
                │                   └─→ 平行文        ┌─→ 特提
                │                                     │
                │   按紧急程度  ───类型包含───────────┼─→ 特急
                ├─→                                   │
                │                                     ├─→ 紧急
                │                                     │
                │                   ┌─→ 绝密          └─→ 平急
                │   按机密程度       │
                └─→           ─包含─┼─→ 机密
                                    │
                                    ├─→ 秘密
                                    │
                                    └─→ 普通
```

活动目标	熟悉公文的分类

活动任务序列(任务一)

任务一知识组块:

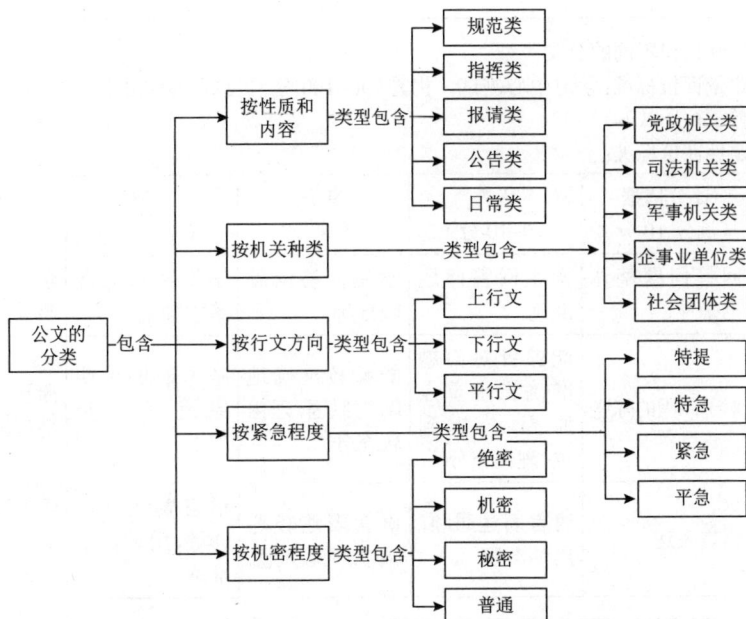

```
                                    ┌─→ 规范类
                                    │
                                    ├─→ 指挥类
                    按性质和         │
                ┌─→ 内容    ─类型包含─┼─→ 报请类
                │                   │
                │                   ├─→ 公告类
                │                   │
                │                   └─→ 日常类        ┌─→ 党政机关类
                │                                     │
                │                                     ├─→ 司法机关类
                │   按机关种类  ─────类型包含─────────┼─→ 军事机关类
                │                                     │
                ├─→                                   ├─→ 企事业单位类
    公文的               │                            │
    分类    ─包含─┤                                   └─→ 社会团体类
                │                   ┌─→ 上行文
                │   按行文方向─类型包含─┼─→ 下行文
                ├─→                 │
                │                   └─→ 平行文        ┌─→ 特提
                │                                     │
                │   按紧急程度  ───类型包含───────────┼─→ 特急
                ├─→                                   │
                │                   ┌─→ 绝密          ├─→ 紧急
                │                   │                 │
                │   按机密程度       ├─→ 机密          └─→ 平急
                └─→          ─类型包含─┤
                                    ├─→ 秘密
                                    │
                                    └─→ 普通
```

续表

任务描述	通过提问检查学生对于公文分类的掌握情况
任务时长	5分钟
学习地点	课上
教学策略（或学习策略）	□讲授　□小组讨论　☑答疑　□实验　□实训　□自主学习　☑其他（请填写）提问
师生交互过程	教师提问："公文按照性质和内容分，包括哪几种？"并对一些常见类别要求学生举例说明 学生回答："包括规范类、指挥类、报请类、公告类、日常类。" 教师提问："公文按照机关种类分，包括哪几种？" 学生回答："包括党政机关类、司法机关类、军事机关类、企事业单位类、社会团体类。" 教师提问："公文按照紧急程度分，包括哪几类？" 学生回答："公文包括特提、特急、紧急、平急。" 教师提问："公文各自划分的期限是多长时间？" 教师提问："公文按照机密程度分，包括哪几种？" 学生回答："绝密、机密、秘密、普通。"教师补充说明该要素在公文中体现在版头位置 教师根据学生的回答查漏补缺
学习资源	课件、教材 视频资源：党政公文分类

学习成果及评价标准

能够认识不同的公文类型
定量评价标准：学习中心测试。优秀（90~100分），良好（80~90分），中等（60~79分），差（60分以下）
定性评价标准：

评分依据（满分10分）	优秀（9~10分）	良好（7~8分）	一般（5~6分）	较差（0~4分）
回答问题整体准确性	学生回答问题准确	学生回答问题较准确	学生回答问题基本准确	学生回答问题错误
对于原因的陈述	能够针对问题准确指出重点原因，分析到位，理由充分	能够较准确地阐明原因，理由较充分	基本能够说明原因，有一定理由	原因表达不清楚，理由不充分
语言表达	语言表达通顺，用词准确	语言表达较通顺，用词较准确	语言表达基本通顺，用词基本准确	语言表达不通顺，用词不够准确

续表

活动任务序列(任务二)

任务二知识组块:

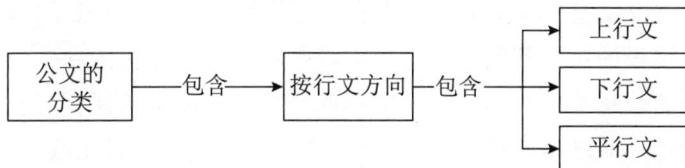

任务描述	通过分析材料,让学生理解公文的行文关系
任务时长	5 分钟
学习地点	课上
教学策略 (或学习 策略)	☑ 讲授　□ 小组讨论　☑ 答疑　□ 实验　□ 实训　□ 自主学习　☑ 其他(请填写) 归纳
师生交互 过程	教师给出文件材料,询问学生发文机关和主送机关之间存在什么样的关系?启发学生思考行文关系 教师阐述行文关系对于正确选择文种和把握写作语言的重要性 教师阐述发文机关和主送机关存在的四种关系,包括领导与被领导关系、指导与被指导关系、平行关系、不相隶属关系 文种的行文方向包括三类:上行文、下行文、平行文 教师提问:"能够明确区分上行和下行关系的文种有哪些?" 教师根据学生的回答,进一步提问"意见的行文方向是什么样的?" 教师指出意见行文方向的特殊性 教师启发学生对十五种公文的行文方向进行分类
学习资源	视频资源:公文四特点、行文五关系 课件、文件材料

学习成果 及评价 标准	能够根据设定情境中的发文机关和主送机关的关系准确判定行文方向,选用正确的公文文种 定量评价标准:学习中心测试。优秀(90~100 分),良好(80~90 分),中等(60~79 分),差(60 分以下) 定性评价标准:				
	评分依据 (满分 10 分)	优秀 (9~10 分)	良好 (7~8 分)	一般 (5~6 分)	较差 (0~4 分)
	回答问题整体 准确性	学生回答问题 准确	学生回答问题 较准确	学生回答问题 基本准确	学生回答问题 错误
	对于行文关系、目的理解的准确性	对于行文关系的理解清晰,行文目的明确	对于行文关系的理解较清晰,行文目的较明确	对于行文关系的理解基本清晰,行文目的基本明确	思路不清楚,不理解行文关系,行文目的不清楚
	语言表达	语言表达通顺,用词准确	语言表达较通顺,用词较准确	语言表达基本通顺,用词基本准确	语言表达不通顺,用词不够准确

备注	无

4.3.4 商业数据分析课程教学设计

1. 课程简介

商业数据分析课程是国家级应用性示范大学黄河科技学院基于区域企业人才需求调研基础上增设的旨在帮助经济管理类学生掌握数据分析的基本原理和方法,提高学生对数据的敏感性及对岗位业务数据的分析处理能力的课程,是经济管理类专业的专业基础课。通过本课程的学习,学生能掌握高年级项目化教学课程学习所需的数据分析知识和技能,为学生参加学科竞赛奠定数据分析基础,培养学生从事经管类相关岗位工作的数据分析素养,增强学生利用数据分析解决实际问题的能力,提高学生的综合素质。

2. 教学设计

商业数据分析课程专业基础课程教学设计如表 4-10 所示。

表 4-10 商业数据分析课程专业基础课程教学设计——数据类型

2023—2024 年第二学期第 3 周

知识建模图:

扫码看大图

学习目标	知识点(学习水平)	素质目标(课程思政点)
	数值型数据(理解、运用),字符型数据(理解、运用),自定义数据格式(理解、运用),数据类型的转换(理解、运用),数据录入格式设置(理解、运用)	具备严谨、务实、认真的职业精神

续表

学习先决知识技能	知识点（学习水平）			
	无			
课上资源	课件 PPT、案例、测试题、教材、数据源		课下资源	慕课、测试题、视频、参考教材、教材、数据源
课上时间	100 分钟		课下时间	200 分钟
活动序列	活动目标	地点	时间	学习资源
活动 1	数值型数据（理解、运用），字符型数据（理解、运用），数据类型的转换（理解、运用）	课上	50 分钟	课件 PPT、案例、测试题、教材
		课下	100 分钟	MOOC、测试题、视频、参考教材、教材
活动 2	自定义数据格式（理解、运用），数据录入格式设置（理解、运用）	课上	50 分钟	课件 PPT、案例、测试题、教材
		课下	100 分钟	测试题、视频、参考教材、WPS 学堂

活动 1 知识建模图（课上＋课下）：

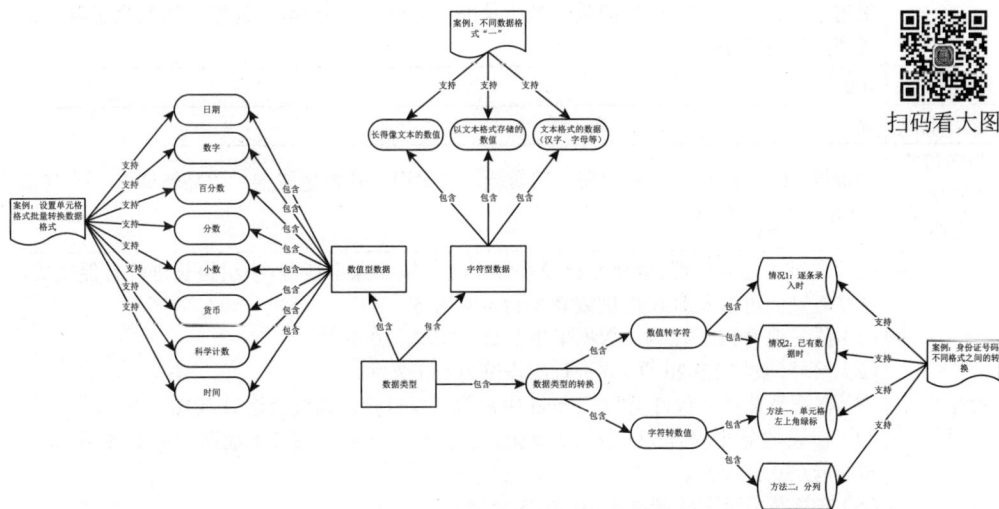

扫码看大图

活动目标	数值型数据（理解、运用）、字符型数据（理解、运用）、数据类型的转换（理解、运用）
活动任务序列（导入任务描述）	"大家日常在 Excel 中录入的数据都有哪些类型？"
师生交互过程	教师提问："日常学习中大家在 Excel 中都录入哪些数据呢？" 学生回答："数字、文字、英文字母等。" 教师提问："这些是我们按照数据的表现形式给他们起的名字，那么这些数据在 Excel 中又可以怎么被定义、被细分呢？我们今天的任务就是要进一步认识 Excel 中定义的数据格式都有哪些，以及怎么理解、怎么运用它们。"

续表

活动任务序列(任务一)

任务一知识组块:

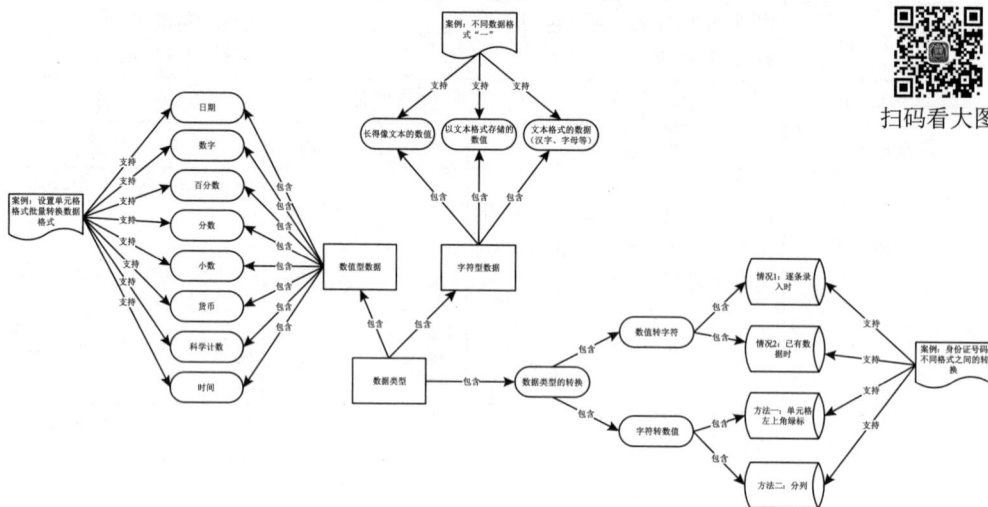

扫码看大图

任务描述	采用小组讨论、自主学习、测验的教学策略,达到使学生理解并能够运用数据了解数据类型的学习结果
任务时长	100 分钟
学习地点	课下
教学策略(或学习策略)	□讲授　☑小组讨论　☑答疑　□实验　□实训　☑自主学习　□翻转课堂　☑其他(请填写)<u>自建慕课</u>
师生交互过程	教师通过课程微信群、爱博导自建慕课平台并发布课下任务,小组组长进行督促完成,学生有疑问可以及时在群里或者平台沟通分享 (1)预习课件 PPT 任务二数据采集之数据类型(20 分钟) (2)预习(教材 22~26 页)并进行实操练习(35 分钟) (3)在智慧黄科平台讨论"在 Excel 中是否可以进行四则混合运算"(10 分钟) (4)在爱博导平台学习(慕课)商业数据分析——叶亚丽 2-1 数据的类型视频,并完成测验(30 分钟) (5)在智慧黄科完成测试题 10 个(5 分钟) 学生及时完成学习任务,小组长在组长群里与老师沟通本组学生的学习进度 教师根据智慧黄科、慕课后台参与情况,及时在群里反馈
学习资源	(1)(慕课)商业数据分析——叶亚丽:数据的类型视频及测验 (2)(参考教材)《EXCEL 数据处理与分析》,郑丽敏,人民邮电出版社,2012 年 2 月,22~26 页 (3)智慧黄科测试题及课件 PPT:任务二数据采集之数据的类型
学习成果及评价标准	学习成果: (1)(慕课)商业数据分析——叶亚丽 2-1 数据的类型视频及测验 (2)完成智慧黄科讨论、测试题

学习成果及评价标准	评价标准： （1）慕课后台显示视频观看进度，系统自动根据进度不同从 0~100 分范围打分 （2）参与智慧黄科讨论 100 分，不参与 0 分 （3）根据智慧黄科测试题回答情况自动打分
备注	学生反馈课下操作练习速度慢

活动任务序列（任务二）

任务二知识组块：

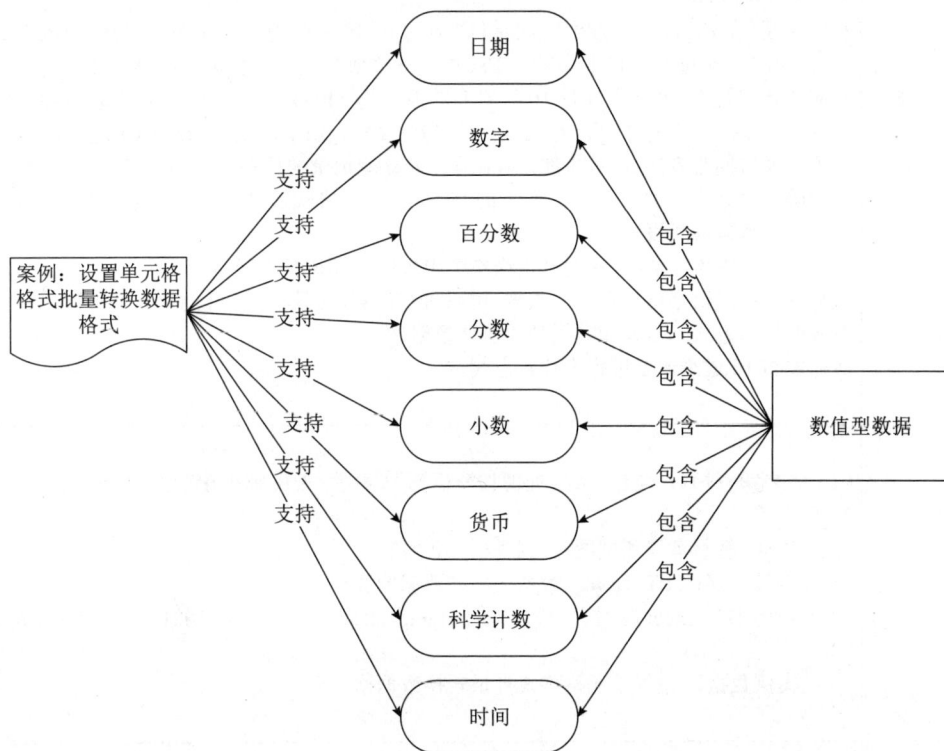

任务描述	采用讲授、演示、实训、测验的教学策略，达到使学生理解并能够运用数值型数据的学习结果
任务时长	20 分钟
学习地点	课上
教学策略 （或学习策略）	☑讲授　□小组讨论　□答疑　□实验　☑实训　□自主学习　☑翻转课堂　☑其他 （请填写）演示
师生交互过程	教师根据学生课前在慕课测试题中存在的共性问题进行解答 教师提问："Excel 表中常用的日期格式有哪些？" 学生回答："2024 年 3 月、2024 年 3 月 1 日、2024-3-1、2024/3/1、20240301……" 教师陈述："请一位同学将刚才同学说的日期在 Excel 中演示出来，我们计时。" 学生一一录入演示 教师计时 5 分钟

师生交互过程	教师总结:"我们录入5个日期花费了5分钟,实际工作中我们要录入处理的数据大部分是几百、几千、上万条,这样的速度,预示着你需要付出很多的加班时间,所以,希望同学们在课下坚持进行输入练习,提高效率。另外,20240301不是Excel默认的日期格式。" 教师演示:将2024年3月这一数据,通过选择不同的日期格式使其呈现出2024年3月1日、2024-3-1、2024/3/1的不同日期格式。20240301设置为日期格式则全部呈现的是 ######### 教师讲授:在Excel中日期和时间是以"序列值"的形式进行存储的,序列值的范围是1~2958465。即每一个日期实际在Excel中是按数字进行存储的,如1900年1月1日对应的数字是1,2020年9月10日对应的数字为44084。在Excel中可以表示的最大日期是9999年12月31日,对应数字为2958465。我们录入的20240301这个数字超过了最大日期对应的数字,也就是超出了Excel能记录的日期,因此显示为 ######## 教师陈述:"请大家对发送到桌面上的"设置单元格格式批量转换数据格式"按上面的要求进行数据格式设置。" 教师观察学生操作情况,并对学生操作中出现的问题进行答疑指导 教师总结:"以数字格式存储的数据,可以进行计算,并且在Excel的单元格里默认靠右对齐的显示方式。日期和时间是数值型数据。" 教师发布10道测试题进行本任务点测试
学习资源	(1)(参考教材)《EXCEL数据处理与分析》,郑丽敏,人民邮电出版社,2012年2月,22页 (2)(作业)智慧黄科测试题:数据类型(10题) (3)(教具)课件PPT:任务二数据采集之数据的类型 (4)(参考书)《Excel应用大全》,Excel Home,北京大学出版社,2021年11月第1版,80~81页 (5)(案例数据)"设置单元格格式批量转换数据格式"
学习成果及评价标准	学生成果:学生熟练完成"设置单元格格式批量转换数据格式" 评价标准:5分钟内完成,并能够理解各数据格式表达的含义
备注	共性问题:学生不理解对位数超过15位的数字转换为科学计数数据格式后不再准确的原因 解答:Excel中表示和存储的数字最大精确到15位有效数字。对于超过15位的整数数字,Excel会自动将15位以后的数字变为0来存储。对于大于15位有效数字的小数,则会将超出的部分截去。因此,对于超出15位有效数字的数值,Excel将无法进行精确计算和处理

续表

活动任务序列(任务三)

任务三知识组块:

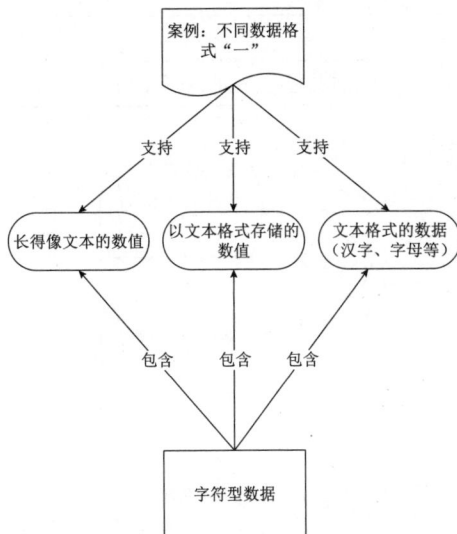

任务描述	采用小组讨论、讲授、演示的教学策略,达到使学生理解并能够运用字符型数据的学习结果
任务时长	10 分钟
学习地点	课上
教学策略 (或学习 策略)	☑讲授　☑ 小组讨论　□答疑　□实验　□实训　□自主学习　□翻转课堂　☑其他 (请填写)<u>演示</u>
师生交互 过程	学生以小组为单位,在 Excel 中录入“一、壹、1”的区别和联系,并将小组观点打在小组计算机屏幕上 教师一一展示各小组讨论给出的观点,并进行总结。区别:一、壹、1 呈现形式不同。联系:1. 一、壹可以由 1 通过设置不同数据格式变化来;2. 可以都是数值,并进行四则混合运算 3. 一、壹也可以是文本,不能进行混合运算,但是 1 是数字,可以进行运算 教师演示由数字 1 设置数据格式为:[DBNum1]G/ 通用格式、[DBNum2]G/ 通用格式变换为一、壹,并进行 +、-、×、÷ 运算 教师讲授:“Excel 中只有两种数据类型:数值型和字符型,通俗说就是数字和文本,其他所有单元格式都是这两种类型的变体。字符型数据类型通俗地讲,就是文本格式的数据,如汉字、字母等,它不可以进行科学计算,在 Excel 的单元格里默认靠左对齐的显示方式。以文本格式存储的数值左上角有绿标,实际是一个单引号。”
学习资源	(1)(参考教材)《EXCEL 数据处理与分析》,郑丽敏,人民邮电出版社,2012 年 2 月,23 页 (2)(教具)课件 PPT:任务二数据采集之字符型数据 (3)(参考书)《Excel 应用大全》,Excel Home,北京大学出版社,2021 年 11 月第 1 版,126 页

续表

学习成果及评价标准	无
备注	无

活动任务序列（任务四）

任务四知识组块：

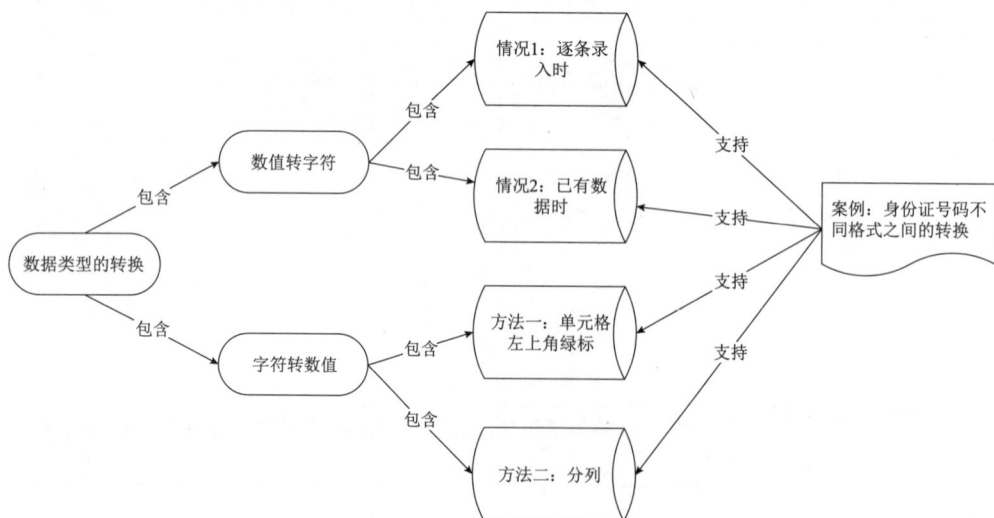

任务描述	采用讲授、演示、实训、答疑的教学策略,达到使学生理解并能转换数值类型的学习结果
任务时长	20 分钟
学习地点	课上
教学策略（或学习策略）	☑讲授　□小组讨论　☑答疑　□实验　☑实训　□自主学习　□翻转课堂　☑其他（请填写）<u>演示</u>
师生交互过程	教师讲授:"数值转字符有两种情况,一是逐条录入时提前将单元格格式改为文本类型,再逐条输入;二是已有数据时,可以使用分列功能。" 教师以身份证号数据为例演示不同格式之间的合理转换,要求不改变身份证号码及样式 (1)在设置单元格格式中将单元格格式改为文本类型,输入身份证号 (2)从数据库导出科学记数法数据,利用分列功能将数值更改为文本 教师讲授:"字符转数值有两种方法。方法 1 是直接在左上角的小绿标里单击转换为数字;方法 2 是分列功能。" 教师以身份证号数据为例演示不同格式之间的合理转换,要求不改变身份证号码及样式 (1)将左上角的小绿标里单击转换为数字转换数值

师生交互过程	（2）将文本数据通过分列转换为数字 观察"人员销售信息表"是否改正为正确的格式 教师观察学生操作情况,并对学生操作中出现的问题进行答疑指导
学习资源	（1）（参考教材）《EXCEL 数据处理与分析》,郑丽敏,人民邮电出版社,2012 年,23~25 页 （2）（教具）课件 PPT:任务二数据获取之数据类型的转换 （3）（参考书）《Excel 应用大全》,Excel Home,北京大学出版社,2021 年,127 页 （4）（数据源）"人员销售信息表""身份证号码数据表"
学习成果及评价标准	学生成果:学生完成"人员销售信息表"数据格式的更正 评价标准:能够找出"人员销售信息表"中不正确的数据类型并修改正确
备注	学生表现出的问题:不能熟练使用快捷键快速选中大批量数据 建议:让学生大量练习使用快捷键 Ctrl+Alt+↑、↓、←、→四个箭头快速选中大量数据的操作

活动 2 知识建模图(课上 + 课下):

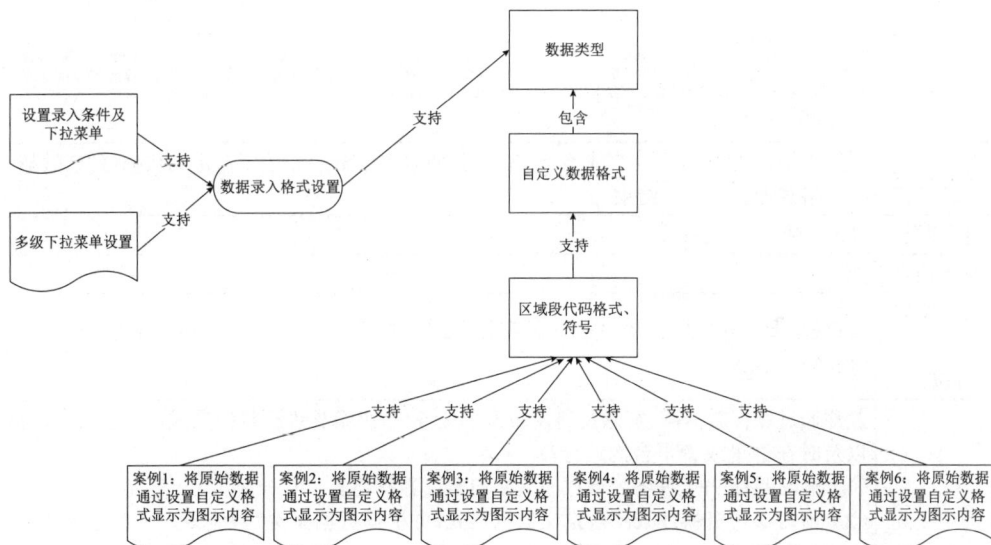

活动目标	自定义数据格式(理解、运用),数据录入格式设置(理解、运用)
活动任务序列(导入任务描述)	如何对数据进行个性化的设置呢?比如隐藏输入数据、限制部分数据输入等
师生交互过程	教师提问:"我们前面都是在利用 Excel 自带的数据格式进行转换,如果我们要增强数据的可读性和个性化,应该如何设置呢?比如,数据录入为正数时显示为黑色字体,录入 0 时不显示,录入负数时显示为红色字体,录入文字时显示 'ERR!'" 学生回答:"不知道。" 教师讲授:"Excel 中可以创建出丰富多样的数字格式,使单元格中的数据更有表现力,增强可读性,还可以简化数据输入等。" 教师演示并讲解案例:设置多个条件的自定义数字格式 学生跟随实训

续表

活动任务序列（任务一）

任务一知识组块：

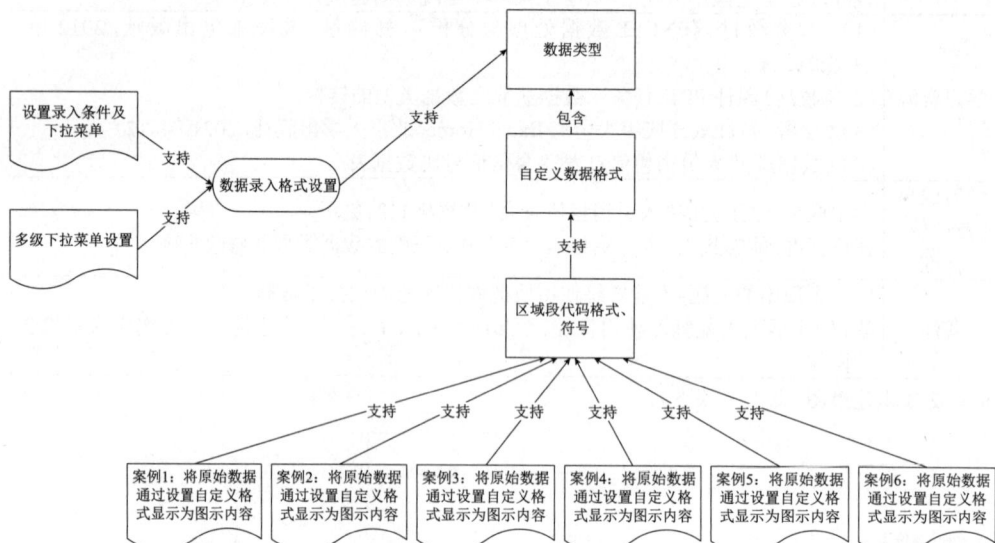

```
                              数据类型
                                ↑
                               包含
                                │
设置录入条件及        支持      自定义数据格式
下拉菜单   ──支持──→ 数据录入格式设置         ↑
                                              支持
多级下拉菜单 ──支持──→                         │
设置                                    区域段代码格式、
                                           符号
```

区域段代码格式、符号 ← 支持 ← 支持 ← 支持 ← 支持 ← 支持 ← 支持

| 案例1：将原始数据通过设置自定义格式显示为图示内容 | 案例2：将原始数据通过设置自定义格式显示为图示内容 | 案例3：将原始数据通过设置自定义格式显示为图示内容 | 案例4：将原始数据通过设置自定义格式显示为图示内容 | 案例5：将原始数据通过设置自定义格式显示为图示内容 | 案例6：将原始数据通过设置自定义格式显示为图示内容 |

项目	内容
任务描述	采用小组讨论、自主学习的教学策略，达到使学生理解并能运用自定义数据格式、数据录入格式设置的学习结果
任务时长	100 分钟
学习地点	课下
教学策略（或学习策略）	□讲授 ☑小组讨论 ☑答疑 □实验 □实训 ☑自主学习 □翻转课堂 ☑其他（请填写）视频
师生交互过程	教师通过课程微信群、智慧黄科发布课下任务，小组组长进行督促完成，学生有疑问可以及时在群里或者平台沟通分享 （1）预习课件 PPT 任务二数据采集之自定义数据格式（20 分钟） （2）预习参考资料：Excel 自定义数据格式，并根据数据案例"数据录入之自定义数据格式"系列（6 个），进行实操练习（60 分钟） （3）观看视频"多级下拉设置"并根据数据要求进行实操（20 分钟） 学生及时完成学习任务，小组长在组长群里与老师沟通本组学生的学习进度 教师根据智慧黄科后台参与情况，及时在群里反馈
学习资源	（1）（参考资料）Excel 自定义数据格式 （2）（案例）"数据录入之自定义数据格式"系列 （3）（视频）多级下拉菜单设置 （4）（数据源）一级菜单数据设置、人员城市区邮编三级下拉菜单设置
学习成果及评价标准	无
备注	无

活动任务序列(任务二)

任务二知识组块:

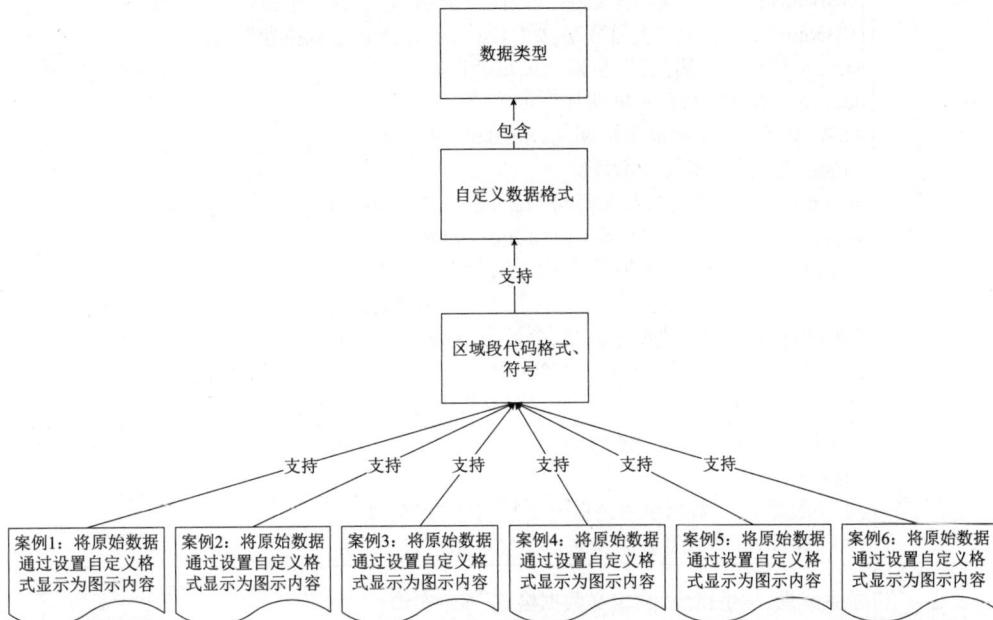

```
                    ┌──────────────┐
                    │   数据类型    │
                    └──────────────┘
                           ↑
                          包含
                    ┌──────────────┐
                    │  自定义数据格式  │
                    └──────────────┘
                           │
                          支持
                ┌──────────────────────┐
                │  区域段代码格式、       │
                │  符号                  │
                └──────────────────────┘
```

支持　支持　支持　支持　支持　支持

| 案例1:将原始数据通过设置自定义格式显示为图示内容 | 案例2:将原始数据通过设置自定义格式显示为图示内容 | 案例3:将原始数据通过设置自定义格式显示为图示内容 | 案例4:将原始数据通过设置自定义格式显示为图示内容 | 案例5:将原始数据通过设置自定义格式显示为图示内容 | 案例6:将原始数据通过设置自定义格式显示为图示内容 |

任务描述	采用讲授、演示、实训的教学策略,达到使学生理解并能运用自定义数据格式的学习结果
任务时长	30 分钟
学习地点	课上
教学策略 (或学习 策略)	☑ 讲授　□ 小组讨论　□ 答疑　□ 实验　☑ 实训　□ 自主学习　□ 翻转课堂　☑ 其他 (请填写)演示
师生交互 过程	教师讲授内容如下 (1)格式代码的组成规则 ① 自定义的完整结构:对正数应用的格式、对负数应用的格式、对零应用的格式、对文本应用的格式 ② 也可以为区段设置自己所需要的特定条件,例如大于条件值时应用的格式、小于条件值时应用的格式、等于条件值时应用的格式、文本,其代码结构可以理解为条件1 条件2、除此之外的值、文本 (2)常用代码符号及其含义作用: G/ 通用格式:不设置任何格式,按原始输入显示。同"常规"格式 # :数字占位符,只显示有效数字,不显示无意义的零值 0:数字占位符,当数字比代码的位数少时,显示无意义的零值 "文本":可显示双引号之间的文本 ! :强制显示下一个字符。可用于";""."""?""等特殊符号的显示 *:重复下一个字符来填充列宽 @:文本占位符,同"文本"格式

续表

师生交互过程	[颜色]: 显示相应的颜色, [黑色]/[black] [条件]: 设置条件。条件通常由">""<""=""≥=""<=""<>"构成 [DBNum1]: 显示中文小写数字, 如"123"显示为"一百二十三" [DBNum2]: 显示中文大写数字, 如"123"显示为"壹佰贰拾叁" aaaa: 使用中文全称显示(星期一—星期日) ddd: 使用英文缩写显示星期几(Sun) dddd: 使用英文全拼显示星期几(Sunday—Saturday) mmm: 使用英文缩写显示月份 mmmm: 使用英文全拼显示月份(January—December) yyyy: 使用 4 位数显示公历年份(1900—9999) AM/PM: 使用英文上下午显示十二小时制的时间 上午 / 下午: 使用中文上下午显示十二小时制的时间 [h][m][s]: 显示超出进制小时数、分钟数、秒数 教师演示: 教师分别演示 6 个案例中的数据如何进行自定义格式设置 学生实训: 学生按要求完成 6 个案例中的自定义格式设置
学习资源	(1)(参考教材)《EXCEL 应用大全》, Excel Home, 北京大学出版社, 2021, 128~138 页 (2)(数据源)"数据录入之自定义数据格式"系列 (3)(课件)任务二数据采集之自定义数据格式
学习成果及评价标准	学生成果: 学生完成"自定义数据格式"6 个实训 评价标准: 每个数据源的处理在 5 分钟内完成, 并能按要求正确设置格式
备注	共性问题: 速度慢, 对代码含义不熟悉 建议: 多练, 打印出常用代码多查找

活动任务序列(任务三)

任务三知识组块:

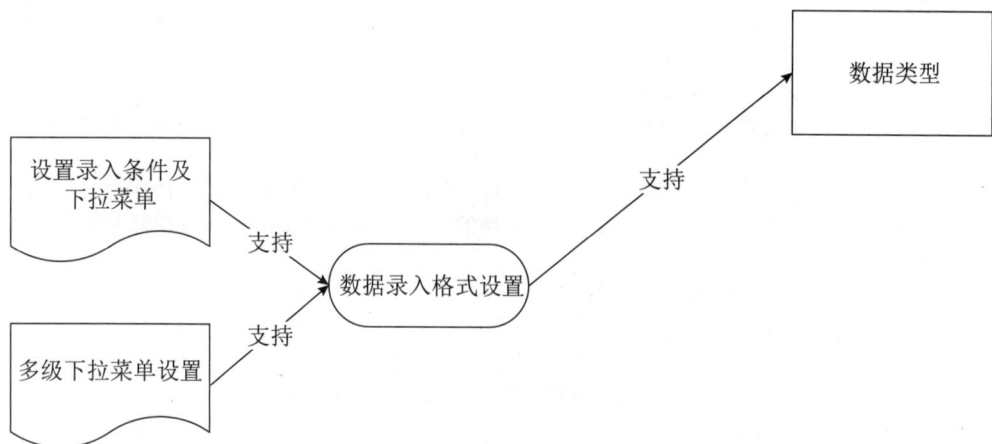

任务描述	采用小组讨论、讲授、演示、测验的教学策略, 达到使学生理解并能运用数据录入格式设置的学习结果

任务时长	20 分钟
学习地点	课上
教学策略（或学习策略）	☑ 讲授　□ 小组讨论　□ 答疑　□ 实验　☑ 实训　□ 自主学习　□ 翻转课堂　☑ 其他（请填写）演示
师生交互过程	教师根据课前预习提问 2 位同学演示设置"男""女"性别下拉菜单,并对身份证号位数入录设置条件,若录入不是 18 位数则提示"录入错误" 两位同学演示,其他同学也跟随练习 教师观察学生操作步骤并计时。一位同学操作步骤正确流畅,用时 3 分钟,另一同学操作步骤不熟练,在同组人员帮助下用时 6 分钟完成。其余同学最短用时 2 分钟,6 分钟后仍有部分同学没有完成 教师根据没有完成的同学的反馈,通过有效性设置演示设置录入条件。同时,建议学生课下反复练习,达到 2 分钟内设置完成 教师分发"员工信息表",进行员工信息中分公司、部门、岗位三级菜单的设置,测试学生课前预习实际掌握情况 学生根据课前自主观看视频、实操练习完成"员工信息表"三级菜单设置 教师观察学生实训情况,对实训中的问题进行一一指导 教师根据学生实训中反馈的部门、岗位设置不正确的共性问题演示操作步骤
学习资源	（1）（视频）多级菜单设置 （2）（数据源）"员工信息表"多级菜单录入设置
学习成果及评价标准	学生成果:学生完成"员工信息表"多级菜单设置 评价标准:操作步骤正确,5 分钟内完成 100 分,5 分钟以外完成 60 分,没完成 0 分
备注	共性问题:二级、三级菜单中忘记公司"指定"设置,INDIRECE 函数运用不熟练 建议:反复看预习中的讲解视频,达到举一反三的程度

4.3.5　人力资源管理课程教学设计

1. 课程简介

教学内容涵盖人力资源规划、工作分析、员工招聘、员工培训、绩效管理、薪酬管理、员工关系管理等内容。通过本课程的学习,学生能够了解人力资源管理的基本概念、原理、方法,全面掌握人力资源管理的理论体系,搭建完整专业知识架构;树立正确的人力资源管理理念,具备创新意识,提高分析问题、解决问题的能力;学会规划和设计人力资源管理"选、育、用、留"等管理活动;具有良好的职业道德素养、身心素质和与人合作共事的团队精神,为后续其他项目化教学课程的开展打好专业知识和技能基础。

2. 教学设计

人力资源管理课程专业基础课程教案如表 4-11 所示。

表 4-11 人力资源管理课程专业基础课程教案——职位分析

2023—2024 年第二学期第 1 周

知识建模图:

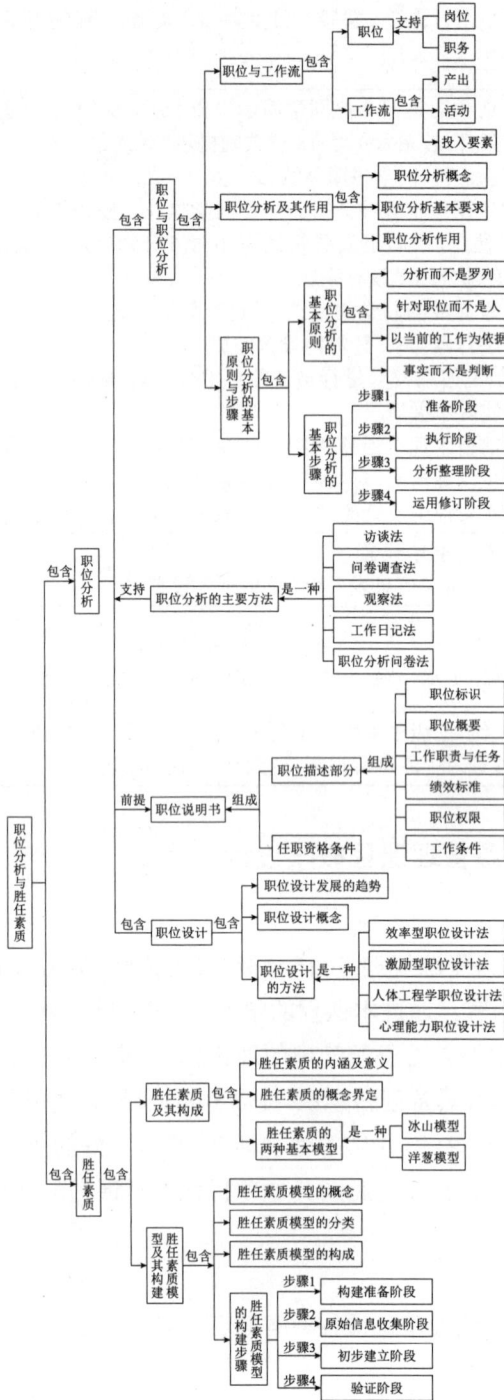

扫码看大图

	知识点（学习水平）	素质目标（课程思政点）
学习目标	职位（记忆，理解），工作流的概念（记忆，理解），职位分析的概念、作用及原则（记忆，理解），职位分析的步骤（理解，运用），职位分析的主要方法（理解，运用）	具备岗位责任，精益求精的职业素养 具有团队意识，合作精神

学习先决知识技能	知识点（学习水平）
	人力资源管理的基本概念及作用（记忆，理解）
	人力资源管理的基本职能（记忆，理解，运用）

课上资源	课下资源
（1）（参考教材）《人力资源管理》，刘昕，中国人民大学出版社，2020 年 10 月，第三章 （2）（课件）课程 PPT （3）（题目资源库）课程测试题 （4）（作业）学生完成的作业 （5）（评价表）作业任务评价表	（1）（参考教材）《人力资源管理》，刘昕，中国人民大学出版社，2020 年 10 月，第三章 （2）（视频）四川大学人力资源管理慕课资源；暨南大学人力资源管理慕课资源 （3）（题目资源库）课程测试题 （4）（课件）课程 PPT （5）（评价表）作业任务评价表 （6）（参考书目）《人力资源管理——理论、方法、实务》，赵曙明、赵宜萱，人民邮电出版社，2019 年 10 月；《人力资源管理概论》（第 5 版），董克用、李超平，中国人民大学出版社，2019 年 7 月 经济师（人力资源管理方向）参考书

课上时间	100 分钟	课下时间	200 分钟

活动序列	活动目标	时间	学习资源	学习地点
活动 1	课前预习职位及职位分析模块（记忆，理解）	课下 200 分钟	慕课视频、教材、参考书、测试题	课下
活动 2	职位与工作流的概念（记忆，理解）	课上 20 分钟	教材、课件	课上
活动 3	职位分析的概念、作用（记忆，理解）	课上 15 分钟	教材、课件、学生完成的讨论题	课上
活动 4	职位分析的原则（记忆，理解）	课上 15 分钟	教材、课件	课上
活动 5	职位分析的步骤（理解，运用）	课上 20 分钟	教材、课件	课上
活动 6	职位分析的主要方法（理解，运用）	课上 30 分钟	教材、课件、学生完成的作业	课上

活动 1 知识建模图（课上 + 课下）：

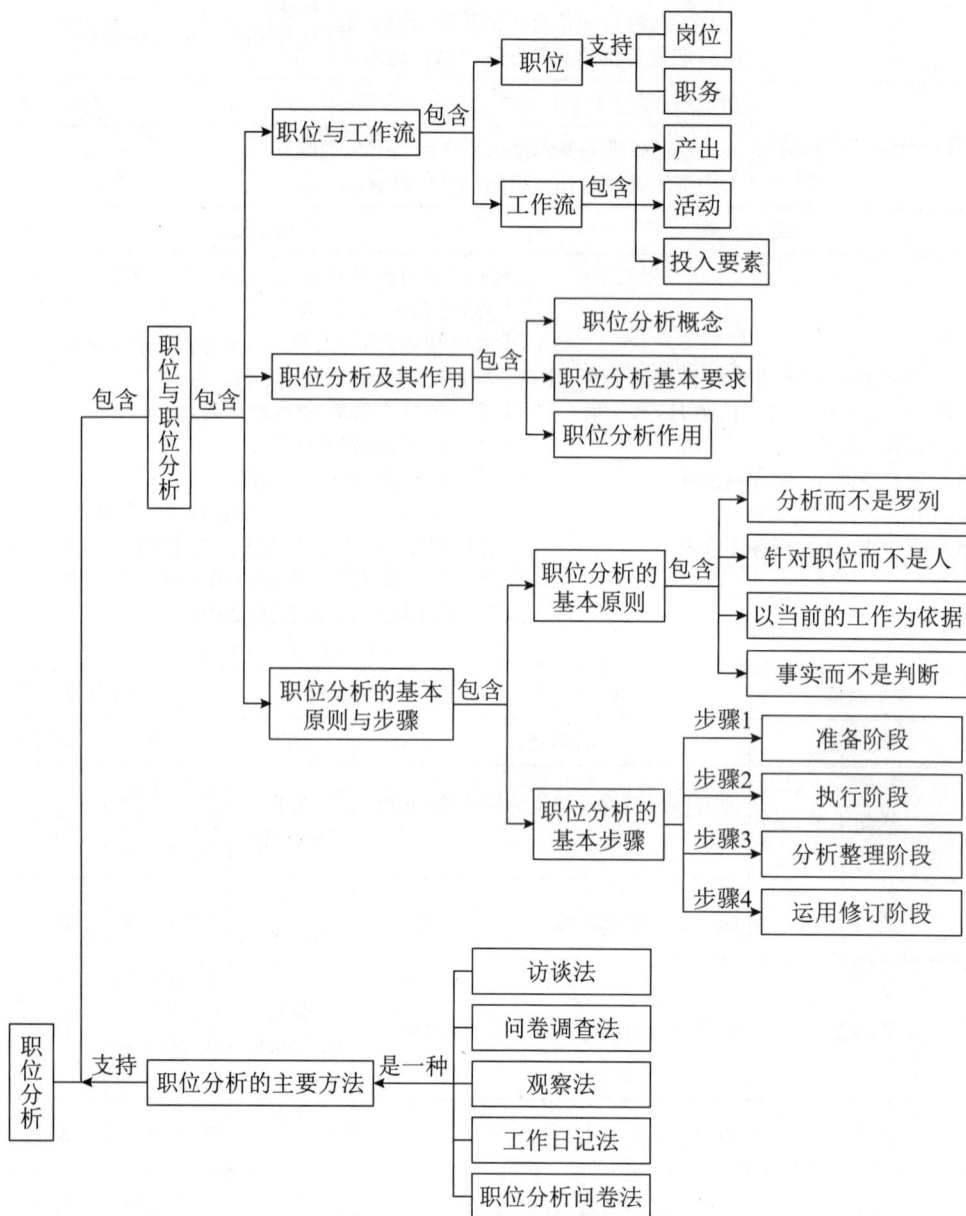

活动目标	课前预习职位分析内容模块（记忆,理解）

续表

活动任务序列（导入任务描述）	
师生交互过程	教师通过案例——忽视职位分析导致企业用人的重大失败引导学生谈谈对案例的理解,让学生思考 职位分析的作用是什么? 学生思考后回答问题 最后结合学生的回答,老师归纳:"职务分析是现代人力资源管理的基础和前提,有的企业人力资源管理者忽视或低估职位分析的作用,使得绩效评估时无现成依据、确定薪酬时有失公平、目标管理责任制没有完全落实,进而导致挫伤员工工作积极性和影响企业效益的现象时有发生"。以此引导出本次课程的教学内容及教学要求

活动任务序列（任务一）	
任务描述	任务一:让学生课前预习职位分析模块内容并完成测试题,使其达到理解并掌握职位分析基础知识的结果 任务二:让学生完成学习中心讨论题:为什么说职位分析是整个人力资源管理工作的基础,达到加深学生对职位分析掌握程度的结果 任务三:让学生完成书面作业:职位分析方法的比较,使其能够掌握职位分析的方法
任务时长	200 分钟
学习地点	课下
教学策略（或学习策略）	□讲授　□小组讨论　□答疑　□实验　□实训　☑自主学习　☑其他(请填写)测试、书面作业
师生交互过程	教师发布课前预习任务,在学习中心发布"职位分析"对应的视频资源和测试题 学生自主观看视频,预习教材"职位分析"内容,并按照要求完成对应的测试题,接着完成学习中心的讨论题,最后完成"职位分析方法比较"书面作业整理。有问题可及时在线上或线下找教师进行沟通,要求在课前熟悉并掌握职位分析的基础知识
学习资源	慕课视频、教材、参考书、课件
学习成果及评价标准	(1)完成学习中心视频学习任务:依据是否完成慕课视频的观看进行统计,完成视频学习得 100 分,计入课程过程性评价(课堂表现指标) (2)测试题成绩:测试题为客观题,有明确的评价标准,根据学生测试成绩可知学生是否掌握职位分析模块的相关基础知识

活动 2 知识建模图（课上 + 课下）:

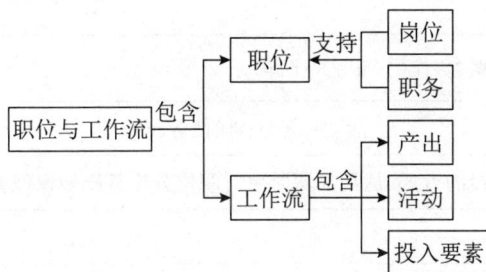

活动目标	职位与工作流的概念（记忆，理解）

活动任务序列（任务一）	
任务描述	采用教师讲授的方法，达到加深学生对职位和工作流相关的基础概念掌握程度的结果
任务时长	20 分钟
学习地点	课上
教学策略（或学习策略）	☑讲授　□小组讨论　□答疑　□实验　□实训　□自主学习　☑其他（请填写）<u>课堂提问</u>
师生交互过程	教师在课堂上首先就测试中出现的共性问题进行答疑讲解，接着让学生思考职位、岗位和职务三个概念的区别。学生结合自己课前预习思考后回答问题 教师通过例子"一个超市有 20 个收银员，就是指有 1 个收银员职位，20 个收银员岗位，但无职务；高校的 1 位财务处处长，即 1 个财务处处长职位，1 个财务处处长岗位，职务是处长"辨析区分三个基本概念。接着提问学生"工作流分析的主要步骤有什么？"解释理解职位的最好做法是将职位放到一个大背景——整个组织的工作流中来考虑，通过例子"运动鞋制造商生产运动鞋的过程环节"讲解工作流中包含的三大要素，即产出、活动和重大投入，使得学生更好地理解职位的作用
学习资源	教材、课件、测试题
学习成果及评价标准	学生的课堂回答可以很好地反映出学生对职位和工作流的基础概念的掌握程度 根据学生问题回答是否准确、逻辑是否严谨，语言是否表达准确，符合 2 个标准即可计入平时成绩考核指标"课堂是否参与表现"1 次

活动 3 知识建模图（课上＋课下）：

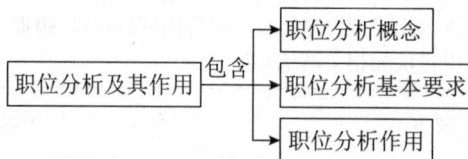

活动目标	职位分析的概念、作用（记忆，理解）

活动任务序列（任务一）	
任务描述	采用教师讲授的方式，达到加深学生对职位分析基础知识理解掌握程度的结果
任务时长	15 分钟
学习地点	课上

教学策略（或学习策略）	☑ 讲授　☑ 小组讨论　☐ 答疑　☐ 实验　☐ 实训　☐ 自主学习　☑ 其他（请填写）课堂提问
师生交互过程	教师首先提问学生："什么是职位分析？职位分析的结果表现是什么？"学生思考后回答问题。教师结合学生的回答，强调职位分析的结果通常表现为职位描述和职位规范，并进一步厘清职位分析与岗位分析和工作分析的关系。最后总结点评课前完成的讨论题答题情况
学习资源	教材、课件、学生完成的讨论题
学习成果及评价标准	讨论题：从人力资源的角度谈谈我国计划生育政策变化的主要原因 根据学生问题回答是否准确、逻辑是否严谨，语言是否表达准确，符合 2 个标准即可计入平时成绩考核指标"课堂是否参与表现"1 次

活动 4 知识建模图（课上 + 课下）：

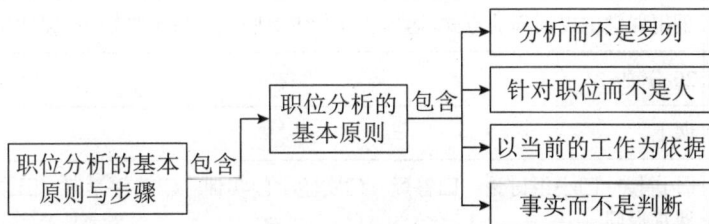

活动目标	职位分析的原则（记忆，理解）

活动任务序列（任务一）

任务描述	采用教师讲授的方式，达到加深学生对职位分析原则知识掌握程度的结果
任务时长	15 分钟
学习地点	课上
教学策略（或学习策略）	☑ 讲授　☐ 小组讨论　☐ 答疑　☐ 实验　☐ 实训　☐ 自主学习　☑ 其他（请填写）课堂提问
师生交互过程	教师首先让学生谈谈对职位分析原则的理解，学生思考后回答问题。教师结合学生的回答，对职位分析的原则逐条讲解分析，并通过举例说明加深学生对职位分析原则的理解程度，最后教师进行总结
学习资源	教材、课件
学习成果及评价标准	学生的课堂回答可以很好地反映出学生对职位分析原则知识的掌握程度 根据学生问题回答是否准确、逻辑是否严谨，语言是否表达准确，符合 2 个标准即可计入平时成绩考核指标"课堂是否参与表现"1 次

活动5 知识建模图（课上＋课下）：

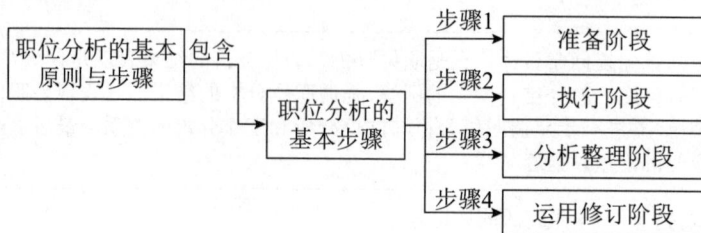

活动目标	职位分析的步骤（理解，运用）

活动任务序列（任务一）

任务描述	采用课堂讲授演绎的方式，达到加深学生对职位分析步骤知识掌握程度的结果
任务时长	20分钟
学习地点	课上
教学策略（或学习策略）	☑讲授　□小组讨论　□答疑　□实验　□实训　□自主学习　☑其他（请填写）课堂提问
师生交互过程	教师首先提问学生："职位分析的步骤有哪些？职位分析需要做好哪些准备工作？"学生思考后回答问题。教师结合学生的回答，对职位分析的步骤逐条讲解分析，并通过举例说明加深学生对职位分析步骤的理解程度，最后教师进行总结
学习资源	教材、课件
学习成果及评价标准	学生的回答可以很好地反映出学生对职位分析的步骤知识的掌握程度 根据学生问题回答是否准确、逻辑是否严谨，语言是否表达准确，符合2个标准即可计入平时成绩考核指标"课堂是否参与表现"1次

活动6 知识建模图（课上＋课下）：

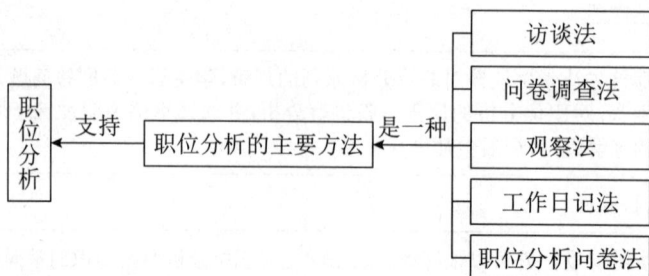

活动目标	职位分析的主要方法（理解，运用）

活动任务序列(任务一)	
任务描述	采用教师讲授的方式,达到加深学生对职位分析方法知识掌握程度的结果
任务时长	5 分钟
学习地点	课上
教学策略(或学习策略)	☑讲授　□小组讨论　□答疑　□实验　□实训　□自主学习　□其他(请填写)————
师生交互过程	教师根据学生提交的个人书面作业,确定课堂汇报展示的学生代表,提出汇报要求及评价标准,学生代表做好进行课堂分享汇报的准备
学习资源	教材、学生小组完成 PPT 作业
学习成果及评价标准	无
活动任务序列(任务二)	
任务描述	采用学生代表汇报展示的方式,达到加深学生对职位分析方法知识掌握程度的结果
任务时长	25 分钟
学习地点	课上
教学策略(或学习策略)	□讲授　□小组讨论　□答疑　□实验　□实训　□自主学习　☑其他(请填写)小组汇报展示
师生交互过程	学生代表进行课堂分享汇报,其他同学认真听讲并进行点评;学生代表进行展示分享后,其他同学可以提出质疑,学生代表进行解答 最后教师进行职位分析方法的点评总结
学习资源	教材、学生小组完成 PPT 作业
学习成果及评价标准	学生小组个人书面作业:职位分析方法比较总结 该项作业是个人书面作业,计入课程过程性评价,作业总分 100 分 评价标准: (1)书面整洁,作业表现形式清晰、格式规范(20%) (2)西方人力资源管理发展历史阶段总结全面,没有遗漏(70%) (3)按时完成上交(10%)
备注	(1)课堂上关注学生的听课状态,灵活处理教学设计中的每个活动 (2)教学中关注学生的兴趣点,选取案例要具有针对性 (3)对课后完成任务要有明确的评价标准,有落实、有反馈

4.3.6　市场营销学课程教学设计

1.课程简介

研究市场活动及其规律的课程,涉及市场策划、消费者行为、产品推广等多个方面。通过这门课程,学生将学习如何识别市场机会,制定营销策略,以满足消费者需求并实现企业目标。本课程内容包括市场分析、市场调研、产品定位、品牌建设、促销策略等,旨在培养学生的市场敏感度和实践能力。通过学习市场营销学,学生将更好地理解市场动态,为未来的职业发展奠定坚实基础。

2.课程设计

市场营销学课程专业基础课程教案如表 4-12 所示。

表 4-12　市场营销学课程专业基础课程教案——渠道管理

2023—2024 年第一学期第 11 周

知识建模图:

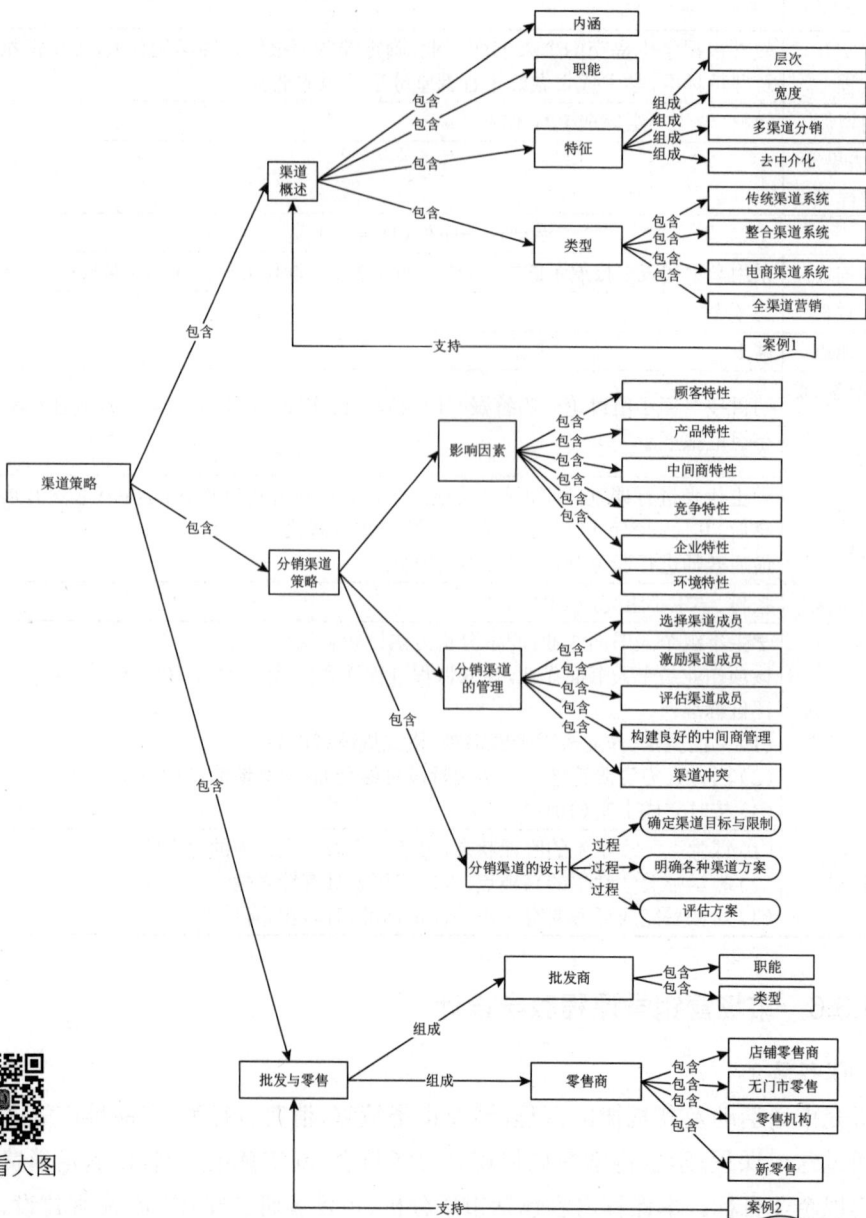

扫码看大图

续表

	知识点（学习水平）	素质目标（课程思政点）
学习目标	理解分销渠道在市场中的重要性；了解分销渠道的基本形态；了解批发商业与零售商业的具体形式及区别；掌握分销渠道策略和实体分配的基本要领	（1）引导学生理解数字经济、网红经济、新零售等在中国的发展现状、机遇和未来前景，培养学生的创新意识 （2）明确直播电商在推动中国经济转型升级、打造经济新增长点以及实现共同富裕愿景方面的重要作用
学习先决知识技能	知识点（学习水平）	
	无	

课上资源	课下资源
（1）（教材）《市场营销学通论（第 9 版）》，郭国庆，中国人民大学出版社，2022 年 12 月 23 日 （2）课件 （3）（慕课）中国大学 MOOC （4）（案例）《市场营销学》自建案例集 （5）（教辅工具）学习中心的文本资源以及视频资源	（1）（中国大学 MOOC）线上《市场营销学》观看 （2）（微信公众号）21 世纪商业评论、品牌头版、新营销 （3）（参考书目）《营销管理（亚洲版第六版）》菲利普·科特勒凯文·莱恩利，中国人民大学出版社，2020 年 7 月 20 日

课上时间	120 分钟	课下时间	180 分钟	
活动序列	活动目标	时间	学习资源	学习地点
活动 1	课程导入，为学生正确认识渠道的概念奠定基础	课上 20 分钟	（1）线上资源：学习中心视频以及案例 （2）线下资源：教材、教学参考书、教师课堂讲授 PPT	教室
活动 2	掌握渠道的管理等概念	课上 30 分钟	（1）线上资源：学习中心视频以及案例 （2）线下资源：教材、教学参考书、教师课堂讲授 PPT	教室
活动 3	掌握渠道设计的影响因素	课上 20 分钟	（1）线上资源：学习中心视频以及案例 （2）线下资源：教材、教学参考书、教师课堂讲授 PPT	教室

活动序列	活动目标	时间	学习资源	学习地点
活动 4	理论讲授,引导学生掌握核心概念	课时 20 分钟	(1)线上资源:学习中心视频以及案例 (2)线下资源:教材、教学参考书、教师课堂讲授 PPT	教室
活动 5	课程测试,摸底学生知识掌握程度,布置课程作业	课上 10 分钟 + 课下 180 分钟	题库	教室

活动 1 知识建模图(课上 + 课下):

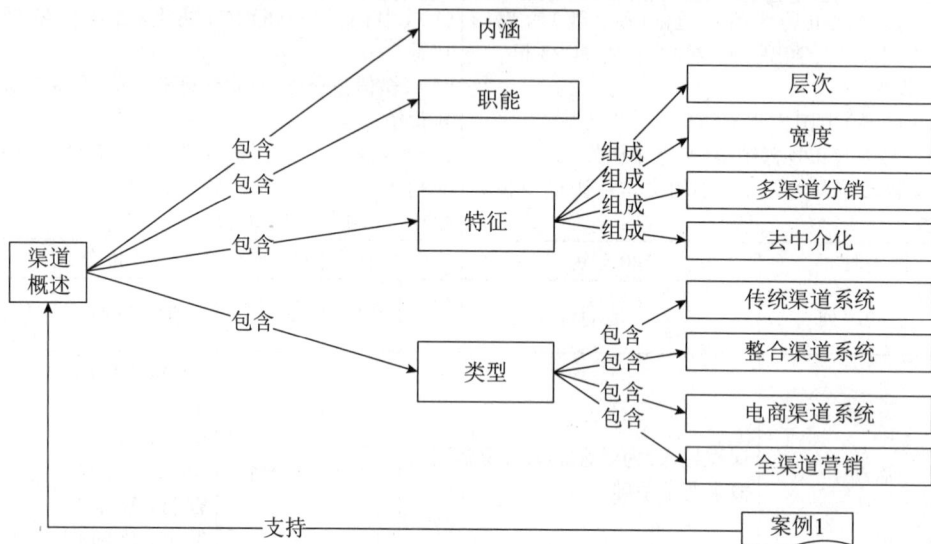

活动目标	课程导入,为学生正确认识渠道的概念奠定基础

活动任务序列(任务一)

任务描述	教师提问
任务时长	5 分钟
学习地点	教室
教学策略(或学习策略)	□讲授　□小组讨论　□答疑　□实验　□实训　□自主学习　□翻转课堂　☑其他(请填写)提问
师生交互过程	教师通过提问的方式了解学生预习掌握情况 提问的问题包含: 什么是渠道? 营销渠道和分销渠道的区别有哪些? 如何理解渠道的层次? 渠道的宽度如何理解?

续表

学习资源	（视频）中国大学 MOOC《市场营销》 （教材）《市场营销学》，中国人民大学出版社 （参考书目）《市场营销学》，菲利普·科特勒，清华大学出版社 （公众号）21 世纪商业评论 （微课）自建 （题库）自建			
学习成果 及评价 标准	通过课堂提问了解学生预习情况，并进行评价			
	评分级别及依据 （满分 10 分）	A（8~10 分）	B（6~7 分）	C（0~5 分）
	准确性	回答准确	回答基本准确	回答错误
	深度与清晰度	能够深入剖析问题，并清晰表达自己观点	能够剖析问题，并表达自己观点	问题分析不深入，无个人观点
	逻辑性与组织性	答案结构合理，有条理	答案结构基本合理，有一定条理	答案结构混乱，条理性差
	语言组织与表达	语言表达通顺，用词准确	语言表达较通顺，用词不够准确	语言表达不通顺，用词不够准确

活动任务序列（任务二）

任务描述	教师讲授渠道相关概念
任务时长	15 分钟
学习地点	教室
教学策略 （或学习 策略）	☑ 讲授　□ 小组讨论　☑ 答疑　□ 实验　□ 实训　□ 自主学习　□ 翻转课堂　□ 其他 （请填写）_____
师生交互 过程	教师展示蜜雪冰城的案例，引导学生思考渠道的本质是什么？ 供应链的高效管理为蜜雪冰城保驾护航，当供应链深深扎根于奶茶行业生态循环系统，即使外界可以充分了解其商业模式与运营数据，竞争对手仍难以撼动其市场地位。这鲜活的实践案例诠释了一个道理：在快速迭代与激烈竞争的商业环境中，灵活的渠道策略与深度整合的供应链可能是企业取得持续成功的密钥 教师结合格力电器经销商倒戈的案例《格力经销商倒戈飞利浦：什么赚钱卖什么》，引导学生思考渠道的层次有哪些？ 结合可口可乐产品的布局，引导学生思考渠道的宽度有哪些？
学习资源	（视频）中国大学 MOOC《市场营销》 （教材）《市场营销学》，中国人民大学出版社 （参考书目）《市场营销学》，菲利普·科特勒，清华大学出版社 （公众号）21 世纪商业评论 （微课）自建 （题库）自建

续表

学习成果及评价标准	评分级别及依据（满分10分）	A（8~10分）	B（6~7分）	C（0~5分）
	准确性	回答准确	回答基本准确	回答错误
	深度与清晰度	能够深入剖析问题，并清晰表达自己观点	能够剖析问题，并表达自己观点	问题分析不深入，无个人观点
	逻辑性与组织性	答案结构合理，有条理	答案结构基本合理，有一定条理	答案结构混乱，条理性差
	语言组织与表达	语言表达通顺，用词准确	语言表达较通顺，用词不够准确	语言表达不通顺，用词不够准确

活动2知识建模图（课上＋课下）：

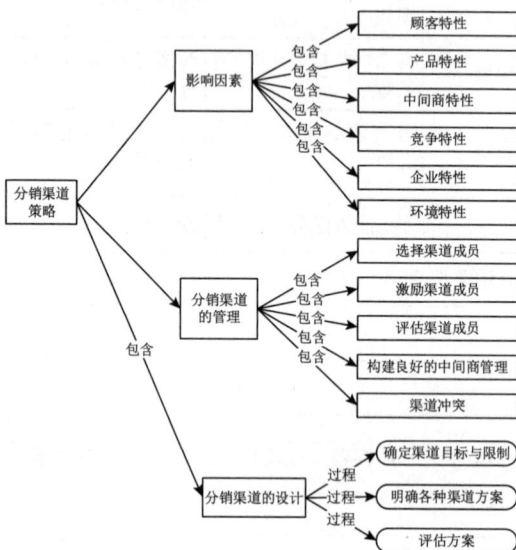

活动目标	掌握渠道的管理等概念

活动任务序列（任务一）

任务一知识组块：		任务描述	学生通过观看视频学习戴尔公司的渠道管理策略
		任务时长	15分钟
		学习地点	教室
教学策略（或学习策略）	□讲授　□小组讨论　□答疑　□实验　□实训　□自主学习　□翻转课堂　☑其他（请填写）视频学习		

续表

师生交互过程	通过师生共同学习,教师提问,学生思考 直销和经销的区别在哪里? O2O 的形态有哪些? 多渠道管理存在哪些问题?		
学习资源	(视频)中国大学 MOOC《市场营销》 (教材)《市场营销学》,中国人民大学出版社 (参考书目)《市场营销学》,菲利普·科特勒,清华大学出版社 (公众号)21 世纪商业评论 (微课)自建 (题库)自建		
学习成果及评价标准	评分级别及依据 (满分 10 分)	A(8~10 分)	B(6~7 分)	C(0~5 分)
	准确性	回答准确	回答基本准确	回答错误
	深度与清晰度	能够深入剖析问题,并清晰表达自己观点	能够剖析问题,并表达自己观点	问题分析不深入,无个人观点
	逻辑性与组织性	答案结构合理,有条理	答案结构基本合理,有一定条理	答案结构混乱,条理性差
	语言组织与表达	语言表达通顺,用词准确	语言表达较通顺,用词不够准确	语言表达不通顺,用词不够准确

活动任务序列(任务二)

任务二知识组块:

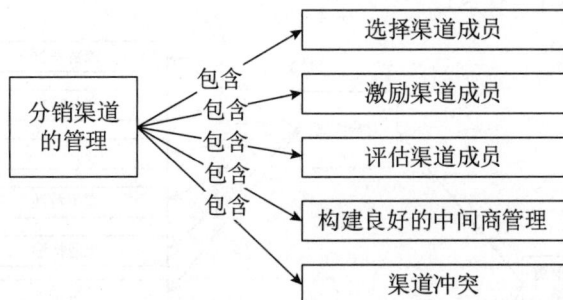

任务描述	案例教学
任务时长	15 分钟
学习地点	教室
教学策略 (或学习策略)	□讲授　□小组讨论　☑答疑　□实验　□实训　□自主学习　□翻转课堂　☑其他 (请填写)案例教学
师生交互过程	近年来,李宁集团持续发力渠道,增强市场覆盖门店质量,减少低效门店数量,持续推动旗舰店、标杆店等高效大店落地,优化店铺结构,并持续加大购物中心、奥莱渠道拓展。结合李宁公司的案例,分析线上线下多渠道管理的难点在哪里?同时引导学生思考以下问题: 为什么直播带货盛行? 企业选择直播平台的原因有哪些? 消费者选择直播购物的原因有哪些?

学习资源	（视频）中国大学 MOOC《市场营销》 （参考教材）《市场营销学》，中国人民大学出版社 （参考书目）《市场营销学》，菲利普·科特勒，清华大学出版社 （公众号）21 世纪商业评论 （微课）自建 （题库）自建		
学习成果及评价标准	评分级别及依据 （满分 10 分）	A（8~10 分）	B（6~7 分）	C（0~5 分）
	准确性	回答准确	回答基本准确	回答错误
	深度与清晰度	能够深入剖析问题，并清晰表达自己观点	能够剖析问题，并表达自己观点	问题分析不深入，无个人观点
	逻辑性与组织性	答案结构合理，有条理	答案结构基本合理，有一定条理	答案结构混乱，条理性差
	语言组织与表达	语言表达通顺，用词准确	语言表达较通顺，用词不够准确	语言表达不通顺，用词不够准确

活动 3 知识建模图（课上＋课下）：

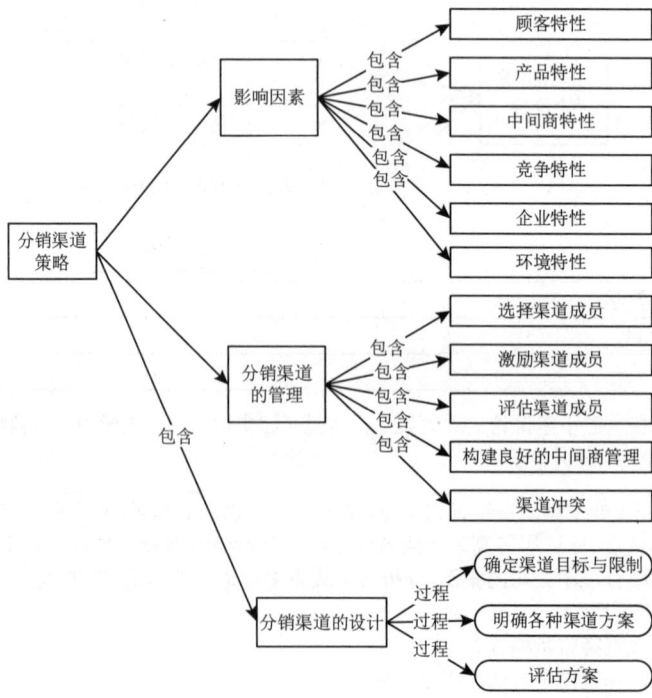

续表

活动目标	掌握渠道设计的影响因素

活动任务序列（任务一）

任务一知识组块：

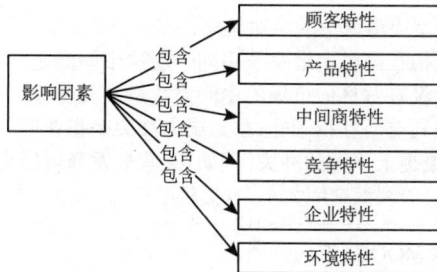

任务描述	学习渠道设计的流程及要求
任务时长	10 分钟
学习地点	教室
教学策略 （或学习 策略）	☑ 讲授　□ 小组讨论　□ 答疑　□ 实验　□ 实训　□ 自主学习　□ 翻转课堂　□ 其他 （请填写）_____
师生交互 过程	教师结合晨光文具与真彩文具的案例,剖析渠道设计的影响因素,并请学生举例说明不同类型的企业在渠道设计方向影响因素有哪些不同?
学习资源	（视频）中国大学 MOOC《市场营销》 （参考教材）《市场营销学》,中国人民大学出版社 （参考书目）《市场营销学》,菲利普·科特勒,清华大学出版社 （公众号）21 世纪商业评论 （微课）自建 （题库）自建
学习成果 及评价 标准	该阶段无学习成果

活动任务序列（任务二）

任务二知识组块： 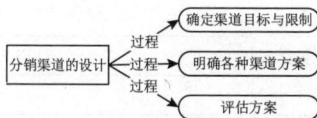	任务 描述	掌握渠道冲突的主要类型以及应对措施
	任务 时长	10 分钟
	学习 地点	教室

教学策略 （或学习 策略）	☑讲授　□小组讨论　□答疑　□实验　□实训　□自主学习　□翻转课堂　□其他 （请填写）_____		
师生交互 过程	教师举例不同类型渠道冲突的应对策略： 水平渠道冲突是指在同一渠道系统中同一层次中间商之间的冲突,产生水平冲突的原因大多是生产者没有对目标市场的中间商数量及其分管区域进行合理的规划,致使中间商为了各自的利益而互相倾轧；垂直渠道冲突是指在同一渠道系统中不同层次企业之间的冲突,即渠道上下游的冲突,例如,某些批发商可能会抱怨生产者在价格方面控制太紧,留给自己的利润空间太小,且提供的广告、宣传、公关、促销等服务太少		
学习资源	（视频）中国大学 MOOC《市场营销》 （参考教材）《市场营销学》,中国人民大学出版社 （参考书目）《市场营销学》,菲利普·科特勒,清华大学出版社 （公众号）21 世纪商业评论 （微课）自建 （题库）自建		

学习成果 及评价 标准	评分级别及依据 （满分 10 分）	A（8~10 分）	B（6~7 分）	C（0~5 分）
	准确性	回答准确	回答基本准确	回答错误
	深度与清晰度	能够深入剖析问题,并清晰表达自己观点	能够剖析问题,并表达自己观点	问题分析不深入,无个人观点
	逻辑性与组织性	答案结构合理,有条理	答案结构基本合理,有一定条理	答案结构混乱,条理性差
	语言组织与表达	语言表达通顺,用词准确	语言表达较通顺,用词不够准确	语言表达不通顺,用词不够准确

活动 4 知识建模图（课上＋课下）：

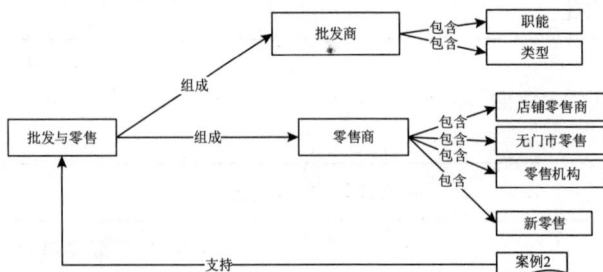

活动目标	掌握批发与零售的相关概念
活动任务序列（任务一）	
任务描述	教师讲授相关概念
任务时长	10 分钟
学习地点	教室

教学策略 （或学习 策略）	☑讲授　□小组讨论　☑答疑　□实验　□实训　□自主学习　□翻转课堂　□其他 （请填写）_____		
师生交互 过程	教师结合义乌小商品城的案例，引出批发和零售的概念，并请学生举例说明，批发和零售的形态有哪些？		
学习资源	（视频）中国大学 MOOC《市场营销》 （参考教材）《市场营销学》，中国人民大学出版社 （参考书目）《市场营销学》，菲利普·科特勒，清华大学出版社 （公众号）21 世纪商业评论 （微课）自建 （题库）自建		

学习成果 及评价 标准	评分级别及依据 （满分 10 分）	A（8~10 分）	B（6~7 分）	C（0~5 分）
	准确性	回答准确	回答基本准确	回答错误
	深度与清晰度	能够深入剖析问题，并清晰表达自己观点	能够剖析问题，并表达自己观点	问题分析不深入，无个人观点
	逻辑性与组织性	答案结构合理，有条理	答案结构基本合理，有一定条理	答案结构混乱，条理性差
	语言组织与表达	语言表达通顺，用词准确	语言表达较通顺，用词不够准确	语言表达不通顺，用词不够准确

活动任务序列（任务二）

任务二知识组块：

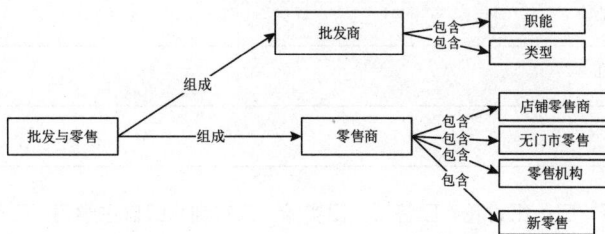

任务描述	掌握新零售的内涵及趋势
任务时长	10 分钟
学习地点	教室
教学策略 （或学习 策略）	☑讲授　□小组讨论　☑答疑　□实验　□实训　□自主学习　□翻转课堂　□其他 （请填写）_____
师生交互 过程	教师结合盒马鲜生的案例，引出新零售的概念，并请学生举例说明，新零售形态还有哪些？新零售和传统零售的区别在哪里？新零售的未来趋势在哪里？

学习资源	（视频）中国大学 MOOC《市场营销》 （参考教材）《市场营销学》，中国人民大学出版社 （参考书目）《市场营销学》，菲利普·科特勒，清华大学出版社 （公众号）21世纪商业评论 （微课）自建 （题库）自建			

学习成果及评价标准	评分级别及依据 （满分10分）	A（8~10分）	B（6~7分）	C（0~5分）
	准确性	回答准确	回答基本准确	回答错误
	深度与清晰度	能够深入剖析问题，并清晰表达自己观点	能够剖析问题，并表达自己观点	问题分析不深入，无个人观点
	逻辑性与组织性	答案结构合理，有条理	答案结构基本合理，有一定条理	答案结构混乱，条理性差
	语言组织与表达	语言表达通顺，用词准确	语言表达较通顺，用词较准确	语言表达不通顺，用词不够准确

活动5 知识建模图（课上＋课下）：
无

活动目标	课堂测验，摸底学生的掌握程度，并对本次课程总结

活动任务序列（任务一）

任务描述	完成测验
任务时长	10分钟
学习地点	教室
教学策略 （或学习策略）	□讲授 □小组讨论 □答疑 □实验 □实训 □自主学习 □翻转课堂 ☑其他 （请填写）测验
师生交互过程	教师组织10分钟测验，测验需覆盖本章核心知识点 测验结束后，教师组织讲评，对错误率较高的题目进行分析
学习资源	（视频）中国大学 MOOC《市场营销》 （教材）《市场营销学》，中国人民大学出版社 （参考书目）《市场营销学》，菲利普·科特勒，清华大学出版社 （公众号）21世纪商业评论 （微课）自建 （题库）自建

续表

学习成果及评价标准	通过学习平台测试题进行评价。优秀(90~100 分),良好(80~90 分),中等(60~79 分),差(60 分以下)
备注	学生认为渠道理解较为抽象,应选择浅显易懂的案例

4.3.7　市场调查与预测课程教学设计

1. 课程简介

本课程运用市场调查与预测相关原理、方法和技术,使学生具备市场调查与预测的实际操作能力,从而为企业运营决策提供支持,同时也为相关专业后续的各专业核心课程奠定研究基础。另外,通过本课程的学习,也能培养学生尊重客观事实、尊重世界多样性的积极、理性心理状态。

2. 教学设计

市场调查与预测基础课课程教案如表 4-13 所示。

表 4-13　市场调查与预测基础课课程教案——市场调查分类与程序设计

2023—2024 学年第一学期第 1 周第 1 次

知识建模图:

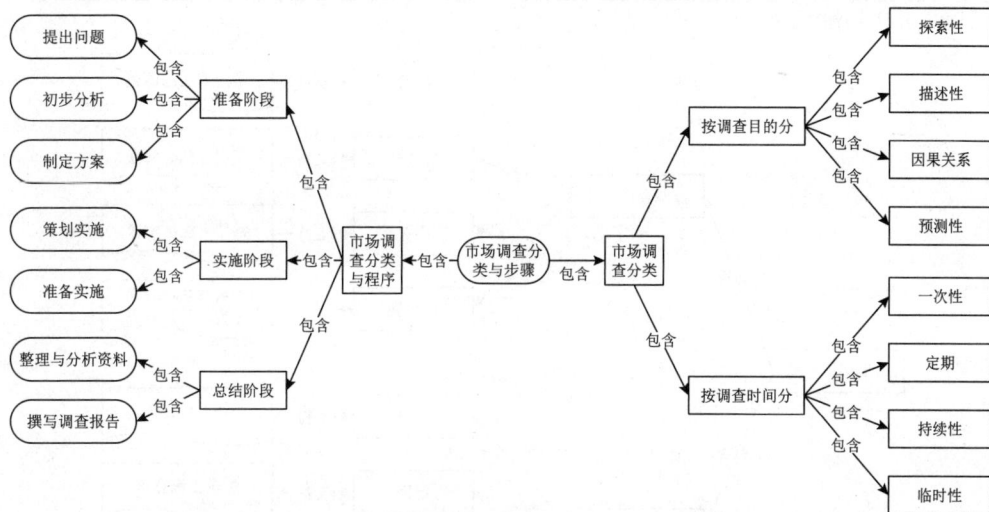

学习目标	知识点(学习水平)	素质目标(课程思政点)
	(1)根据组织需求,确认市场调查分类 (2)根据组织需求,确认市场调查内容 (3)根据组织需求,设计市场调查程序 (4)常见难点、重点和问题分析	对事物发展具备性质界定的探索精神

学习先决知识技能	知识点（学习水平）			
	规划（计划）的制定（管理学）、市场问题界定（市场营销学）			
课上资源	（1）课件 PPT、案例、试题 （2）参考教材《市场调查与预测》，陈静，中国人民大学出版社，2020 年 9 月，1 ～ 11 页；《市场调查与预测》，吕亚荣，中国人民大学出版社，2021 年 4 月，1 ～ 30 页 （3）中级调查分析师相关试题（市场调查实务） （4）任务工单	课下资源	（参考书目）《市场调查与预测》陈静，中国人民大学出版社，2020 年 9 月，1 ～ 11 页；《市场调查与预测》，吕亚荣，中国人民大学出版社，2021 年 4 月，1 ～ 20 页 （视频）中国大学 MOOC，《市场调查与研究》，雷晶等，南京邮电大学 （试题）中级调查分析师相关试题（市场调查实务）	
课上时间	100 分钟	课下时间	220 分钟	
活动序列	活动目标	时间	学习资源	学习地点
活动 1	根据组织需求，确认市场调查分类	30 分钟	PPT、教材、案例、试题	课上
活动 2	根据组织需求，确认市场调查内容	220 分钟	PPT、教材、MOOC、案例	课下
活动 3	根据组织需求，设计市场调查程序	30 分钟	PPT、教材、案例	课上
活动 4	作业点评及常见问题分析	40 分钟	PPT	课上

活动 1 知识建模图（课上）：

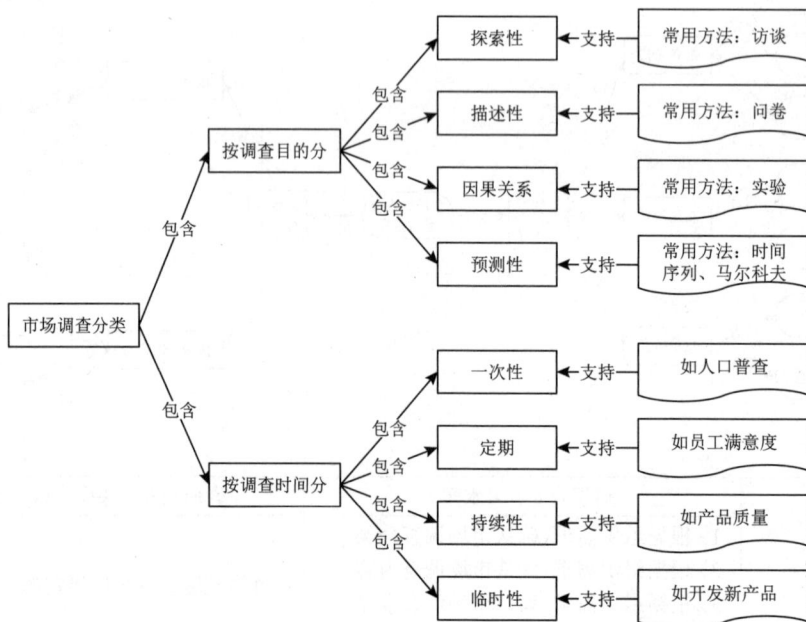

续表

活动任务序列(任务一)	
任务描述	根据组织调查需求,确认市场调查分类,为后续调查实施做准备
任务时长	30 分钟
学习地点	课上
学习方法	☑ 讲授　☑ 小组讨论　☑ 答疑　□ 实验　□ 实训　□ 自主学习　□ 其他 (请填写)＿＿＿＿
师生交互过程	教师课前让学生阅读案例,并留下问题:组织的调查需求是什么? 学生陈述自己的看法 教师课后布置作业,让学生举例说明探索性、描述性、因果性、预测性、一次性、定期、持续性、临时性调查的概念 学生回答问题
学习资源	PPT、《市场调查与预测》陈静,中国人民大学出版社,2020 年 9 月,1～11 页、《市场调查与预测》,吕亚荣,中国人民大学出版社,2021 年 4 月,1～14 页、案例"可口可乐风波"、中级调查分析师相关试题(市场调查实务)相关试题
学习成果及评价标准	提交作业,符合市场调查不同分类的特点,举例得当,计入平时成绩,0~2 分
备注	注意事项:市场问题属性和调查目标的联系

活动 2 知识建模图(课上):

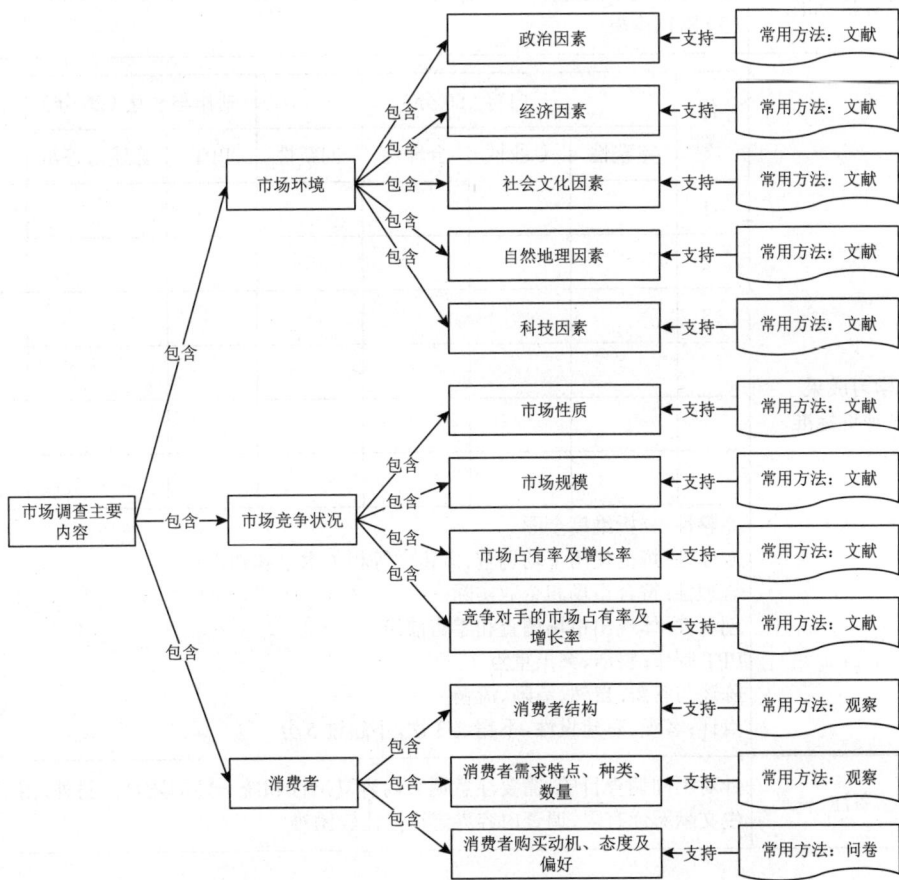

续表

活动任务序列(任务一)

任务描述	假如自己将在家乡开设一家超市,初步确认市场调查内容
任务时长	220分钟
学习地点	课下
教学策略 (或学习策略)	□讲授　☑小组讨论　☑答疑　□实验　☑实训　□自主学习　□其他 (请填写)_____
师生交互过程	教师:"假如考虑在自己家乡开设一家超市,需要调查哪些内容?" 学生通过文献或者调研,列出需要调查的内容
学习资源	PPT、《市场调查与预测》,陈静,中国人民大学出版社,2020年9月,1~11页; 《零售管理》,汪旭辉,中国人民大学出版社,2020年4月,1~30页;中国大学 MOOC《市场调查与研究》,雷晶等,南京邮电大学
学习成果 及评价标准	(1)小组课堂汇报学习成果,计入平时成绩 (2)其他组个人进行点评,计入平时成绩 (3)附评价表

组别	内容(80分)				制作与表达(20分)		总分
	完整性	专业性	合理性	创新性	PPT	陈述与答辩	
1							
2							
3							

完整性:分析维度全面
专业性:规范使用市场调查、零售学等相关术语和知识点
合理性:符合市场和企业实际
创新性:体现出市场调查和零售前沿
PPT制作:整洁、突出重点
陈述与答辩:自然、清晰、流畅
点评:客观、有建设性,不超过3次,不超过5分

备注	针对不同调查目的,需要注意调查内容复杂性和统一性的融合。另外,由于学生文献阅读有限,调查内容界定往往比较困难

活动 3 知识建模图（课上）：

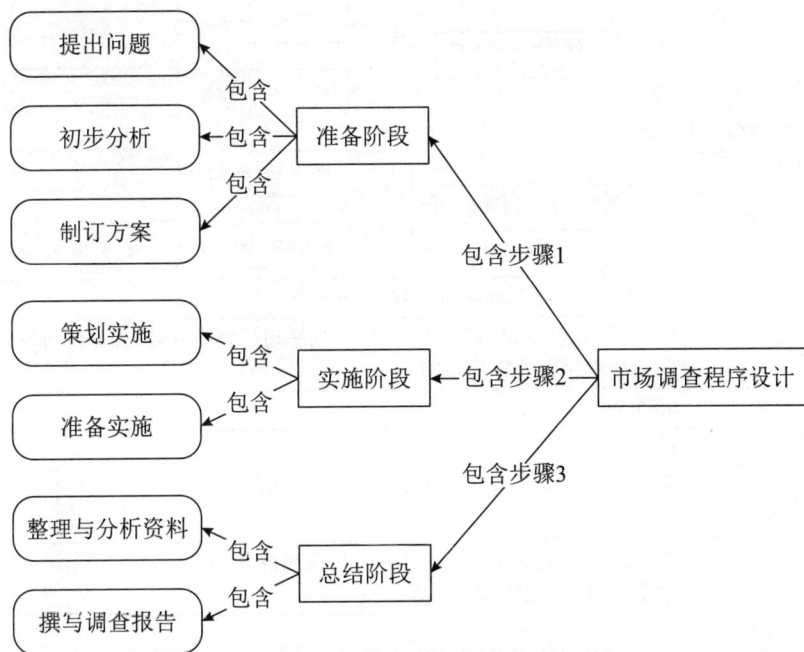

活动任务序列（任务一）

任务描述	根据组织调查需求,让学生设计市场调查程序
任务时长	30 分钟
学习地点	课上
教学策略 （或学习策略）	☑ 讲授　☑ 小组讨论　☑ 答疑　□ 实验　□ 实训　□ 自主学习　□ 其他 （请填写）＿＿＿＿
师生交互过程	教师以"大学生对外卖需求状况"为例,设计市场调查程序 学生小组讨论,然后提交设计的市场调查程序
学习资源	PPT、《市场调查与预测》,陈静,中国人民大学出版社,2020 年 9 月, 1 ～ 11 页、《市场调查与预测》,吕亚荣,中国人民大学出版社,2021 年 4 月,14 ～ 20 页
学习成果及评价标准	提交作业,符合市场调查基本步骤,设计合理,计入平时成绩,0~2 分
备注	结合实际调研任务,设计调查程序

活动 4 知识建模图:

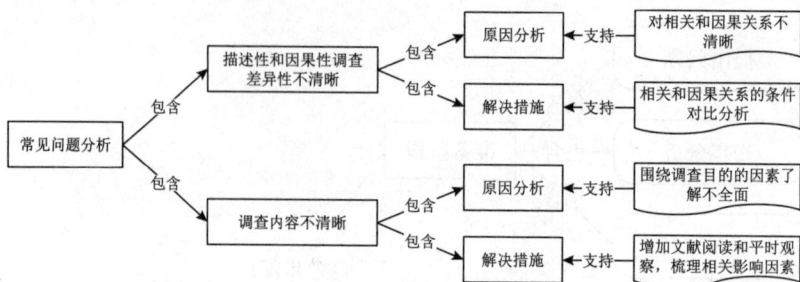

活动任务序列(任务一)

任务描述	以"欲开设一家超市"为例,让学生列举市场调查内容,并分析市场调查分类和调查程序中的常见问题
任务时长	40 分钟
学习地点	课上
教学策略 (或学习策略)	☑讲授 ☑小组讨论 ☑答疑 □实验 □实训 □自主学习 □其他 (请填写)_____
师生交互过程	教师点评小组市场调查内容并分析常见问题 学生小组汇报市场调查内容
学习资源	PPT
学习成果及评价标准	(1)小组课堂汇报学习成果,计入平时成绩 (2)其他组个人进行点评,计入平时成绩 (3)附评价表:

组别	内容(80 分)				制作与表达(20 分)		总分
	完整性	专业性	合理性	创新性	PPT	陈述与答辩	
1							
2							
3							

完整性:分析维度(影响超市开设各因素)全面

专业性:规范使用市场调查、零售学等相关术语和知识点

合理性:符合市场和企业实际

创新性:体现出市场调查和零售前沿

PPT 制作:整洁、突出重点

陈述与答辩:自然、清晰、流畅

点评:客观、有建设性,不超过 3 次,不超过 5 分

备注	注意事项:学生回答问题的方式(举例、比较等)的合理性

结　　语

工商管理专业以岗位任务为核心,结合 OBE 理念进行课程体系改革,这对于培养符合行业需求的高素质工商管理人才具有重要意义。工商管理专业经过近 5 年的探索实践,通过对营销、人力等工商管理专业相关岗位的深入研究,明确了人才培养的核心任务和关键能力,为课程体系的构建提供了清晰的导向。工商管理专业课程体系改革以岗位任务为导向,对课程进行整合和优化,形成了更加符合行业需求的教学内容,提高了课程的实用性和针对性;引入了项目式、案例式等教学方法,强化了学生的实践能力和创新精神,使教学过程更加生动有趣,提高了学生的学习积极性;基于 OBE 理念,建立了一套完善的评价体系,实现了从过程到结果的全方面评价,有助于提高学生的综合素质和能力;加强了与企业的合作,搭建了一批实践教学平台,让学生在实际操作中掌握专业知识,提高了职业技能,提高了教师的教育教学水平和实践能力,为下一步更深入的改革提供了有力保障。

工商管理专业课程体系改革有助于提升学生的实践能力和综合素质,以便于更好地满足社会和行业的需求。其以岗位任务为核心,将理论教学与实际工作相结合,使学生在学习过程中更加关注实际应用,提高他们解决实际问题的能力。通过对工商管理专业岗位任务地深入分析,我们将课程设置与实际工作岗位需求相对接,确保学生毕业后能够迅速适应工作岗位,提高该产业就业率。基于 OBE 理念的工商管理专业课程体系改革还有助于提高教学质量和教学效果。其以成果为导向,明确学习目标,使教师在教学过程中更加注重学生能力的培养,从而提高教师的教学质量。通过上述改革措施,我们已经取得了一定的成果,但仍然需要不断调整和完善,以期达到最佳的教育效果。

在未来的研究中,以岗位任务为核心,基于 OBE 理念的工商管理专业课程体系改革仍有许多方面值得探索和深化。首先,可以进一步探讨如何利用现代教育技术,如在线教学平台、虚拟仿真等,来优化基于 OBE 理念的工商管理专业课程教学设计,提高教学效果和学习体验。还可以关注如何对基于 OBE 理念的工商管理专业课程教学设计进行评估和持续改进,研究如何通过有效的评估方法,了解学生的学习成果和教师的教学效果,以便对教学设计进行及时的调整和改进,不断提高教学质量。同时,我们还需要关注行业的发展动态,及时更新课程内容,引入新兴的工商管理理念和技术,以确保课程体系的时效性和前瞻性。总之,以岗位任务为核心,基于 OBE 理念的工商管理专业课程体系教学改革是一个复杂而重要的课题,需要从多个角度进行深入研究和探索,以期提升学生质量,满足行业要求。

本次改革与实践为我国工商管理专业课程体系改革提供了有效借鉴。以岗位任务为核心,基于 OBE 理念的课程体系改革,为我国工商管理专业教育的发展注入了新的活力,为培养高素质的工商管理人才奠定了基础。我们将进一步推广和完善这一改革模式,以期提高我国工商管理专业教育的整体水平,为我国工商管理人才培养贡献力量。

参 考 文 献

[1] 潘懋元,王伟廉.高等教育学 [M]. 福州:福建教育出版社,2005.

[2] 潘懋元.应用型人才培养的理论与实践 [M]. 厦门:厦门大学出版社,2011.

[3] 中国商业高等教育学会.国际高等商科教育比较研究 [M]. 北京:中国财政经济出版社,1998.

[4] 薛天祥,高等教育学 [M]. 南宁:广西师范大学出版社,2001.

[5] 施良方.课程理论——课程的基础、原理与问题 [M]. 北京:教育科学出版社,1996.

[6] 王伟廉.高等学校课程研究导论 [M]. 广州:广东高等教育出版社,2008.

[7] 高林.应用性本科教育导论 [M]. 北京:科学出版社,2006.

[8] 中华人民共和国教育部发展规划司.中国教育统计年鉴 [M]. 北京:人民教育出版社,1962—
    1967.

[9] 李云梅.工商管理本科教育课程研究——比较的视角 [M]. 北京:中国社会科学出版社,2012.

[10] 陈启杰.中国工商管理类专业教育教学改革与发展战略研究之二 [M]. 北京:高等教育出版社,
    2002.

[11] 蔡敬民,陈啸.基于能力导向的模块化教学体系构建——以合肥学院为例 [M]. 合肥:中国科学
    技术大学出版社,2012.

[12] 姜大源,当代德国职业教育主流教学思想研究——理论、实践与创新 [M]. 北京:清华大学出版
    社,2007.

[13] 徐国庆.职业教育课程论 [M]. 上海:华东师范大学出版社,2008.

[14] 赵志群.职业教育与培训学习新概念 [M]. 北京:科学出版社,2003.

[15] 安桂清.整体课程论 [M]. 上海:华东师范大学出版社,2007.

[16] 杨俊一,黄伟力.马克思主义哲学原理 [M]. 上海:上海教育出版社,2003.

[17] 谷建春.通专整合课程论 [M]. 长沙:湖南师范大学出版社,2008.

[18] 徐理勤.现状与发展——中德应用型本科人才培养的比较研究 [M]. 杭州:浙江大学出版社,
    2008.

[19] 约翰·杜威.民主主义与教育 [M]. 王承绪,译.北京:人民教育出版社,1990.

[20] 靳玉乐,李森,沈小碚,等.中国新时期教学论的进展 [M]. 重庆:重庆出版社,2001.

[21] 鲁道夫·普法伊费尔.项目教学的理论与实践 [M]. 傅小芳,译,南京:江苏教育出版社,
    2007.

[22] 别敦荣,王根顺 . 高等学校教学论 [M]. 北京:高等教育出版社,2008.

[23] 刘丽建 . 我国应用型本科商科课程改革研究——中德比较的视角 [M]. 福州:福建教育出版社,
2020.

[24] 杨开城 . 课程开发——一种技术学的视角 [M]. 北京:北京师范大学出版社,2018.

附录　知识建模法

一、知识建模法简介

1. 概念及应用

知识建模法应用非常广泛,是一个复杂的过程,涉及多个步骤和方法。它旨在创建一个专业知识建模图,为培养新型人才搭建坚实的知识体系基础。

知识建模法将知识域可视化或映射为地图。通过可视化技术,理解知识与知识之间的关系。知识建模法是以图的形式表示知识,其中节点代表实体,如人物、地点或事物;线则代表实体之间的关系。知识建模法在操作中通常需要借助 Microsoft Visio 软件。

2. 作用

知识建模法可以将传统的学科知识体系和企业的实践知识体系用一个逻辑联系起来,形成统一的人才培养的知识点数据库;可实时动态更新"有用"的教学知识、企业任务知识等。知识建模法不仅在技术领域发挥着重要的作用,而且在教育教学领域也带来了革命性的变化,其主要作用体现在以下三个方面。

第一,帮助教师进行课程先后序列的排布。

第二,帮助教师进行每课教学任务的分解。

第三,检查专业的人才培养目标与课程结构之间的对应性,以及课程目标与其知识结构的对应性是否清晰、合理。

二、准备工作

在进行知识建模前,教师需提前做好以下准备工作。

（1）每个专业以一门项目化教学课程及其对应的专业基础课程为分析单位。

（2）本专业参与项目化教学课程及其对应的专业基础课程的所有教师。

（3）项目化教学课程相关的所有资料:教材、企业任务说明书、企业任务工单、视频学习资料、其他资料等。

（4）所有教师携带笔记本电脑,提前安装好 Microsoft Visio 软件。

（5）以 2~3 位教师为一组,合作一个模块的知识建模,可以按照模块内容或者章节内容进行分工。

三、方法与规则

1. 罗列知识点

罗列专业基础课程中要讲授的所有专业知识点，要注意以下事项。

（1）知识点应该是某种学习的结果。

（2）列出不属于教学资料的先决知识。

（3）有些知识点不在教学材料中，但需要学生掌握。

（4）对于无法确定的知识点，只要团队达成共识，就可以罗列进去。

（5）有可能不能完全将知识点罗列出来，后续还可以进一步补充。

以"中国近代史"课程中的"鸦片战争"章节为例，提取出的知识点包括鸦片战争、半殖民地半封建社会、鸦片战争前的中国、马嘎尔尼使团礼仪之争、林则徐虎门销烟、《南京条约》。

2. 确定知识的类型

知识的类型包括：陈述性知识、事实范例、程序性知识和认知策略。

（1）陈述性知识，又称描述性知识，是关于"是什么""为什么""怎么样"的知识，用字母"DK"表示，在知识建模图中用 ▭ 表示。

（2）从本质上讲，事实范例也是一种陈述性知识，如方案、产品、现象、事实、问题、案例、例子，以及命题的推导过程和论证过程，这类知识代表着特定的现实及知识的运用，用字母"FC"表示，在知识建模图中用 ▭ 表示。

（3）程序性知识，又称操作性知识，是关于"怎么做"的知识，这种知识表达的是实物的运动过程或者某种操作的步骤序列，用字母"PK"表示，在知识建模图中用 ▭ 表示。

（4）从本质上讲，认知策略也是一种程序性知识，但由于其非常特殊，因此单独归类，包括问题解决策略、学习方法、信息加工策略等，用字母"CS"表示，在知识建模图中用 ▭ 表示。仍以"鸦片战争"章节为例，陈述性知识是近代中国、半殖民地半封建社会、鸦片战争前的中国；事实范例是鸦片战争、马嘎尔尼使团礼仪之争、林则徐虎门销烟、《南京条约》。

3. 绘制知识建模图

使用上述不同类型知识的图例，在 Microsoft Visio 软件中按照知识建模法绘制知识建模图。绘图时，必须标出所有知识点之间的关系，即九种语义关系：各类包含；组成或构成；是一种；具有属性；具有特征；定义；并列；是前提；支持。

绘制知识建模图时，需注意以下事项。

（1）"具有属性""组成或构成"两种关系必须标在最上位概念节点上；"是一种"关系不能跨越概念层级。

（2）原则上禁止出现孤立节点。

（3）最终的知识建模图是共创和共识的结果。

（4）对知识建模图进行优化与定稿。

每位教师绘制好知识建模图后，交由另外 1 至 2 位教师进行检查，直到达成共识。该课程的知识建模图绘制完毕后，汇总并输出文档。

参考文献

[1] 杨开城，以学习活动为中心的教学设计实训指南 [M]. 北京：电子工业出版社，2016.

[2] 杨开城，陈洁，张慧慧. 能力建模：课程能力目标表征的新方法 [J]. 现代远程教育研究，2022，34(2)：57-63，84.

[3] 杨开城，孙双. 一项基于知识建模的课程分析个案研究 [J]. 现代教育技术，2010，20(12)：20-25.

郑 重 声 明

　　本书属于黄河科技学院教学改革系列成果之一,著作权属于黄河科技学院,作者享有署名权。

　　任何未经许可的复制、销售行为均违反《中华人民共和国著作权法》,其行为人将承担相应的法律责任。为了维护市场秩序,保护读者的合法权益,避免读者误用盗版书造成不良后果,我社将配合行政执法部门和司法机关对违法犯罪的单位和个人进行严厉打击。社会各界人士如发现上述侵权行为,希望及时举报,我社将奖励举报有功人员。